Warschauer Schriften zum römischen Recht und zur europäischen Rechtstradition

VOLUME 4

Il *Codex Florentinus* delle Pandette e il suo antigrafo

Il *Codex Florentinus* delle Pandette e il suo antigrafo

Tracce di un prodotto editoriale 'fluido' e delle fonti di consultazione del Digesto

Di

Anna Arpaia

BRILL | SCHÖNINGH

Il presente libro è stato scritto nell'ambito del progetto "The Temple of Justice. A Foundation of a Systematic Interpretation of the Digest", 2020/38/A/HS5/00378, finanziato dal Polish Science Centre (Narodowe Centrum Nauki), Polonia.

ISSN 2940-1690
ISBN 978-3-506-70522-8
ISBN 978-3-657-70522-1 (PDF)
DOI https://doi.org/10.30965/9783657705221

Bibliographic information published by the Deutsche Nationalbibliothek
The Deutsche Nationalbibliothek lists this publication in the Deutsche Nationalbibliografie; detailed bibliographic data are available on the Internet at https://dnb.dnb.de.

Brill Schöningh and Brill Deutschland GmbH are part of De Gruyter Brill.
www.degruyterbrill.com

Questions about General Product Safety Regulation: productsafety@degruyterbrill.com

Cover design: Nora Krull, Hamburg
Printing: Books on Demand GmbH, Hamburg

A Marc e Clara

Indice

Introduzione

Prefazione

Questa pubblicazione è stata resa possibile dalla mia collaborazione al Progetto NCN "Temple of Justice. A Foundation of a Systematic Interpretation of the Digest" presso l'Università di Varsavia (PI: Jakob Fortunat Stagl; CI: Aleksander Grebieniow). Ringrazio il Comitato editoriale della serie per l'accettazione del presente volume. Jakob Fortunat Stagl ha revisionato più volte il mio lavoro e discusso con me alacremente teorie e casi specifici, e fornito suggerimenti preziosi sull'impostazione generale. Ringrazio Aleksander Grebienow per l'assistenza nella mediazione con la casa editrice e nel processo di revisione finale.

Qui intendo rivolgere un grazie sincero a Marco Fressura per gli spunti di riflessione circa l'interpunzione presente nel *Codex Florentinus*, e lo scambio determinante e per me chiarificatore di prospettiva sul tema, quando ancora provavo a definire gli obiettivi del lavoro. La mia collaborazione al progetto REDHIS, i cui membri ringrazio (tra tutti, Dario Mantovani, Serena Ammirati, Marco Fressura), ha agevolato la comprensione delle fonti note per la circolazione di opere giurisprudenziali. Inoltre, vorrei esprimere la mia gratitudine a Francesca Gallori, direttrice della Biblioteca Medicea Laurenziana di Firenze (BML), e al Personale della Biblioteca, per la disponibilità a supportare il presente progetto acconsentendo a un'ispezione del manoscritto originale del *Codex Florentinus*. Di questa esperienza conserverò, oltre agli esiti dell'analisi, un geloso ricordo, per l'onore (e l'onere) di poter visionare un testimone tanto prezioso quanto delicato. Un grazie va anche a Martin Hellmann, per lo scambio circa la decifrazione (o revisione di decifrazione) delle annotazioni stenografiche nel manoscritto. La mia ricerca è stata arricchita dallo scambio con illustri studiosi del diritto in occasione delle conferenze SIHDA presso cui ho presentato il progetto (Helsinki 2023, Osaka 2024). La stessa è stata, inoltre, facilitata dalla disponibilità e accoglienza del personale operativo presso l'Institut für geschichtliche Rechtswissenschaft e l'Institut für Papyrologie dell'Università di Heidelberg, presso i quali ho condotto da ospite la mia ricerca. Un ringraziamento particolare, non ultimo in grado di importanza, va a colleghi e ospiti della mia istituzione, l'Università di Varsavia, dove ho avuto il piacere di presentare a più riprese il progetto, quando era ancora in corso d'opera. Gli studi di Wolfgang Kaiser sono stati di profonda ispirazione, per le considerazioni circa le tracce di un processo editoriale in 'errori' o lasciti attestati unicamente nel *Codex Florentinus* e la possibilità di analizzare contestualmente il fenomeno di *spatia* e segni di interpunzione e gli altri fenomeni relativi al processo editoriale alla luce di suddette osservazioni.

Devo a Marc e Clara il supporto diretto e indiretto agli sviluppi del mio percorso di ricerca e la presenza costante in ogni passo di crescita umana e accademica.

Le interpretazioni al centro di questa ricerca, che si desumono dall'analisi dei segni e delle tracce di componenti o passaggi testuali trasmessi nel *Codex Florentinus*, a prescindere che questi rappresentino l'indizio concreto di un processo editoriale o di una tradizione del testo a questo antecedente, induce un tentativo di rielaborare e ripensare le ragioni del dato fenomeno testuale in relazione al contenuto stesso e al contesto del frammento in esame. Tuttavia, la presente analisi si limita a constatazioni avallate dal confronto testuale restando di base filologica, e si serve della disciplina giurisprudenziale per offrire possibili giustificazioni che diano merito dei fenomeni materiali: l'auspicio è che l'esito si possa idealmente prestare allo studio ulteriore del testo da parte degli storici del diritto.

Codex Florentinus: le ragioni della sua rilevanza

Le Pandette rappresentano un genere classificabile come raccolta di citazioni[1], nella fattispecie estratti delle opere dei giuristi classici[2]. Indiscussa è la funzione non solo didattica e prosastica quanto anche di prassi giuridica della redazione del Digesto: queste rientrano, infatti, nel progetto della *romani iuris dispositio*, basata sull'ordine dell'imperatore Giustiniano di produrre una nuova raccolta di *leges* e *iura* valida a partire dal 533, che rendesse superflua, o persino controproducente, la consultazione di ogni opera, singola o antologizzata, prodotta prima di quella data[3].

1 In generale, per una definizione terminologica di forme di raccolta (antologia, florilegio, silloge, *excerpta*, miscellanea), cfr. Pordomingo, Antologías, 3–8. Per una voce in merito vedi ora Horster – Reitz, Handbooks.

2 Qui si prescinde dalla discussione che concerne le teorie sulla natura delle opere consultate e riportate dai compilatori, ovvero che si tratti di opere originali o raccolte/compilazioni pre-giustinianee, con un'eccezione: cfr. *infra*, per le considerazioni a latere circa la materia di diritto criminale trattata in corrispondenza degli *hiatus* in D. 48, 20 e 22, e la natura della fonte originaria, che riemerge in greco nei Basilici.

3 Per una sintesi sulla natura dei *Digesta*, la genesi della raccolta e la tradizione testuale, con una rassegna bibliografica completa: Trōianos, Diritto bizantino. Si aggiunga, come pubblicazione successiva a tale rassegna, Stagl, Tempel der Gerechtigkeit, incentrato su una

Il seguente studio ha origine dal proposito di valorizzare l'approccio alla materialità o tradizione manoscritta dell'opera cercando di porre in luce fenomeni peculiari emersi dallo studio del manoscritto *Codex Florentinus*; il fine non è, pertanto, la ricostruzione del metodo di compilazione dei *Digesta*[4], bensì la comprensione di fenomeni di tradizione del testo legati al formato delle fonti adoperate, alle fasi iniziali del processo di trasmissione, senonché ad interventi ultimi nel processo editoriale[5].

Il *Codex Florentinus olim Pisanus*, noto anche come *Littera Florentina*, rappresenta, infatti, nella tradizione manoscritta lo strumento ideale per l'approccio materiale al Digesto, per la sua vicinanza temporale, ad oggi indiscutibile, all'archetipo, o manoscritto originario, dell'opera, senonché per la compresenza di casi di trasmissione testuale difficilmente ascrivibili al medesimo archetipo o alla versione definitiva del Digesto[6].

---

lettura unitaria del Digesto, e mirante a porre in risalto la logica adottata dai compilatori nella composizione dei titoli.

4 Si rimanda qui alla nota teoria delle masse di BLUHME (Ordnung), ripresa da MANTOVANI, Masse bluhmiane, e sostanzialmente seguita dalla disciplina odierna con qualche integrazione: si veda NATILI, Iustiniani Digesta, per una premessa sintetica sugli studi sul progetto giustinianeo e considerazioni circa la teoria del "Predigesto". Natili sostiene, in particolare, l'impiego di raccolte di ambito scolastico come metodo complementare/aggiuntivo dei compilatori rispetto a quello ricostruito da Bluhme, evidenziandolo come pratica necessaria a spiegare determinati casi (lo studio si incentra in via esemplare sul caso di D. 24, 1, di cui si sostiene l'origine in una raccolta basata sul commentario di Ulpiano a Sabino, con aggiunte di *antecessores* post-classici). Sono fondamentali, inoltre, in prospettiva diacronica e di ricostruzione metodologica della compilazione, gli studi di Honorè e Stolte: questi si incentrano tuttavia sulla prima fase del lavoro dei compilatori, e intendono indagare dinamica, tempistica e ripartizione del lavoro a sei ipotetici commissari al momento di raccolta e lettura, come processo di base del lavoro di estrazione, assegnazione ed eventuali aggiustamenti di sorta. Si ritiene oggi superata la teoria di STOLTE (Partes) per quanto concerne l'ipotesi che il *Codex Florentinus* rappresentasse una copia a uso didattico in ragione di una corrispondenza delle unità di lavoro con le 7 *partes* stabilite nella riforma del piano di lezioni giustinianeo (cfr. HONORÉ, Editing); cfr. anche NATILI, Iustiniani Digesta, 119; per considerazioni ulteriori sulla tradizione manoscritta e sul P.Pommersfelden, oltre citato, come prova della coesistenza nel X secolo in Occidente di più copie del Digesto, SIRKS – SIJPESTEIJN – WORP, Anhang. Si veda, inoltre, HONORÉ, How Tribonian, per la ripresa della teoria circa il lavoro dei compilatori, alla luce degli studi elaborati nel lasso di tempo intercorso rispetto alla pubblicazione in merito, con riferimento specifico, fra tutti, a MANTOVANI, Masse bluhmiane.

5 Il valore del manufatto e della stratificazione di un'opera nel processo di trasmissione è al centro della saggia premessa di CIARALLI, La trasmissione del Digesto, 77–81, nel contributo dedicato alla circolazione del Digesto tra la seconda metà del VI e la fine dell'XI secolo.

6 Per riflessioni sulla filologia materiale, ovvero la rilevanza del testo trasmesso da un manoscritto, nel suo contesto, rispetto al testo edito e filologicamente ricostruito, basti NICHOLS, Material philology.

Si tratta di un codice pergamenaceo di grande formato (366 × 320 mm) e ottima fattura, composto di ca. 900 pagine, ciascuna su due colonne, steso in semi-onciale BR. Licht definisce il manoscritto una tra le attestazioni più significative e chiare di "ältere (östliche) Halbunziale", nel novero dei testimoni più recenti[7]. Negli ultimi decenni gli studiosi si sono incentrati sulla storia del *Codex Florentinus*[8], sulla revisione paleografica e contenutistica – con particolare attenzione ad elementi paratestuali – dei fascicoli conservati alla Biblioteca Medicea Laurenziana, e sull'analisi di fenomeni posti in correlazione con una matrice editoriale. Anche in virtù di tali studi, risulta ad oggi più che plausibile l'idea che il *Codex Florentinus* sia stato prodotto in decenni di poco successivi alla compilazione del Digesto, ovvero nella seconda metà del VI secolo[9], e da esso derivi almeno in parte – con il tramite di un esemplare di copia, il cosiddetto *Codex Secundus*, e con divergenze e varianti dovute alla mediazione o uso di un altro codice indipendente, anch'esso autorevole ma perduto – la cosiddetta *Littera Bonionensis*, che costituisce la base del lavoro di glossatura medievale (datata all'XI–XIV sec., uno dei più antichi manoscritti della quale è rappresentato dal Vat.Lat. 1406, metà dell'XI secolo)[10]. Si aggiungono tuttavia considerazioni di rilievo negli studi più recenti, che permettono

7 Licht, Halbunziale, 84, nell'analisi dei prodotti manoscritti, definisce il *Codex Florentinus* un "Komfortexemplar" del Digesto, mentre i frammenti di codici papiracei coevi (CLA VIII, 1221 e CLA IX, 1351), anch'essi testimoni del Digesto, rappresenterebbero piuttosto un "Normalexemplar".

8 Baldi, Codex florentinus; Kaiser, Aufbewahrungsort. Sulla datazione e sull'origine si erano precedentemente espressi Wilson, Greek Paleographer; Wallinga, Continuing Story.

9 A favore di una copia avvenuta *post* 537, si esprime tuttavia Wilson, Greek Paleographer, il quale basa l'assunzione sul contenuto dell'epigramma elegiaco al folio 10, attribuito allo scriba ivi operativo e con una probabile allusione alla campagna vittoriosa di Giustiniano e all'ingresso trionfale a Roma nel dicembre del 536, secondo quanto narra Procopio (Prok. BG 1.14.14).

10 Si segnala, inoltre, come la riconosciuta prossimità del *Codex Florentinus* al manoscritto primigenio, nel progetto di codificazione giustinianeo, determini un rinnovato interesse nei confronti del *Codex Florentinus* come prodotto manoscritto 'esemplare' di letteratura giurisprudenziale. A tal proposito, rimando allo studio in corso di Javier Rodriguez Diez (Santiago del Chile), e alla presentazione da lui tenuta in occasione della SIHDA 2024 (Osaka): quest'ultima era, in particolare, incentrata sull'assunzione per cui il manoscritto si presenta materialmente come un'edizione che risponde a criteri standard di produzione manoscritta per la letteratura giurisprudenziale, pertanto non necessariamente 'innovativa', ma è comunque riflesso di un preciso piano giustinianeo, in termini di layout e "mise en page"; sulla produzione libraria cfr. Cavallo, Circolazione libraria.

di valorizzare la compresenza di copie plurime del Digesto in circolazione nel X secolo[11].

Attenendosi alla revisione recente di Kaiser, nel manoscritto risultano operative 14 (forse 15) mani. La scrittura segue gli stilemi di una semionciale armoniosa, originata verosimilmente a Costantinopoli e largamente rappresentata tanto nella produzione orientale quanto nei manoscritti della penisola italica, come risultato di un fenomeno di irradiazione, partito dalla Roma d'Oriente[12]. Le omissioni (di frammenti o poche parole) e, in generale, le 'carenze' del *Codex Florentinus* potrebbero suscitare dubbi circa l'autorevolezza del manoscritto: queste sono inconfutabili, quando riguardano *lectiones* o varianti derivate dalla tradizione Vulgata, e riconosciute come migliori (*Besserlesungen*) rispetto al testo tràdito dal *Codex Florentinus*[13]. Nondimeno, in studi di critica filologica, volti a porre in luce le peculiarità storiche e codicologiche del manoscritto, un certo numero di questi fenomeni è stato così motivato: ove non si trattasse di errori correlati alla lettura o alla disattenzione degli scribi nel processo di copia o stesura del manoscritto (assimilazione, *saut du même au même*, salto di frammento per omeoteleuto, etc.)[14], avremmo a che fare con errori redazionali, da ricondurre alla composizione del Digesto e, in linea di massima, a ricollocamenti o inserzioni a posteriori di frammenti o pericopi testuali nel processo di compilazione, così da derivarne indizi di un prodotto in stadio finale di bozza[15].

11 Vedi Sirks – Sijpesteijn – Worp, Anhang, in commento alla tradizione del P.Pommersfelden.

12 Babcock, Uncial Script, in: Babcock – Coulson, Handbook, 98–108. Per una contestualizzazione storica e teorica, resta utile Cavallo, Circolazione libraria, in partic. 234.

13 Per la valorizzazione della restante tradizione manoscritta del Digesto e studi finalizzati a fornire direttive e ragguagli per un progetto di riedizione del Digesto si rimanda, tra gli altri, al più recente Giovè Marchioli – Lambrini – Milani, Tradizione manoscritta.

14 Pescani, lezioni; si vedano a tal proposito gli studi concernenti il rapporto tra il *Codex Florentinus* e la tradizione Vulgata, unitamente all'analisi del criterio adoperato da Mommsen nella selezione delle *lectiones*; recentemente sul tema, a supporto della tendenza di Mommsen a porre in secondo piano i manoscritti bolognesi nella produzione dell'editio maior: Milani, 'Editio maior'. Tra gli studi più recenti, atti a valorizzare il contributo dei manoscritti della *litera Bononiensis* per un'edizione rinnovata del Digesto, Lambrini, Tradizione manoscritta; Milani, Ancora sulla tradizione del Digesto, oltre al sopra menzionato volume di Giovè Marchioli – Lambrini – Milani, Tradizione manoscritta. Al volume va riconosciuto il merito, tra gli altri, di porre al centro l'attività di copisti e glossatori medievali, ovvero il loro ruolo nella trasmissione del testo.

15 Baldi, Codex florentinus, 104–106; per uno *status quo* sulla tradizione manoscritta, e sulla genesi e trasmissione del Digesto, cfr. Kaiser, Corpus iuris civilis: in particolare, sul *Codex Florentinus*, 130–133.

> Zu suchen ist dabei nach solchen Befunden in der Handschrift, die sich nicht aus Schreiberversehen, wie etwa Auslassungen, Dittographien, Assimilationen usw., erklären, sondern ihren Ursprung in einem früheren Stadium der Textentwicklung – dem Kompilationsvorgang selbst – genommen haben ... Die Textverderbnisse der Handschrift, die keine Schreiberversehen darstellen, seien als "redaktionelle Fehler" bezeichnet. (Kaiser, Herkunft, 40)

> Vielmehr scheint es so gewesen zu sein, daß am Ende der redaktionellen Arbeiten der Kompilatoren mehrere Endentwürfe standen, die als Abschreibevorlagen dienten. Jeder von diesen Endentwürfen konnte seine eigenen Fehler aufweisen. (id., 57)

Purtuttavia, altri fenomeni specifici, oltre alla sopra menzionata discussione delle varianti testuali – in particolare, la trasmissione di frammenti extra e pericopi di interpretazione dubbia nel *Codex Florentinus* rispetto alla restante tradizione, e l'attestazione di iati ovvero omissioni consistenti di porzioni testuali, in corrispondenza di spazi appositi mai colmati – restano privi di una spiegazione risolutiva: di essi si è tentata un'analisi completa in questo studio, e si è posto il quesito se tali fenomeni non minano necessariamente il principio di 'affidabilità' del manoscritto, quanto piuttosto contribuiscono a corroborare la teoria di:
- una matrice 'preliminare' per il modello del *Codex Florentinus*;
- una forma 'antologico-didattica' per le fonti adoperate dai compilatori, di cui è possibile rinvenire le tracce nel *Codex Florentinus* dopo passaggi plurimi di trasmissione.

Le tracce delle fonti di consultazione rappresentano un aspetto prima mai individuato, e costituiscono pertanto una prospettiva di ricerca nuova in relazione alla tradizione del *Codex Florentinus* e del Digesto.

Già Kaiser ha parlato della circolazione e dell'uso di manoscritti plurimi in condizione di bozza finale compilativa (Endentwürfe), stadio al quale lo studioso riconduce, tra gli altri, il fenomeno di iato, qui ripreso[16]. Tuttavia, manca,

16 KAISER, Herkunft, 55–56. A proposito del sopracitato caso di iato (due attestazioni alla fine di D. 48, 20 e 22: cfr. I 3), KAISER (Schreiber und Korrektoren, 188–196) ha proposto una decifrazione delle note di stenografia latina che accompagnano l'ultima parte di testo restituita, e posto in luce la possibilità che il correttore n. 2 disponesse per la revisione di un esemplare a sua volta incompleto. L'esemplare di revisione, sebbene utile ad apportare migliorie al testo, risultava dunque parimenti monco: si noti già qui che monca sarebbe altresì la fonte di quel *Codex Secundus* autorevole e perduto altrimenti alla base della tradizione Vulgata, ma non lo era l'esemplare su cui fu basata la versione greca dei Basilici, dove il testo è invece trasmesso. Sulla tradizione e sull'uso dei Basilici, utile DE JONG,

nelle analisi finora compiute di fenomeni testuali trasmessi nel solo *Codex Florentinus*, l'idea di una trasmissione plurima di elementi derivati da un passaggio antecedente al processo redazionale o di composizione del Digesto.

Sulla localizzazione della produzione del manoscritto, si è propensi, principalmente in virtù della fattura del manoscritto, di elementi paleografici e della disponibilità di esemplari di collazione, a credere che uno *scriptorium* bizantino possa essere stata la fucina dell'impresa[17]. L'origine costantinopolitana resta di base ipotetica, ma può essere sostenuta oltre nel presente studio su base logico-induttiva, se si conferma un principio di vicinanza certa all'archetipo o versione 'primigenia' del testo[18]. La presenza di elementi marginali riconducibili a momenti cronologici diversi non pare ad oggi un fattore dirimente in direzione dell'una o dell'altra teoria: in questa sede l'attenzione si incentra su quelle correzioni o varianti (di mano degli scribi – *scriptura primitiva* – o dei *correctores ordinarii*) giustificate già da Kaiser con tracce della bozza finale di lavoro. Purtuttavia, non si vorrà contribuire col seguente lavoro a riflettere sul contesto di produzione del *Codex Florentinus* o del suo antigrafo, quanto piuttosto sollecitare riflessioni circa la forma e il fine di produzione delle fonti alla base di alcuni errori ereditati dal manoscritto: si rimanda in particolare all'ipotesi ricostruttiva, qui presentata, di elementi marginali in una bozza redazionale o nelle fonti di consultazione a monte, e la presenza di elementi di incertezza o criticità di trasmissione[19].

Nella seconda parte del lavoro, in correlazione con il contesto ricostruito in base alla fenomenologia prima selezionata, l'attenzione si incentra sull'uso di *spatia*, occasionalmente in combinazione con segni, che interrompono il corso della *scriptura continua* nel manoscritto: si distinguono *spatia* (*o vacat*), *spatia*

Using the Basilica. Si suggerisce in questa sede una revisione sensibile della lettura delle note stenografiche, proposta da Kaiser, utile a porre queste ultime in relazione con lo iato e riflettere sullo stato di carenza del modello di collazione, ove anch'esso costituisse un prodotto semi-compiuto o il testimone di una tradizione o 'variante editoriale' differente (cfr. I 3).

17 Una sintesi dello stato dell'arte sul dibattito circa l'origine del manoscritto è in LICHT, Halbunziale, 81–88. Licht non esclude a sua volta Costantinopoli come centro di produzione. La scrittura adoperata, quasi esclusivamente attestata in manoscritti di disciplina giurisprudenziale, e il carattere grecizzante rendono ad ogni modo incontrovertibile l'assunto circa l'origine del manoscritto (e di altri esemplari con caratteristiche paleografiche similari) in una produzione costantinopolitana. Per gli altri manoscritti del Corpus Iuris Civilis in onciale, cfr. id., in partic. 84.

18 Cfr. BELLONI, Pandette fiorentine, che si discosta dalla teoria costantinopolitana e sostiene la produzione del manoscritto in uno *scriptorium* monastico dell'Italia meridionale.

19 BALDI, Codex florentinus, 101 e n. 14.

con punto mediano (*colon*)[20], *spatia* con due punti (o *dicola*)[21]. I *cola* associati agli *spatia* hanno un valore analogo alla punteggiatura moderna, acquisendo funzione di pausa semantica e/o sintattica; in tal senso, possono essere annoverati in termini inclusivi al concetto di *signa* per gli antichi, dai quali accenti e punteggiatura erano tradizionalmente esclusi[22]. Si intende altresì porre in risalto una funzione indefinita dei medesimi nel contesto del manoscritto e della sua unicità in termini editoriali: il quesito è se questi possano essere considerati – fatta salvo la *variatio* di applicazione e una casistica specifica – come tracce di una ripartizione strutturale generica, oppure cosiddetti segni di attenzione (miranti a porre in risalto un determinato passaggio), segni critici/di lavoro, diacritici o di lettura (in senso generico, senza discernere pertanto i diacritici come segni con valore fonologico dai segni di lettura, generati da correttori e lettori sulle copie del manoscritto originario)[23].

---

20 Il *colon*, qui descritto come punto mediano, può essere fatto corrispondere alla *mesê stigmê* (μέση στιγμή), nella descrizione del grammatico Dionisio Trace (*Ars grammatica* §4), seppure la sua posizione nel rigo risulta nel contesto relativa, per l'assenza di punti alti o bassi, e la sola eccezione del *dicolon*, di uso sporadico. Per un commento al passo di Dionisio Trace e l'applicazione dei livelli di gradazione delle pause di lettura nei papiri letterari, vedi JOHNSON, Punctuation, 8–12.

21 Per un breve riferimento a *signa legendi et interpunctionis*, vedi MOMMSEN in Ed.mai., XXXIIII. A *puncta et interpuncta* dedica una breve sezione BRENKMANN, Historia Pandectarum, 130–139, definendo l'*interpunctio* nel *Codex Florentinus* puramente *arbitraria*.

22 Sulla terminologia antica e moderna, NOCCHI MACEDO, La terminologie. Dal momento che si parla dello stato di trasmissione delle fonti prima dell'inclusione nel Digesto, la pratica di interpunzione nei papiri letterari risulta essenziale. Vedi ora JOHNSON, Punctuation: sull'interpunzione in partic. 7–25, e la raccolta di fonti nelle tabelle alle pp. 41–70. In particolare, si evidenzia la frequenza dell'uso di punti per la demarcazione di pause, di sovente rafforzati da *paragraphos* per la conclusione di sezioni testuali. I dati escerpiti nel volume, unitamente a quelli raccolti da Nicholas Wagner, sono alla base della piattaforma https://ancientbooks.papyrology.org/ (lanciata nel 2025; ultimo accesso: 9/03/2026). Sulla punteggiatura nei manoscritti medievali, basti qui citare, con i riferimenti bibliografici ivi forniti, COULSON, Punctuation, in: BABCOCK – COULSON, Handbook, 5–8.

23 Il manoscritto non presenta una grande varietà di *signa* di prima o seconda mano, che possa essere utile nel contesto a riconoscere un gruppo o sistema di appartenenza e inquadrare l'uso dei nostri segni di interpunzione. Riscontriamo, in particolare, *diple* con la funzione di rimarcare citazioni, e *anchorae*, provviste nel *Codex Florentinus* in buona parte di due punti (i due punti sopra e sotto il tratto obliquo rendono questo segno accostabile in tracciato al noto segno critico dell'*obelus* o marcatore di citazione: cfr. *infra*), con la funzione di richiamare un'integrazione marginale, tracciate sia nello spazio interlineare, in corrispondenza del passaggio omesso (con la punta della freccia tendenzialmente rivolta nella direzione opposta rispetto al margine in cui il testo è riportato), e a margine, a introdurre il testo integrato: si parla di segni consueti e da secoli attestati nella tradizione manoscritta occidentale e orientale, seppure con divergenze individuali

Sarà opportuno chiarire alcune scelte relative alla terminologia applicata e alla casistica presa in esame per questa ricerca.

- Si adopera il termine di punteggiatura in riferimento al valore pausante – se vogliamo, antico e moderno – riconosciuto ai segni. Il termine 'interpunzione' ricorre in riferimento alla pratica antica di separare le parole con punti, ma si applica nel contesto più estesamente al fenomeno di uso dei segni da parte degli antichi, internamente al manoscritto in *scriptura continua*, che può talora trascendere il mero valore della punteggiatura moderna.
- Si escludono dall'analisi quegli *spatia* e quei segni di interpunzione (in associazione con lo *spatium*) che si frappongono di sovente tra *inscriptio* e testo del frammento. Questi possono essere nondimeno adoperati come prova di una funzione pausante dei medesimi segni, senonché della difficoltà di applicazione di un sistema distintivo, atto a decodificare un fine precipuo e coerente di *spatia*, *spatia* con punto mediano (*colon*), *spatia* con due punti (*dicola*).

In ultima istanza, si evidenzia che le tracce materiali di cesure semantiche, a prescindere dalla volontà di trasmissione a seguito del processo di composizione del Digesto, possono essere talora ricondotte persino alla ripartizione originaria delle opere, ad esempio in *caputa*, e costituire la prova di una certa conservatività mediante la trasmissione reiterata in svariati passaggi.

Si vuole pertanto inserire l'analisi contestuale di *spatia* e *cola* in questo filone interpretativo, al pari degli altri fenomeni non altrimenti posti in rilievo come tali negli studi precedenti o qui rivisti, mirando alla ricostruzione del processo di trasmissione e della natura delle fonti adoperate dai compilatori.

Inoltre, il proposito è porre l'accento sulla rilevanza di codesti segni materiali in un periodo paleograficamente riconoscibile come di transizione, alla luce della prassi redazionale di *scriptio continua* e dell'uso a tratti liberale di tutto quanto interrompe il formato prescelto.

L'interesse dello studio è sia di natura filologica e paleografica/bibliologica – per il fenomeno dei segni (di punteggiatura o di lavoro) e le considerazioni che concernono l'operato di scribi e altri attori agenti sul manoscritto e sul suo antigrafo (o pre-modello) – ma anche giurisprudenziale, relativamente a passi e criticità testuali del Digesto, quando si prendono in esame casi investiti da tali fenomeni, e si seguono i due fili conduttori sopra accennati: elementi di

e geografiche/evolutive in termini di varianti grafiche e di funzione. Cfr. Steinová, Notam Superponere Studui, in partic. 29–33, 156–158.

'bozza' del lavoro di compilazione confluiti nel *Codex Florentinus*, e/o errori, in forma di inclusione nel testo 'ufficiale', o prodotto editoriale compiuto, di elementi superflui, scaturiti attraverso la prima fase di trasmissione del Digesto o generati da elementi marginali nelle fonti adoperate dai compilatori. Il fenomeno di *spatia* e *cola*, contestualmente all'analisi di altre peculiarità fenomenologiche del manoscritto, concorre a discutere alcune criticità testuali, come prodotti eventualmente derivati da ricezioni 'errate' di *spatia* o di annotazioni marginali o testi scritti a margine, presenti nel modello e nelle fonti, in alternativa a elementi 'generici' di bozza – o errori reiterati – trasmessi in uno o più passaggi[24].

Sia la forma di prodotto editoriale 'fluido' sia la ricostruzione delle fonti che hanno generato varianti o guasti nella tradizione del *Codex Florentinus*, a prescindere che si voglia accettare o meno la derivazione di taluni elementi da una fase precedente la versione 'definitiva' del Digesto, riflette indubbiamente una incertezza di trasmissione intorno a determinate sezioni testuali, che può essere ricondotta sia a ripensamenti in fase editoriale (vedi il *casus hiati*) sia alle versioni delle opere classiche in circolazione all'epoca, ovvero alla forma delle fonti di consultazione (è significativa la discussione intorno a D. 22, 3, 30–31*).

In casi specifici, dove il contenuto è investito dalla fenomenologia presa in analisi – se anche indirettamente (per circostanze legate alla sua collocazione o a problemi di forma sintattica e trasmissione: vedi D. 22, 3, 30–31* – I f. 318v a35–44 – e D. 27, 1, 46 – I f. 384v), si è tentato di fornire un contributo concreto all'interpretazione medesima dei passi: ci si è limitati, purtuttavia, alla compagine filologica e agli indizi di natura contestuale, che possono, unitamente a paralleli contenutistici, fornire supporto alle osservazioni scaturite dall'analisi materiale del manoscritto.

In ultima istanza, il presente studio vuole essere un invito a concentrare l'attenzione sulla rilevanza di un manoscritto assai vicino alla produzione originaria del Digesto, alla facies dell'antigrafo e alla fenomenologia che accompagna la primissima fase di trasmissione – in termini editoriali e di circolazione – del Digesto, senza disconoscere nondimeno il rilievo dei restanti testimoni; in particolare, preme qui sottolineare la possibilità di desumere differenze emblematiche dai restanti testimoni del Digesto e porre in luce la relazione

24 Si osserverà che le alterazioni qui oggetto di analisi sono per lo più giudicate come atti inconsapevoli degli scribi, e che in tale sede si annovera solo sporadicamente il concetto puro di 'interpolazione', intesa come alterazione consapevole del testo, anche nel caso di una sua natura privativa.

o interconnessione tra almeno due rami o versioni riconosciute della tradizione manoscritta (si veda il commento a D. 22, 3, 29, 30–31*). Più nello specifico, il presente lavoro riflette da un lato l'idea già sostenuta da Mommsen (Ed.maior, Anm.) e altrove applicata (Kaiser in spiegazione a diverse correzioni[25]) di una collazione operata dai revisori del *Codex Florentinus* mediante un manoscritto diverso dall'antigrafo; dall'altro, l'identificazione nell'antigrafo o manoscritto alla base del *Codex Florentinus* di un prodotto editoriale 'fluido' invita a considerare la coesistenza di una molteplicità di varianti nello stadio di prodotto editoriale compiuto o pertinente alla natura delle copie 'primigenie' del Digesto. Una ambiguità o fluidità originaria delle fonti permette di giustificare ma al contempo relativizzare il sistema di monogenesi o plurigenesi dei manoscritti del Digesto, discussa fin dagli esordi degli studi sulla tradizione manoscritta dell'opera[26]. Si noti come i guasti della tradizione manoscritta, in particolare del medesimo *Codex Florentinus*, diventano funzionali non solo alla discussione della critica testuale, e al tentativo di restituire il testo dei giuristi nella loro veste originaria, quanto anche, e soprattutto in questa sede, alla contestualizzazione delle fonti e della loro natura in uno stadio specifico di trasmissione, consentendo di annoverare tali osservazioni nell'ambito di una storia della tradizione filologica che combina *Textkritik* e *Textgeschichte*.

L'ispezione autoptica del *Codex Florentinus* (eseguita nel 2024) ha reso palese l'evidenza e l'importanza di elementi non altrimenti desumibili dalle due riproduzioni cartacee disponibili: i colori dell'inchiostro[27] – in particolare, ci si riferisce al rosso, notoriamente atto a evidenziare specifiche porzioni del testo, quali titoli di libri, rubriche e nomi degli autori nelle *inscriptiones*[28], ma anche a tonalità diverse di colore e spessore del calamo; donde la possibilità di distinguere mani, e chiarire fasi di correzione e revisione del manoscritto. Nel contesto dell'analisi dei fenomeni oggetto della presente ricerca, questi elementi sono stati di fondamentale rilievo per aggiungere fattori e a volte risolvere questioni concernenti il fenomeno in studio.

A seguito dell'ispezione autoptica, è stata inoltre resa disponibile in rete, agli inizi del 2025, una riproduzione digitale del manoscritto ad alta risoluzione, su

25 Kaiser, Herkunft, 41, 56.

26 Sulle tesi relative alla monogenesi o plurigenesi dei manoscritti del Digesto, vedi già Savigny, Geschichte, 449 ss.

27 Dei colori e dettagli altrimenti non desumibili dalle riproduzioni ha già reso merito Baldi, Codex florentinus, tavv.

28 Per le tipologie e l'impiego dell'inchiostro di colore rosso: Agati, Introduzione codicologia, 294–296.

iniziativa del Rotary Club Firenze Amerigo Vespucci, qui utilizzata per la gran parte delle immagini, fatta eccezione per foto di dettaglio, scattate dall'autrice e prontamente segnalate come tali[29].

29 A tal proposito ringrazio l'ente della Biblioteca Medicea Laurenziana per i diritti alla pubblicazione. La riproduzione digitale è disponibile al link https://tecabml.contentdm.oclc.org/digital/collection/pandette (ultimo accesso: 9/03/2026). Tutte le immagini del *Codex Florentinus* in questo manoscritto sono riprodotte su concessione del MiC. È vietata ogni ulteriore riproduzione con qualsiasi mezzo.

PARTE I

Tracce del processo editoriale e delle sue fonti nel *Codex Florentinus*

Nella prima parte del seguente lavoro si incentrerà l'attenzione su fenomeni del *Codex Florentinus* già noti dallo spoglio della tradizione manoscritta, ma ad oggi non ancora posti in correlazione tra loro in virtù di un discorso più vasto che concerne il *Codex Florentinus*, il suo modello e/o, eventualmente, la forma originaria delle fonti adoperate; taluni di questi sono qui sottoposti per la prima volta a un'analisi dettagliata, dettata dalla prospettiva stessa della ricerca.

Ci accingiamo, pertanto, col seguente elenco di fenomeni o problematiche, a raccogliere materiale che avalli la necessità di riconsiderare e riflettere sulla natura del *Codex Florentinus* e soprattutto di taluni elementi da esso trasmessi, e ad aggiungere inoltre considerazioni o interpretazioni dei suddetti fenomeni, utili anch'esse a discernere specificità e contesto degli elementi di critica testuale.

© 2027 THE AUTHOR(S) | HTTPS://DOI.ORG/10.30965/9783657705221-003

CAPITOLO 1

Alterazione e traccia editoriale: *si lanae alicui*

Al nostro studio e proposito risulta particolarmente utile[1] l'esempio, individuato da Mommsen e decifrato da Kaiser, del *silandealicui* in D. 7, 1, 15 (I f. 121vb), tra i § 5 e 6 (Ulp. 18 Sab).

FIGURA 1
Firenze, Biblioteca Medicea Laurenziana, ms. Pandette I, f. 121v a30–31, riproduzione digitale online

Ebbene, la lettura *si lanae alicui*, in seguito a correzione della *d* in *a* (vedi *infra*), permette di valorizzare la singolare traccia di una porzione di testo del frammento corrispondente al principio di D. 7, 5, 11, entro la rubrica *de usu fructu earum rerum quae usu consumuntur vel minuuntur* (anche quello estratto da Ulp. 18 *ad Sab.*)[2].

Riproduciamo qui la posizione del *silandealicui* nel *Codex Florentinus* (in grassetto per facilitarne la distinzione), entro i due paragrafi coinvolti dell'estratto, per rendere chiara la successione testuale.

Codex Florentinus (I f. 121vb), D. 7, 1, 15, 5 e 6 (nella rubrica *de usu fructu*):

> *Proinde etsi scaenicae vestis usus fructus legetur vel aulaei vel alterius apparatus, alibi quam in scaena non utetur. sed an et locare possit, videndum est: et puto locaturum, et licet testator commodare, non locare fuerit solitus, tamen ipsum fructuarium locaturum tam scaenicam quam funebrem vestem.* ***silandealicui*** *proprietatis dominus non debebit impedire fructuarium ita utentem, ne deteriorem eius condicionem faciat. de quibusdam plane dubitatur, si eum uti prohibeat, an iure id faciat: ut puta doleis, si forte fundi usus fructus sit legatus, et putant quidam, etsi defossa sint, uti prohibendum: idem et in seriis et in cuppis et in cadis et amphoris putant:*

1 Questo viene oltre più specificamente adoperato, in tema di ricollocamenti o trasposizioni di porzioni testuali a livello 'intra-frammento' piuttosto che di frammento in blocco.

2 Kaiser, Digestenentstehung, 336–337: id., Herkunft, 51–52.

> *idem et in specularibus, si domus usus fructus legetur. sed ego puto, nisi sit contraria voluntas, etiam instrumentum fundi vel domus contineri.*

Il passo di D. 7, 5, 11, nel quale le parole *si lanae alicui* ritornano, con la pericope di appartenenza, recita:

> *Si lanae alicui legatus sit usus fructus vel odorum vel aromatum, nullus videtur usus fructus in istis iure constitutus, sed ad senatus consultum erit descendendum, quod de cautione eorum loquitur.*

Il fenomeno paleografico, ovvero la confusione di *d* e *a* in *silande* (*l. si lanae*), può essere intuitivamente adoperato come criterio per riflettere sulla scrittura dell'antigrafo o di quella versione in cui la confusione tra le due lettere fu originata. Tuttavia, tale confusione può avere avuto luogo sia in una scrittura minuta e con tratti onciali, da associare a una scrittura di glossa (cfr. Vat.Lat. 5750), sia in una scrittura ampia e formale. Tratti propri di una scrittura corsiveggiante o di una consolidata semionciale, in cui la *d* presenta caratteristiche proprie di una minuscola, possono contribuire in pari modo a confondere le due lettere in una scrittura più o meno formale: cfr. CLA Suppl. 1782 e CLA VI, 806[3].

La medesima funzione vale a giustificare la trasmissione reiterata di un elemento spurio, per mancata decifrazione e individuazione di un errore, ove l'eventuale collazione non ne abbia altresì garantito il riconoscimento.

Urge chiarire per quale ragione il principio di una proposizione, che figura nella forma definitiva del Digesto in D. 7, 5, 11, compaia nel *Codex Florentinus* entro il frammento D. 7, 1, 15, nella parte generale della rubrica dedicata all'usufrutto, in entrambi i casi estratti da Ulpiano, *ad Sabinum*[4].

Così Kaiser, Herkunft (51–52):

> Das Vorhandensein von *si Iande alicui* im Codex Florentinus geht auf einen redaktionellen Fehler zurück, da die Tilgung in D. 7, 1, 15 zumindest in der Vorlage des Codex Florentinus nicht vollständig durchgeführt wurde.

---

3 Abb. 38 e 41 in Licht, Halbunziale.

4 Non si andrà qui nel merito della conseguenza di tale fenomeno nell'ambito dell'ordine dei titoli. D'altronde, D. 7, 5, 11 è già stato discusso come ricollocato. Preme, tuttalpiù, evidenziare che il *Codex Florentinus* renderebbe in tal caso chiara la dinamica e l'origine di questa trasposizione, su base contenutistica, e che non si tratta di un frammento integrale quanto di una porzione di testo estratta in seno al frammento (rendendo la sede originaria monca di una parte centrale); ove si accetti tale ipotesi, il passo in oggetto diviene, dunque, un esempio di taglio, non altrimenti segnalato nel *Codex Florentinus*.

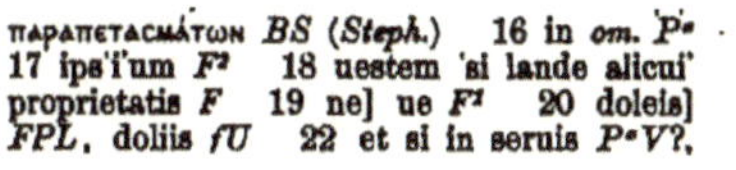
παραπεπετασμάτων *BS* (*Steph.*) 16 in *om.* *P*ᵃ 17 ips'i'um *F*² 18 uestem 'si lande alicui' proprietatis *F* 19 ne] ue *F*¹ 20 doleis] *FPL*, doliis *fU* 22 et si in seruis *P*ᵃ*V*?,

FIGURA 2
Editio maior

Si segnala una traccia materiale di rilievo nella trasmissione di D. 7, 1, 15, in particolare nel manoscritto più antico della cosiddetta Vulgata, il Vat.Lat. 1406. Ivi uno *spatium* con punto mediano ricorre tra le parole *funebrem* e *vestem*, a chiusura della sezione corrispettiva del § 5 – pertanto immediatamente precedente al luogo inficiato dall'inserimento della sequenza *si lande alicui* nel *Codex Florentinus*.

FIGURA 3
Vat.Lat. 1406, f. 64r © Biblioteca Apostolica Vaticana

Tuttavia, la collocazione insolita tra le due parole attigue e semanticamente connesse (aggettivo-nome) piuttosto che a chiusura della pericope testuale, oltre allo stadio di trasmissione testuale ben più tardo, rende difficile sostenere che il fenomeno possa essere connesso con una traccia anch'essa editoriale o con una ripartizione semantica, financo assimilabile al fenomeno di *spatia* e *cola* nel *Codex Florentinus*, oggetto di analisi nella seconda parte del presente lavoro.

Due sono le principali strade da seguire; una terza opzione viene esposta oltre, a fronte di osservazioni derivate dalle prime due.

1- Una ipotesi di ricostruzione può annoverare un fenomeno di alterazione/aggiunta, ovvero l'integrazione inconsapevole a testo di una nota di richiamo o glossa: tale annotazione era stata inserita nell'interlinea e/o nel margine, secondo un formato che prevedeva l'uso delle sole parole incipienti, di per sé sufficienti a indicare il testo di rimando per confronto contenutistico, o riportandone l'intero contesto[5]. Dal momento che una funzione di glossa con riferimento incrociato è altamente improbabile nel modello della *Littera Florentina*,

5 Se si immagina una citazione completa (ovvero inclusiva delle parole che seguono *si lanae alicui* nel testo trasmesso in D. 7, 5, 11), il resto della proposizione non sarebbe difatti confluita nel testo del *Codex Florentinus* per essere ubicata nel margine, piuttosto che nell'interlinea, ed essere pertanto 'ignorata' dallo scriba in quanto nota marginale. Tale ricostruzione, e di conseguenza il principio di una citazione interna completa, resta tuttavia improbabile in virtù della considerazione banale per cui la scrittura della nota a margine nella sua omogeneità avrebbe fatto sì che lo scriba la riconoscesse come un testo unico; auspicabilmente, lo

o in un prodotto 'compiuto' vicino all'archetipo del Digesto, questa ricostruzione varrebbe a supporto dello scopo didattico di una fonte originaria, vale a dire l'opera di Ulpiano adoperata per la consultazione (in una forma assimilabile ai cosiddetti *spuria*, se il richiamo aggiunto a margine da un lettore provocò poi l'inclusione a testo), o ad essa precedente. Ne ricaveremmo altresì la traccia della fonte di consultazione, al pari che altrove in questo studio, entro le spiegazioni ricostruttive dei fenomeni selezionati. Inoltre, questo costituirebbe un caso di nota a margine con natura di 'citazione interna' alla medesima opera, a prescindere che la citazione fosse costituita da poche parole o da una intera proposizione[6] (cfr. *infra*, per il confronto con altre fonti giurisprudenziali).

2- La seconda opzione prevede la trasmissione nella tradizione testuale del Digesto precedente il *Codex Florentinus* di un elemento originariamente ubicato nello stesso *locus* ove se ne conservano sue tracce, che non doveva figurare nella versione definitiva del Digesto: questa è anche la teoria di Kaiser, che determina l'idea di un taglio interno rispetto all'opera originaria con ricollocazione del frammento in un altro punto del Digesto. Potremmo imputare l'errore a una disattenzione in fase di compilazione, idealmente finale nel processo di assegnazione del materiale selezionato, che avrebbe comportato una espunzione parziale, col lascito di quelle parole iniziali che costituiscono il principio di un testo altrimenti tràdito in D. 7, 5, 11; l'espunzione sarebbe avvenuta in seguito a una scelta di ricollocamento (invero, nel frammento ora corrispettivo di D. 7, 5, 11) e/o di riconoscimento di duplicazione.

Purtuttavia, l'aspetto contenutistico invita a sostenere l'una piuttosto che l'altra opzione. Infatti, dal punto di vista tematico il frammento D. 7, 5, 11 potrebbe a un primo sguardo risultare idoneo tanto nella veste del passo originario di Ulp. 18 *ad Sab.* in base allo spoglio del Digesto, corrispettiva della ricostruzione di Lenel (Pal. II, col. 1075, n. 2593), quanto in una eventuale collocazione originaria entro l'attuale D. 7, 1, 15 (Len., id., col. 1071, nn. 2582–2583, che divide tuttavia i paragrafi 5 e 6). Ciononostante, va riconosciuta l'attitudine maggiore del passo nella sua collocazione di seguito all'estratto ora corrispettivo di D. 7, 5, 5, ovvero l'ultimo estratto dalla medesima opera ulpianea, immediatamente precedente alla nostra proposizione nella ricostruzione palingenetica dell'opera, ovvero nella sua sequenza semantica originaria. In particolare, qui si

scriba avrebbe riportato la nota nella sua interezza nel testo principale, se essa fu confusa con una integrazione testuale.

6 Basti confrontare a tal proposito P.Heid. Inv. Lat. 4 (VI sec.), citato *infra* come parallelo materiale: https://elmss.nuigalway.ie/catalogue/1700 (ultimo accesso: 9/03/2026).

fa riferimento a un senatoconsulto che regolava accordi con stipulazione di garanzia su determinati oggetti e materiali, il cui usufrutto possa determinarne deterioramento o consumo (nel contesto denaro e simili). D. 7, 5, 11, se immediatamente successivo nella sequenza originaria del libro 18 (cfr. Lenel, *supra*), sembra infatti riferirsi al medesimo senatoconsulto e alla medesima stipulazione di garanzia, ma nel dettaglio concernente lana, profumi e aromi.

Non inverosimile ma meno congrua risulta la collocazione di D. 7, 5, 11 entro il testo di D. 7, 1, 15, dove nel *Codex Florentinus* figura la sequenza *si lanae alicui* (F: *si lande alicui*). Il § 5 – o comunque il testo precedente (la paragrafazione è relativa, se posta in rapporto al contesto originario, ma adoperata per orientarsi nel corpo del frammento) – tratta delle condizioni fissate dal titolare di proprietà circa l'usufrutto del vestito da scena (o funebre), nella fattispecie le possibilità di dettare proibizioni atte a evitare il deterioramento della proprietà, mediante l'uso (o concessione in locazione) in un contesto diverso da quello cui l'oggetto è adibito per sua natura.

Ove si voglia credere che il testo fosse originariamente ubicato entro il passo ora in D. 7, 1, 15, lì dove il *Codex Florentinus* riporta *silandealicui*, sarà fondamentale evidenziare la testimonianza del taglio di una porzione testuale dal corpo del frammento o estratto dell'opera ulpianea, come già evidenziato da Kaiser. Il fenomeno farebbe sì che D. 7, 1, 15 acquisisce una veste, se vogliamo, nuova, derivata dal taglio interno e dalla perdita della sequenza semantica originaria; i compilatori avrebbero altresì riconosciuto la rubrica *de usu fructu earum rerum quae usu consumuntur vel minuuntur* come più attinente dal punto di vista tematico per la proposizione mediana del passo.

Ad ogni modo, qui il richiamo o nesso rispetto al paragrafo successivo del testo contenuto ora in D. 7, 5, 11 è evidente nel riferimento alla lana e al suo possibile deterioramento, ma il richiamo resterebbe altresì privo di una spiegazione per quanto concerne il senatoconsulto citato in quest'ultimo; infine, sembra preferibile una sequenza semantica originaria del testo di D. 7, 5, 11, come attiguo al contenuto di D. 7, 5, 5 (così Lenel, *supra*), piuttosto che a quello di D. 7, 1, 15[7]. Il richiamo tematico tra veste e lana varrebbe comunque sia a giustificare la volontà di richiamare il testo in una annotazione marginale (ad esempio, nell'antigrafo del *Codex Florentinus*), ove si voglia sostenere l'origine dell'inserimento a testo di un elemento di glossa (cfr. *supra*).

---

7 Anche Lenel (Pal.) fa seguire D. 7, 5, 11 (2593) a D. 7, 5, 5, § 2 (2592), mentre D. 7, 1, 15pr.–§ 5 e D. 7, 1, 15, § 6–7 sono registrati sotto i numeri 2582 e 2583 della sua Palingenesia. La cesura percepita tra 2582 e 2583, con attribuzione a due sequenze separate, se anche contigue, avvalerebbe altresì l'opzione di perdita di testo nel passaggio da una sequenza a quella successiva.

3- Si intende presentare infine la seguente opzione, come soluzione plausibile e ideale, in quanto congiunge elementi di entrambe le opzioni sopra esposte: possiamo accettare che un elemento spurio si sia reiterato nel tempo, a testimonianza di una cancellazione effettuata in quel *locus* in un determinato momento del processo di trasmissione. Tuttavia, tale espunzione può aver avuto luogo rispetto a una pericope che non apparteneva originariamente né al frammento di Ulpiano dove se ne conserva traccia nel *Codex Florentinus* né a una nota di glossa che costruisse un riferimento incrociato con un'altra sezione dell'opera di Ulpiano. Il testo cancellato potrebbe costituire, infatti, la traccia di un ripensamento sull'inserimento, come frammento autonomo, dopo D. 7, 1, 5, di una pericope testuale, derivata dallo stesso libro 18 del commentario ulpianeo a Sabino, ma non ubicata originariamente nello stesso *caput*, in fase di compilazione, sulla base di un nesso logico o semantico ivi ravvisato: lo stesso testo viene poi rimosso. La ragione del ripensamento può essere nella scelta di collocarlo più avanti, per un discorso di attinenza già sopra affrontato; inoltre, la corrispondenza del frammento integrato con la stessa fonte o stesso libro di estrazione avrebbe reso difficile la distinzione dei passi mediante apposite *inscriptiones*, che si sarebbero ripetute identiche in numero di tre, includendo le pericopi che seguono *silandealicui*, nel caso in cui i compilatori avessero voluto fare di questo passaggio un nuovo frammento o frammento autonomo; si ricorda, infatti, che nell'*inscriptio* del Digesto manca il riferimento al *caput*, eventualmente funzionale a una distinzione tra gli estratti[8].

8 Cfr. *infra*, per il paragone costruito con gli *Scholia Sinaitica*, le cui *inscriptiones* sono contenutisticamente sufficienti e funzionali alla consultazione delle opere citate: la forma della raccolta in oggetto è, tuttavia, di commentario e, in tal senso, diversa dalla condizione e dal fine di una raccolta di riferimento giurisprudenziale quale il Digesto, per la quale le citazioni scandiscono il testo e sono portatrici di una valore significativo, senza tuttavia voler invitare alla consultazione degli scritti dei giuristi. Cfr., a tal proposito, gli oltre parimenti citati Fragmenta Vaticana, e la note ivi presenti, funzionali alla pratica forense. Sui fenomeni di critica del testo relativi a frammenti o elementi paratestuali specifici (quali le *inscriptiones*), e la scelta individuale di chi estrae e ordina i testi in un'opera di raccolta antologica o gnomologica, si confrontino le riflessioni relative all'operato di Stobeo (autore di V secolo) in Gretchen, Thinking through excerpts. Riguardo all'uso di elementi paratestuali, o lemmi, in compilazioni precedenti l'operato tardo-antico di Stobeo e Orione nel mondo greco-romano, le fonti papiracee restituiscono sillogi di contenuto gnomico (o sentenziale), che anche in un ambito non strettamente scolastico testimoniano un sistema di citazioni assai vario, regolato evidentemente da esigenze private, asistematico e non cristallizzato, fatta eccezione per le *Menandri Sententiae* e la *Comparatio Menandri et Philistionis* (opere trasmesse a partire dal II/III d.C., caratterizzate da lemmi completi e/o rinuncia a una compilazione su base tematica): vd. Pernigotti, Antologie gnomologiche; id., <Menandri Sententiae>; id, <Comparatio Menandri et Philistionis>. Si aggiunge, a comprova di una certa *variatio* nel metodo di

Secondo tale teoria ricostruttiva, le parole incipienti del testo erano ubicate originariamente a margine in virtù di un proposito di integrazione in fase di compilazione, poi annullato. In sostanza, le parole incipienti non erano atte a segnalare un riferimento incrociato, quanto a riprodurre l'incipit di quel testo, che resta incompleto per annullamento dell'integrazione, ma che confluisce altresì erroneamente nella raccolta, prima di essere ivi parimenti rimosso. Non avremo qui la traccia di una operazione di taglio e ricollocamento (Kaiser) quanto la traccia di una nota a margine nella natura di un frammento integrativo.

In conclusione, il contenuto potrebbe valere a supportare l'idea di una corruttela o aggiunta nel *Codex Florentinus*, ovvero l'inclusione a testo di parole appartenenti a una annotazione marginale nell'antigrafo o stadio di trasmissione ancor precedente, giustificata da una nota apposta nello spazio interlineare, e percepita erroneamente come integrazione al testo, piuttosto che di un taglio operato dai compilatori internamente alla fonte originaria. Su questa base, tendiamo a escludere la seconda delle opzioni proposte e a concentrarci sulla prima e sulla terza delle spiegazioni fornite, con particolare interesse alla natura eventuale di glossa o testo ubicato a margine.

A tal proposito, concorre la testimonianza della prassi attestata negli *Scholia sinaitica*, celebri frammenti di fogli papiracei (rinvenuti in un convento del Monte Sinai) recanti il commento ai libri 35–38 del trattato *ad Sabinum* di Ulpiano. Nei Sinaitici si osserva che, per citazioni diverse dall'opera commentata e dal commentario omonimo di Paolo, la prassi di citazione prevede, oltre ad autore, titolo dell'opera e numero del libro, anche il titolo della sezione, il riferimento al *caput*, e poche parole chiave o l'incipit del testo come dato ulteriore di appiglio rispetto al passo citato[9], in una pratica financo utile alla consultazione dell'opera: ad esempio, Sch.Sin. §35 ὁ *Modestinus* βιβλίῳ α' *regularum* αὐτοῦ πρὸ ιζ *regulas* τοῦ τέλου[ς] τοῦ βιβλίου ἐν *regula* οὗ ἡ ἀρχὴ *dotis* etc.

citazione delle opere in manoscritti autografi, il sistema adoperato da Filodemo di Gadara per i riferimenti a opere da lui citate: Delattre, Titres, in partic. 118–120.

9 Già Riccobono forniva una spiegazione del metodo di citazione adoperato coerentemente dallo scoliasta I e dall'annotatore (III), ovvero delle differenze riscontrate: escludendo l'opera di Ulpiano (*ad Sabinum*), oggetto di commento, Riccobono motiva le citazioni costituite del solo titolo, riferite all'opera omonima di Paolo, con la facilità di verifica del riferimento, dal momento che le opere di Ulpiano e Paolo correvano parallele. Diverso è il caso delle restanti citazioni, di opere diverse, che seguono la forma estesa, a comprova di una particolare attenzione a una citazione corretta, rispondente al proposito pratico di facilitare l'individuazione del passo citato: Riccobono, Scolii Sinaitici, in partic. 223–224.

Se immaginiamo, insomma, *si lanae alicui* come parte di un riferimento incrociato in una nota di commento, questa sarebbe stata costituita delle prime tre parole di apertura del passo, da sole sufficienti alla costruzione del parallelo tematico rispetto a un passaggio estratto dallo stesso libro. Infatti, l'assenza di un elemento paratestuale o lemma che introduca la fonte della citazione costituirebbe qui un elemento superfluo, a fronte di una corrispondenza con il libro dalla quale deriva il frammento oggetto di 'commento' (Ulp. 18 *ad Sab.*). Inoltre, la mancanza di riferimento al *caput* risponde sì alla prassi di citazione del Digesto, ma assume scarsa importanza entro questa ipotesi, proprio in virtù della corrispondenza di opera e libro con il passaggio eventualmente commentato, e della citazione testuale[10].

1.1 Il contributo dell'ispezione autoptica: passaggi plurimi di correzione

Ci incentreremo qui sull'aspetto paleografico e sull'analisi materiale del manoscritto, con le conseguenze interpretative rispetto al fenomeno in oggetto. Entrambi questi aspetti risultano emblematici e costituiscono un prerequisito di rilievo rispetto all'adozione di una opzione risolutiva per la collocazione originaria del testo, e, di conseguenza, per la spiegazione degli elementi superflui in seno a D. 7, 1, 15. Se il contenuto, ovvero la migliore idoneità contestuale del passo nel contesto di D. 7, 5, 11, piuttosto che in D. 7, 1, 15, inducono ad escludere la collocazione originaria del testo – ora restituito in D. 7, 5, 11 – entro il frammento corrispettivo di D. 7, 1, 15 rispetto all'opera di Ulpiano, maggiore difficoltà si riscontra su base paleografica e filologica, in riferimento alla giustificazione del *silandealicui* come elemento originato da glossa – con riferimento incrociato – o anche di elemento marginale con intento integrativo. La confusione *a-d*, secondo quanto sopra anticipato, non è infatti da imputare

10 Per il metodo introduttivo ai riferimenti bibliografici, vedi anche PSI XIII 1348 (Ossirinco, metà del V sec.), fr. 3 contro le fibre, l. 31 *Ulp*(*ianus*) β(ιβλίῳ) ᾱ *de app*(*ellati*)*onib*(*us*) *ṭi*(*tulo*) *q*(*uan*)*ḍọ appellaṇ*[3±6]. L'editore del PSI Vincenzo Arangio-Ruiz parla di memoria defensionale, con citazioni di testi classici in calce ai singoli paragrafi, piuttosto che di una raccolta a uso didattico. Di nuovo, le ripartizioni rendono agevole la consultazione ma non ricorrono in modo uniforme. In PL II 38 (V sec.) ritorna il metodo lemmatico, ma entro un repertorio apparentemente più sistematico; ad ogni modo, l'insistenza sulle *definitionum* di Papiniano, in particolare sulla rubrica della *stipulatio Aquilana*, ci consente di ricavare la struttura dell'opera, ripartita in rubriche e θέματα (vedi B6, nella ricostruzione fornita da THÜNGEN, Neuedition). Cfr. anche P.Ant. II 153, P.Berol. inv. P. 14075 + 16976 e PSI inv. 132 fr. B (quest'ultimo inedito, la cui edizione è a cura di Serena Ammirati per il progetto REDHIS).

necessariamente a una scrittura di glossa; piuttosto, questa è plausibile sia in caso di onciale minuta sia di capitale rustica, la medesima scrittura adottata in talune *inscriptiones* del *Codex Florentinus*, in titoli e *colophon*[11].

Nel *Codex Florentinus*, inoltre, *silande* e *alicui* (su due righi diversi) vengono espunti mediante parentesi o 'virgolette' laterali, confermandone l'estraneità nel contesto attuale[12]. La visione dell'originale ha permesso tuttavia di osservare un fenomeno di rilievo, relativo a tale correzione, finora sfuggito.

L'espunzione di *si alicui* sembra opera dello stesso scriba, o quantomeno dello stesso calamo, per tratto e colore (un inchiostro più scuro e un tratto spesso), piuttosto che del correttore, mentre le virgolette adoperate per *si lande* sono tracciate in un tratto fine e da imputare a un'altra mano (quella di un correttore o revisore), dal momento che il calamo è lo stesso adoperato per altre correzioni in I 121v[13].

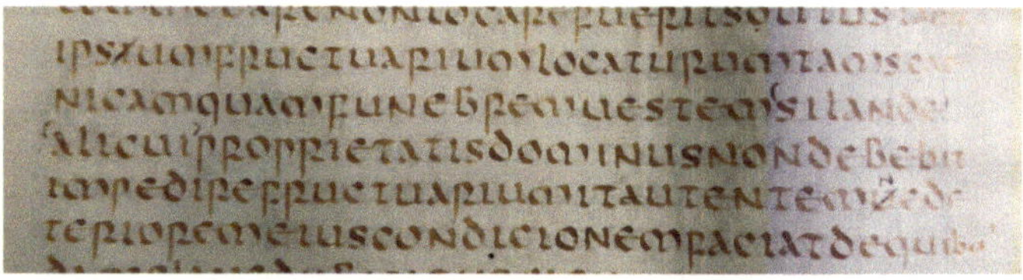

FIGURA 4 Firenze, Biblioteca Medicea Laurenziana, ms. Pandette I, f. 121v a30–31, foto dell'autrice

Pertanto, il dettaglio riscontrato dall'originale relativamente alle due mani che intervengono a espungere *si lande* e *alicui*, invita a sollevare la questione se *alicui* (espunto dallo scriba, da annettere in quanto tale alla *primitiva scriptura*) non fosse stato riconosciuto come tale già nell'antigrafo, a prescindere che la sua natura originaria, in un momento di trasmissione precedente, fosse quello di glossa o elemento a testo: lo scriba potrebbe infatti aver notato *alicui* decidendo di segnalarne l'espunzione per confronto con l'antigrafo (ove questo

11 Corbino – Santalucia in Justiniani Augusti Pandectarum, Introd. p. 15.

12 Le 'virgolette' laterali ricorrono altrove come elemento di espunzione, ma di questi non è oltremodo riconoscibile una funzione distinta, se confrontate con i più comuni tratti obliqui di cancellatura. Si potrà, ad ogni modo, osservare che tali 'virgolette' ricorrono per marcare un numero di lettere maggiore (di 3), rilevando una scelta stilistica (eleganza ottica rispetto ai tratti obliqui continuati per tutta la lunghezza delle lettere in oggetto). Cfr. 'libro' nell'*inscriptio* incompleta di D. 23, 3, 54 (I f. 330v) o 'cundo' (in 'secundo', per correzione in 'sexto') in D. 23, 2, 31 (I f. 323 v.).

13 Cfr. Kaiser, Herkunft, 51–52, che decifra l'interpolazione ma descrive le due correzioni come da imputare ambedue all'operato del revisore.

fosse anche lì espunto o altrimenti segnalato), più probabilmente che per iniziativa personale; il revisore – da annoverare plausibilmente tra i *correctores ordinarii* – potrebbe poi aver espunto *si lande* per il riconoscimento di un elemento estraneo, ad esempio mediante la collazione con un altro manoscritto, nel quale non si fosse conservata alcuna traccia del *si lande alicui*.

L'osservazione filologica concernente le unità testuali dell'elemento oggetto di critica valgono in ultima istanza a confermare una incertezza di trasmissione testuale e la possibilità che tale processo sia avvenuto in più passaggi: il fenomeno sarebbe sì riconducibile a una glossa, la cui omogeneità induce a ricostruire una citazione interna costituita dalle sole parole incipienti restituite nel *Codex Florentinus*, ma nondimeno, e forse ancora più verosimilmente, alla trasmissione reiterata di un elemento spurio – per derivazione a monte da glossa o elemento testuale successivamente oggetto di taglio – il cui riconoscimento avviene in quantomeno due passaggi, portando alla definitiva espunzione del testo nella tradizione testuale successiva al *Codex Florentinus*: nel concreto, ricostruiamo idealmente la situazione per cui *alicui* fosse già segnalato nell'antigrafo come elemento spurio, mentre il revisore del *Codex Florentinus* segnalò *silande*, verosimilmente per collazione e/o constatazione propria di un elemento estraneo.

Se il contenuto invita, pertanto, ad avallare l'opzione di una nota di glossa originaria stesa nello spazio interlineare, confusa con un'integrazione testuale, dal punto di vista filologico mi sembra che la trasmissione a testo di un elemento espunto in fase finale di compilazione, o comunque sia non ubicato nel margine dell'antigrafo del *Codex Florentinus* bensì a testo, non sia comunque improbabile: si vedano la possibilità di confusione delle lettere *a–d* in una scrittura semionciale, l'origine forse separata dell'espunzione in due passaggi degli elementi testuali discussi, e, non da ultimo, la natura inconsueta della ipotizzata nota di glossa, da riconoscere eventualmente come traccia di una citazione interna o riferimento incrociato, apposta almeno in parte nello spazio interlineare, o direttamente a ridosso del testo principale, e composta delle sole parole incipienti del testo di richiamo.

A prescindere dall'ipotesi abbracciata, l'osservazione materiale sull'originale, circa il doppio passaggio di cancellazione degli elementi compositivi della 'citazione', resta applicabile: la scelta di espunzione non è, infatti, da imputare necessariamente all'antigrafo quanto a un passaggio precedente, corrispettivo di una fase dell'atto compilativo (*supra*, per l'ipotesi n. 3, ovvero il ripensamento sul frammento autonomo) o addirittura alla natura della fonte adoperata (ipotesi n. 1), provvista di glosse o in cui la nota di commento era già inglobata nel testo: ad ogni modo, i passaggi ricostruibili prevedono l'acquisizione di consapevolezza parziale circa l'estraneità di *silandealicui*, in particolare se *alicui* fu segnalato come da espungere già nell'antigrafo e l'annullamento della seconda componente (*silande*) avvenne in via definitiva per mano del correttore del *Codex Florentinus*.

Partendo da questa considerazione materiale e di ricostruzione degli 'stadi di espunzione', è difficile esprimere, in ultima istanza, una preferenza per l'una o l'altra opzione: se si esclude la collocazione originaria del passo in corrispondenza della traccia di espunzione (ipotesi n. 2) per un discorso di contenuto, restano infatti validi tanto il principio di un ripensamento circa un'integrazione, inserita come frammento a se stante piuttosto che 'manipolata' strutturalmente, ovvero ricollocata nel mezzo del passo in oggetto (ipotesi n. 3) quanto quello di una glossa di commento con riferimento incrociato, confluita nel testo per errore e riconosciuta gradualmente come elemento estraneo (ipotesi n. 1). Sarà lecito, ad ogni modo, evidenziare che la ricostruzione di quantomeno due passaggi dietro l'espunzione definitiva rendono assai plausibile l'idea esposta nell'ipotesi n. 1: una trasmissione reiterata e conservativa di un elemento originato da glossa potrebbe, infatti, ricondurci alla forma dell'opera di consultazione, come aiuta a sostenere il confronto con gli *Scholia Sinaitica*.

L'interesse ricade in questa sede, in modo particolare, sulla possibilità che l'elemento confluito da glossa sia già imputabile allo stato di trasmissione dell'opera che i compilatori adoperarono per l'estrazione del passo, fosse questa un'opera singola fornita di glosse o già recante la modifica mediante inclusione del testo di glossa: a tal proposito, si vedano il fenomeno dei frammenti extra in D. 22, 3, 30–31* (I f. 318v a35–44; vedi *infra*), a sua volta ipoteticamente riconducibile alla forma dell'opera di consultazione, e le conclusioni al presente lavoro.

CAPITOLO 2

I due frammenti espunti: D. 22, 3, 30* e 31* (I f. 318v a35–44)

Rilevante è il fenomeno dell'espunzione a posteriore, mediante tondi o parentesi laterali, di due frammenti riportati dal solo *Codex Florentinus* e non altrimenti attestati nei testimoni del Digesto (con una eccezione, cfr. *infra*), dopo D. 22, 3, 29 (Scaev. 9 dig.), a fine di titolo (*de probationibus et praesumptionibus*). Come Mommsen constata, i due frammenti non sono ritenuti genuini dai commentatori greci, in quanto quasi del tutto scomparsi nella tradizione manoscritta (con una eccezione, cfr. *infra*) e sceglie dunque di porli nell'Editio maior in apparato.

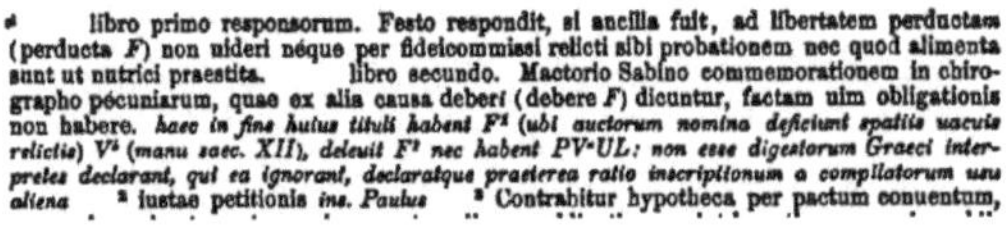
libro primo responsorum. Festo respondit, si ancilla fuit, ad libertatem perductam (perducta *F*) non uideri neque per fideicommissi relicti sibi probationem nec quod alimenta sunt ut nutrici praestita. libro secundo. Mactorio Sabino commemorationem in chirographo pecuniarum, quae ex alia causa deberi (debere *F*) dicuntur, factam uim obligationis non habere. *haec in fine huius tituli habent F¹ (ubi auctorum nomina deficiunt spatiis uacuis relictis) V² (manu saec. XII), deleuit F² nec habent PV*UL: non esse digestorum Graeci interpretes declarant, qui ea ignorant, declaratque praeterea ratio inscriptionum a compilatorum usu aliena* [2] iustae petitionis *ins. Paulus* [3] Contrahitur hypotheca per pactum conuentum,

FIGURA 5
Editio maior

Purtuttavia, Lenel, riconoscendone l'autenticità come frammenti derivati dalle opere dei giuristi classici, include i due frammenti nella sua ricostruzione palingenetica[1] e ne sostiene come verosimile l'appartenenza ai *responsa* di Ulpiano (cfr. *infra*, per la discussione circa la paternità dei frammenti).

Si discuterà qui la genesi dei frammenti, ovvero la facies dei frammenti nel modello o fonte di consultazione per i compilatori, e con essa la possibilità di adoperare la forma inconsueta e 'provvisoria' delle *inscriptiones* trádite – oltre alla scelta di espunzione e alla quasi totale scomparsa dei frammenti nella tradizione manoscritta – a favore di un fenomeno di ripensamento circa l'inclusione o meno dei frammenti in fase redazionale, piuttosto che di una eventuale interpolazione di frammenti non escerpiti, o di un testo estraneo altrimenti collocato a margine e incluso accidentalmente nel *Codex Florentinus*[2].

* Si adotta l'asterisco per segnalare i due frammenti come estranei alla versione del Digesto convenzionalmente in uso oggi, e alla restante tradizione (sebbene con una eccezione).

1 Lenel, Pal. II (1889), coll. 1016–1017 (2392) e n. 5. Lo stesso frammento (D. 22, 3, 30*) è oggetto di attenzione entro i frammenti dei *responsa* di Ulpiano in De Castro-Camero, Soluciones "In-Iure", 62–63 + 62 n. 60.

2 Tale fenomeno è ricondotto ai compilatori anche in Ricart – Marti, La tradición manuscrita, 180–181.

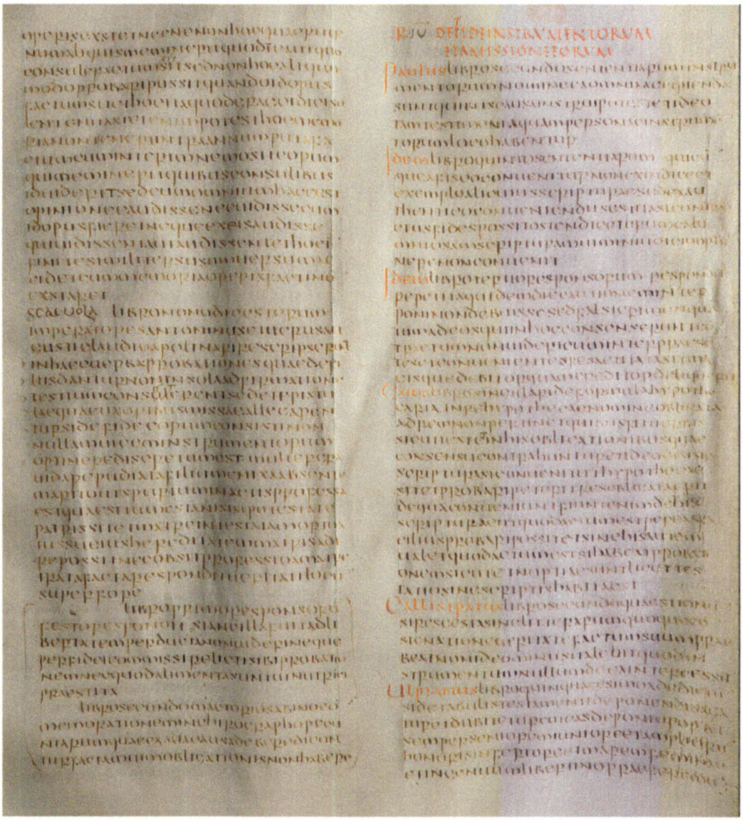

FIGURA 6 Firenze, Biblioteca Medicea Laurenziana, ms. Pandette I, f. 318v, foto dell'autrice

libro primo responsorum. Festo respondit si ancilla fuit ad libertatem perducta [Mommsen *l. perductam*] *non videri neque per fideicommissi relicti sibi probationem nec quod alimenta sunt ut nutrici praestita.*

Risponde a Festo che, se una serva è stata messa in libertà, non sembra (che ciò) sia provato da un fedecommesso (previsto) per la stessa serva né perché (le) sono prestati alimenti come nel caso della nutrice.

libro secundo [**responsorum?**]. *Mactorio Sabino* [**respondit?**] *commemorationem in chirographo pecuniarum, quae ex alia causa debere* (*l. deberi*) *dicuntur, factam vim obligationis non habere*

A Mactorio Sabino (risponde che?) non ha validità compiuta di *obligatio* la *commemoratio* (= riferimento) nel chirografo a denaro, che si dice essere dovuto per altra ragione.

Riporto di seguito, e, in aggiunta alla traduzione da me proposta, quella fornita nella versione francese di Hulot[3], che includeva i due frammenti nella sua edizione settecentesca (tuttavia pubblicata assai più tardi) – a differenza di Mommsen, e dei lavori di traduzione del Digesto largamente basati sull'Editio maior: questa risulta utile tanto a un confronto interpretativo quanto all'analisi di contenuto, presentata oltre, al fine della contestualizzazione dei frammenti, financo filologica, nella rubrica di afferenza.

> D. 22, 3, 30
> *une femme esclave ne peut pas apporter pour preuve de la libertè qu'elle dit lui avoir été laissée, ni le fideicommis qu'elle a reçu par le testament, ni les alimens que le testateur lui a laissés comme à sa nourrice.*

> D. 22, 3, 31
> *Que la mention qui est faite dans une promesse de sommes dues d'ailleurs et à d'autres égards, ne peut point servir de preuves pour justifier l'obligation contractée par rapport à ces sommes.*

2.1 Attribuzione dei frammenti

Singolare è la *ratio* insolita delle *inscriptiones* (cfr. Mommsen, Editio Maior): non manca, infatti, il solo nome dell'autore in entrambe le *inscriptiones* (cosa altrove attestata ove l'informazione mancasse nell'antigrafo o ci si sia dimenticati di colmare il vuoto lasciato appositamente), ma si fa riferimento nella prima *inscriptio* a un primo libro dei *responsa*, e nella seconda *inscriptio* – cosa particolarmente inusuale e non altrimenti attestata nel *Codex Florentinus*c a un secondo libro, senza titolo, con la probabile omissione dei *responsa* sopra citati (ove gli *excerpta* derivino appunto dalla stessa opera e dallo stesso giurista: cfr. I f. 330v)[4].

Nel non lontano D. 23, 3, 54 (f. I 330v) pare intervenire lo stesso scriba a segnalare l'espunzione di *libro* dopo Gaius, forse per ragioni di coerenza, dal momento che non si è stati in grado di colmare la lacuna con il numero di libro

3 Hulot, Digesta, 257.

4 L'argomento delle *inscriptiones* non è di per sé sufficiente a discutere la genuinità dei frammenti in oggetto. Colpisce, tuttavia, l'assenza del nome dell'opera nel contesto che vede altrimenti specificato il numero del libro (ma non l'autore, anche ove quest'ultimo corrisponda a Scevola, come ultimo autore espresso).

dell'opera, ma vi si è aggiunto altresì il titolo (*ad edictum praetoris urbani*), che sfora lo spazio intercolumnare, estendendosi sul margine destro[5].

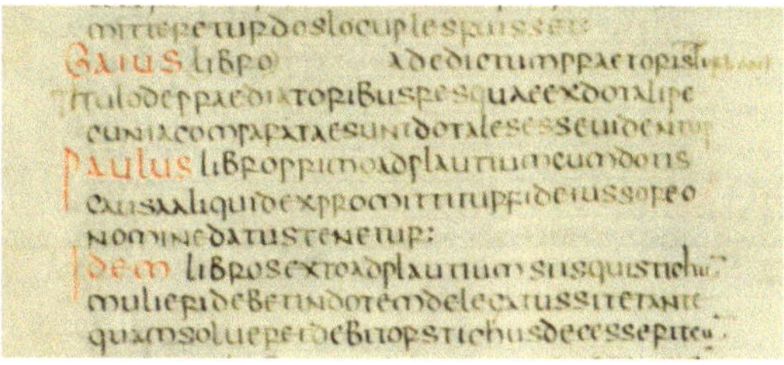

FIGURA 7
Firenze, Biblioteca Medicea Laurenziana, ms. Pandette I, f. 330v, riproduzione digitale online

Festo respondit: Festo è un personaggio non altrimenti noto, da non poter porre in alcunché relazione con l'autore tardo-antico omonimo. Il fatto che il nome non ricorra altrove come soggetto generico di *quaestio* nel Digesto potrebbe sollecitare l'idea di una corruttela consapevole, scaturita nel processo di trasmissione – ovvero un'alterazione del testo mediante l'inserimento di un elemento estraneo, piuttosto che di una scelta onomastica di natura contestuale o stereotipica. Colpisce, infatti, la formula adoperata, che restituisce il solo ricevente del *responsum* ma non il soggetto del medesimo, ovvero chi lo fornisce. Purtuttavia, tale struttura ricorre altrove nei *responsa* ulpianei e non deve pertanto suscitare particolare stupore. Già Huschke[6] osservava che l'uso di *respondit* con l'indicazione di chi ha ricevuto il responso è altrove ricorrente nei *responsa* di Ulpiano (D. 17, 2, 73; D. 32, 68, 1; D. 46, 3, 45; D. 46, 5, 10; D. 50, 12, 5).

Mactorio Sabino: il dativo può intuitivamente, con omissione di *respondit*, ripresentare quella struttura adoperata nel frammento precedente di ricevente in dativo e verbo, qui sottinteso (cfr. *Festo respondit*).

La formula *Mactorio Sabino* resta, tuttavia, inconsueta per il doppio nome (*praenomen* o *nomen* e *cognomen*) a fronte delle altre attestazioni dell'uso di formula '*respondit* + persona a cui è indirizzato il responso', con nome semplice (corrispettivo generalmente del *praenomen*).

---

5 La stessa mano che cancella *libro* adoperando virgolette laterali corregge 'ti' sul margine sinistro, rendendosi conto della carenza testuale: in particolare, tilga la 't' con tratti obliqui e adopera la 'i' per tracciare la 'u' di *urbani*; probabilmente la correzione avviene per mano dello scriba, come lascia intendere il tratto di inchiostro via via più flebile fino a *praedia*, e la possibilità di ricostruire in questo passaggio una correzione immediata e il prosieguo di stesura dopo aver re-intinto il calamo.

6 HUSCHKE, Pandektenkritik, 94–96.

Huschke ipotizza, inoltre, una forma abbreviata per le due parole *responsorum* e *respondit* per il secondo frammento, plausibile in una integrazione a margine operata dal correttore dell'antigrafo o fonte primaria, atta a integrare un testo omesso mediante segno di richiamo. Purtuttavia, l'omissione di *responsorum*, per il titolo dell'opera (cfr. *infra*), e di *respondit* convince poco, per le seguenti ragioni:

1- lo scriba del *Codex Florentinus* (o il correttore dell'antigrafo rispetto alla fonte dell'integrazione) avrebbe ignorato una abbreviazione per ben due volte, contraddicendo un principio basilare di riproduzione fedele del testo (pur comprendendo plausibilmente le abbreviazioni nel contesto);

2- lo stesso principio dovrebbe essersi applicato al *respondit* nel primo frammento, ove la forma delle *inscriptiones* fosse anche qui di tipo abbreviato; ivi, invece, lo stesso verbo ricorre nella forma estesa.

Si ha ragione qui di sostenere, piuttosto, la possibilità che *Mactorio Sabino* sia frutto di una interpolazione – intesa come alterazione del testo mediante aggiunta di un elemento non appartenente alla sua forma originaria – o di un errore di copiatura. Diverse sono le possibili spiegazioni, a seconda che si voglia ritenere *Mactorio Sabino* parte dell'*inscriptio* o dell'*excerptum*. Si segnala che ci si riferisce con tali opzioni a uno stadio precedente il modello del *Codex Florentinus*, ovvero a una fase di trasmissione che abbia restituito plausibilmente una forma abbreviata, poi sciolta, forse nell'ambito del processo redazionale. Si parla dunque di quantomeno due passaggi rispetto alla forma corrotta, restituita in F. Le opzioni qui proposte riproducono il passaggio avvenuto dalla ipotetica fonte originaria (quella adoperata per l'estrazione del frammento) all'antigrafo della *Littera Florentina*, o comunque a un modello precedente nella trasmissione testuale, da cui deriva la versione di F.

Opzione 1: µ *ad Sab* = *Mact( ) Sab( )*

Mactorio potrebbe essere una forma interpolata per *Massurio*, nome del giurista vissuto nel I secolo, della cui opera Ulpiano scrisse un commentario (in 51 libri): secondo tale opzione dovremmo tuttavia accettare un caso di *lex difficilior* per l'opera citata, e congetturare che il nome del giurista costituisca parte della *inscriptio*, piuttosto che dell'incipit del testo dell'estratto, con riferimento al responso. Tale ricostruzione indurrebbe la resa di una forma originaria *ad* (*Mas.*) *Sab.* per il titolo dell'opera: questa si presenterebbe da un lato in forma abbreviata, dall'altro – in modo inconsueto e sconveniente rispetto a un principio di semplificazione – il nome completo del giurista e una variante nominale a sua volta insolita, o sciolta male, nel passaggio successivo di trasmissione.

Nondimeno, la correzione di *Mactorio* (*l. Massurio*) *Sabino* in *ad* (*Mas.*) *Sab.* andrebbe a compensare l'anomalia dell'assenza del titolo dell'opera nella *inscriptio* del secondo frammento, che sarebbe stato giudicato come elemento superfluo in virtù di un riferimento sottinteso a quanto precede (cfr. *infra*, per l'assenza di titolo nell'*inscriptio* del Vat.Lat. 1406 e altre considerazioni sulla forma dell'*inscriptio* in relazione alle teorie di ricostruzione del modello). Tuttavia, a rendere controversa questa ipotesi di ricostruzione sono, da un lato, l'uso di una forma originaria estesa del titolo del commentario "ad Sabinum" che giustifichi lo scioglimento per fraintendimento del titolo con indicazione della persona a cui è indirizzato il responso; dall'altro, si aggiunge la difficoltà di individuare un contesto adatto o specifico rispetto al contenuto del frammento nella ricostruzione del commentario ove la si riconosca come opera ivi citata, pur basando tale acclusione palingenetica sui pochi frammenti tràditi dal Digesto (vedi Lenel II, coll. 1022–1024: questi sono altresì incentrati sul testamento, chiaramente oggetto del nostro frammento).

Stante la variante nominale *Mactorio* e fatta salva l'opzione di un'appartenenza dei suddetti elementi all'*inscriptio* o lemma originario del frammento escerpito, si ritiene maggiormente plausibile l'idea di uno scioglimento errato della formula a partire da un lemma greco-latino nella fonte di riferimento. A tal proposito, si veda la prassi di citazione in testi legali greci in PSI XIII 1348 (codice papiraceo di metà V secolo in onciale B-R), pag. 2, rr. 29–30 (cfr. anche pag. 3, r. 2 e 4 + pg. 4, r. 30, 33c)[7]:

Ulp(ianus) βι(βλίῳ) $\overline{\mu\delta}$ ad Sab(inum) | [κεφα(λαίῳ)..]

Si aggiunge ivi il riferimento al *caput*, ovvero "capitoletto" inteso come blocco unitario contraddistinto o partizione interna al libro[8].

---

7 L'immagine è disponibile al link https://psi-online.it/documents/psi;13;1348 (ultimo accesso: 9/03/2026). Per testo e numerazione delle pagine si fa qui riferimento alla riedizione nell'ambito del Progetto ERC Redhis, una cui versione preliminare è disponibile su Papyri.info (TM 64566): https://papyri.info/dclp/64566 (ultimo accesso: 9/03/2026).

8 Si confronti P. Sorbonne Reinach 2173 + 2219 (= TM 61411), in riedizione nella pubblicazione curata dai membri del progetto ERC REDHIS, un codice papiraceo datato agli anni 529–534 (testimone diretto dei passi del CI 12, 59, 10; 60, 3; 62.3 e dei *Digesta* 19, 2, 54): qui la citazione ricorre entro una glossa greca al testo del Digesto, in particolare nella glossa ai frammenti B e C, r. 4: εκ τ(ου) βι(βλιου) δ' τ(ου) etc. Per una lista di fonti giurisprudenziali recanti una traccia grafica della ripartizione in *caputa* a partire dal IV secolo, cfr. Mantovani, Juristes écrivains, Appendice 1.

FIGURA 8
Firenze, Biblioteca Medicea Laurenziana, PSI XIII 1348, v Su concessione del MiC. E' vietata ogni ulteriore riproduzione con qualsiasi mezzo

Da qui sorge l'idea che la possibile formula originaria in caratteri greco-latini ad aver generato confusione fosse grossomodo la seguente[9]:

βιβ(λίῳ) μ̄ *ad Sab(inum)*

Il secondo β di βιβ(λίῳ) potrebbe motivare lo scioglimento errato dello scriba in *secundo* per il numero del libro, mentre μ̄ – da leggere come estratto dal libro 40[10] – sarebbe stato accostato alla preposizione *ad* e fuso in *Mac( ) o Mact( )* (*infra*, per la spiegazione paleografica).

Di seguito, si scompone la *inscriptio*, o lemma originario, nelle sue componenti, per rendere chiara l'ipotesi, qui sostenuta, di 'corruzione' per copiatura distorta.

βιβ(λίῳ) μ *ad Sab(inum)* → *libro secundo Mact( ) Sab( )*
βιβ(λίῳ) → *libro secundo* (letto come βι(βλίῳ) β)
μ *ad* → *Mact( )*
Sab(inum) → *Sab( )*

9 Mi pare difficile sostenere l'opzione che preveda l'appartenenza originaria del secondo β di βιβλίῳ al numero del libro. Ne otterremmo: βι(βλίῳ) μβ *ad Sab(inum)* oppure βι(βλίῳ) {β}μ *ad Sab(inum)*.
La cifra o porzione numerica andrebbe infatti invertita, per giustificare lo scioglimento di β̄ – unità del numero di libro – in *secundo* e del numero μ̄ – 40 per la decina del numero del libro, che avrebbe dato in origine 42, in fusione con *ad* per *Mac( )*. Ad ogni modo, un nesso logico rispetto a estratti dal libro 42 sarebbe ravvisabile in D. 13, 1, 7, 2 (Ulp. 42 *ad Sab.*). Il riferimento è ivi all'obbligo valido per l'erede del ladro a risarcire la refurtiva (sulla base dell'intimazione alla sua restituzione, che corrisponde alla restituzione della parte patrimoniale perduta): il nesso sarebbe eventualmente nel riferimento a tale "debito" o obbligo di risarcimento, che può risultare invalido ove riferito latamente nel testamento (*commemoratio*), senza comprova del documento di intimazione.

10 Il libro 40 del commentario *ad Sabinum* pertiene al pegno e potrebbe rappresentare un contenitore valido per il nostro estratto. Si veda D. 13, 7, 1, 1, dove si chiarisce la necessità di verificare il contenuto espresso nel contratto pignoratizio in relazione alla dichiarazione della natura dell'oggetto pignorato (nel dettaglio, si tratta di bronzo dato in luogo di oro o dichiarato come oro al momento della consegna).

Tale lettura risulta plausibile e suggestiva nel contesto, alla luce di una commistione greco-latina o componente greca già altrove appurata nel manoscritto, oltremodo comprensibile tanto nel contesto grecofono quanto alla luce delle testimonianze post-classiche delle opere dei giuristi, corrispettive delle eventuali fonti disponibili nella 'biblioteca di Triboniano'[11]. Oltre alle già citate testimonianze papirologiche, relative alla circolazione, sovente di uso privato, di opere singole o antologizzate, sarà indicativo richiamare alla memoria che le stesse voci dell'*Index Florentinus*, riportato dal solo *Codex Florentinus*, constano di componenti greche e latine.

La formulazione dell'*Index* è la seguente: i titoli latini occorrono in caratteri greci o in latino con terminazione greca (-on), mentre i nomi degli autori sono riportati soprattutto in caratteri greci o in latino con la flessione greca del genitivo (-u)[12]. Si aggiunge, inoltre, il riferimento in greco al numero di libri per ciascuna opera. Per un confronto utile alla ricostruzione della potenziale forma originaria dell'*inscriptio* di D. 22, 3, 31* nel modello o fonte di partenza, si veda, ad esempio, per il commentario *ad Sabinum* di Ulpiano, *Index Florentinus* Nr. XXIV, 2: *ad Sabinum* βιβλία πεντήκοντα ἕν.

La natura dell'*Index* costituisce notoriamente oggetto di dibattito, stante da un lato la presenza di riferimenti a opere non (più) adoperate nel Digesto o titoli, al contrario, assenti rispetto a quelli che figurano nella raccolta, a riprova di una sostanziale discrasia, dall'altro l'incongruenza formale delle medesime citazioni. La teoria oggi convenzionalmente accettata vuole che si tratti di una versione greca o grecizzata, se anche non interamente, in uno stadio provvisorio: a prescindere dalla discussione che concerne la genesi plurima dell'*Index* e il momento di redazione rispetto al processo compilatorio, per la nostra analisi resta basilare il riconoscimento di una condizione di sostanziale e formale provvisorietà, e che questa sia confermata tanto dalla disomogeneità formale dell'inventario a noi pervenuto quanto dalla sopracitata divergenza della rassegna rispetto alla letteratura confluita nel Digesto. Sarà lecito aggiungere alla sopracitata problematica una breve considerazione: il parallelo tra l'*Index* e le testimonianze papirologiche concorre a confermare da un lato una generica

---

11 Vedi HONORÈ, Tribonian; id., How Tribonian, und id., s.v., in: Oxford Classical Dictionary, 1504.

12 Tra gli ultimi a fornire osservazioni delucidanti circa le peculiarità dell'*Index*, vedi COSSA, Caso di Paolo, 285–300, in particolare 289–294. Per nuove considerazioni circa il momento di redazione dell'*Index* in correlazione con la sua facies provvisoria e circa la sua genesi plurima, ovvero la pluralità di liste e mani eventualmente qui coinvolte, COSSA, id., 523–543. Si aggiunge la discussione circa l'interpretazione della *subscriptio* dell'*Index* che indica il totale dei righi dei libri adoperati per la compilazione: da ultimo, VAN BOCHOVE, Florentine Index.

tendenza alla grecizzazione del lemma latino (o la preservazione di caratteri greci, ove le opere fossero già trasmesse come tali), dall'altro una generale commistione di componenti greche e latine come pratica comune in un contesto grecofono ma oltremodo bilingue, dove si consideri l'ambito di produzione di materia giuridica o legislativa[13]: ci si riferisce ovviamente qui, per un confronto, ai testi prodotti e in uso nella provincia d'Egitto. Questa commistione come carattere regolare o cifra costante della comunità attiva nella sfera giuridica nella parte orientale dell'Impero trova insomma conferma nella ricostruzione qui proposta, ove il testo corrisponda a quello restituito dalla fonte di consultazione. Inoltre, la difficoltà di interpretazione e l'incertezza circa la compagine definitiva del 'lemma' – non ulteriormente perseguita in virtù della scelta di espungere i frammenti – ci rivela uno stadio 'provvisorio' o incompiuto nel processo di conversione.

La stessa interpretazione potrebbe sollevare una criticità paleografica nella eventuale confusione di *d–c* per la resa di *-ad* in *-ac* (si confronti, *supra*, la confusione, più facilmente giustificabile, che interessa *a-d* in *si lanae alicui*): dovremmo, infatti, prefigurarci una *d* con un tratto verticale accennato o quasi assente, costituto dunque da un tondo e un tratto breve curvato verso l'alto, tale da giustificare la sostituzione con *c*; oppure, più plausibilmente, il tratto verticale di *d* in una forma ad asse leggermente inclinato, che lo scriba legge come tratto abbreviativo per *Mac*( ). Nondimeno, come sopra accennato, la *d* può essere stata trascritta o trasposta – già nell'antigrafo di F – in *ct*. Il fenomeno appare meglio ricostruibile dal punto di vista paleografico – rispetto alla resa di *d* con la sola *c*: il tondo di *d* è letta con *c* e l'asse di *d* col tratto verticale distintivo di *t* (per la lettera *d* di partenza, si veda la forma di *d* nel sopracitato PSI XIII 1348, con chiara influenza del *delta* greco).

Il passaggio da *d* a *ct* è avallato, pertanto, tanto dall'elemento paleografico quanto da una maggiore logicità, ovvero la possibilità di giustificare la forma finale in F con *Mactorio*.

Un fattore contrario a tale proposta, ma non decisivo, in aggiunta alla parziale forzatura di una formula abbreviativa originaria, sarebbe l'ordine

---

13 Cfr. la teoria, oltreché sostenuta negli studi relativi all'*Index Florentinus*, di una variante duplice, greca e latina, di cui resterebbe traccia nella forma 'provvisoria' dell'*Index*: per la medesima mancano tuttavia argomenti dirimenti. Basti Cossa, Caso di Paolo, 523–543, che fornisce una sintesi esemplificativa delle teorie maggiormente in auge (tra tutti, si ricorda lo studio di Rotondi, Indice fiorentino) e pone in evidenza la correlazione con una tradizione preesistente di sistemazione della *iuris scientia*.

risultante delle opere citate rispetto alle masse bluhmiane: ci aspetteremmo, infatti, sebbene nell'ambito di una collocazione a posteriore o in appendice dei due frammenti, prima il frammento estratto dal commentario *ad Sabinum*, poi quello dei *responsa* ulpianei (sia in base al principio di spoglio della *pars sabiniana* sia in virtù di un mancato nesso logico che giustifichi un'inversione o collocazione ragionata).

Opzione 2: *Mac( ) Sab( ) = Mactorio Sabinus = l. Sabinus Mactorio (respondit)*
In seconda istanza, *Mactorio Sabino* può costituire un'alterazione ovvero un falso scioglimento di due nomi abbreviati, che presentavano in un'unica formula il nome del giurista e di colui che ha ricevuto il responso. *Sabinus* sarebbe dunque il giurista e *Mactorio* (o simile, a seconda della forma originaria del nome) il ricevente. *Mactorio Sabino* andrebbe dunque corretto in *Mactorio Sabinus* (da una forma abbreviata *Mac( ) Sab( )*); si veda un altro caso in Ulpiano (*ad ed.*) della formula con *respondit* e i nomi del giurista e del ricevente, in D. 2, 14, 7, 2 (Ulp. 4 *ad ed.*), *Aristo Celso respondit*, dove Aristione è il giurista (di I sec.) che fornisce il responso a un certo Celso, beninteso un soggetto generico, non identificabile col noto giurista di II secolo. Ove non sia necessario, dunque, postulare la citazione di un'opera diversa da quella citata nel frammento precedente, ovvero i *responsa* ulpianei, possiamo motivare l'assenza di *responsorum* con una incertezza dello scriba – eventualmente, dello stesso antigrafo (o anche 'pre-modello', o passaggio antecedente) in fase redazionale – rispetto a una abbreviazione *R* che poteva indubbiamente nel contesto riferirsi sia all'opera sia a *respondit*. L'incertezza spiegherebbe l'omissione – per il divieto espresso dall'autorità imperiale a riportare una formula abbreviata (*Const. Tanta* § 22) – e uno scioglimento errato dei *nomina* coinvolti. Un argomento contro tale ipotesi è costituito, tuttavia, da una osservazione relativa all'ordine consueto dei nomi, che prevede il nominativo del giurista seguito dal dativo del ricevente, piuttosto che la sequenza qui postulata.

Opzione 3: *Mac( ) Sab( ) = Mactorius Sabinus = l. Massurius Sabinus (respondit)*
Una terza opzione combina le due precedenti, e fornisce plausibilmente una giusta misura. Restando sull'idea di una citazione dai *responsa* ulpianei, *Mactorio Sabino* costituirebbe lo scioglimento di una forma abbreviata (*macsab*, o *mactsab*, secondo quanto già asserito sopra), per il nome 'completo' del giurista, non come parte del titolo dell'opera quanto come soggetto di responso, con omissione di *respondit*: *l. Massurius Sabinus respondit*. Il nome completo *Massurius Sabinus* ricorre altrove nel Digesto (D. 1, 2, 2, 48 Pomp. l. s. enchirid.; D. 19, 2, 59, pr. Iav. 5 Lab. post.; D. 30, 80, pr. Marcell. not. ad Iul.

32 dig.)[14]. L'omissione del titolo è tutto sommato plausibile, nel caso della corrispondenza con l'opera citata nel frammento precedente (i *responsa* ulpianei), e probabilmente un fenomeno ricorrente più volte nell'antigrafo, se taluni casi di integrazione *a posteriore* dell'opera nel *Codex Florentinus* sono da motivare con una mancanza dell'antigrafo, poi colmata per rispondere alla prassi stilistica di citazione completa[15]: cfr., ad esempio, l'integrazione per altra mano di *ad Sabinum* in II f.215r (D. 38, 6, 11).

Resterebbe da motivare l'omissione del solo *respondit*, purtuttavia elemento non necessario, suscettibile di essere sottinteso: inoltre, tale omissione fu ulteriormente pregiudicata da una forma abbreviata nel modello e dalla confusione dello scriba o dall'incertezza nell'atto di operare lo scioglimento, per la eventuale corrispondenza alternativa di *R* con *responsorum* o *respondit*.

A prescindere da quale ricostruzione si prediliga, resta plausibile l'idea che Ulpiano sia l'autore di entrambi i frammenti (con Huschke, del resto). Si potrebbe altresì opinare che altri autori possano essere chiamati in causa per il secondo dei frammenti discussi, se si predilige la prima opzione circa la derivazione di D. 22, 3, 31* da una citazione o *inscriptio* greco-latina riferita al commentario *ad Sabinum*. La letteratura isagogica tramandata nel Digesto renderebbe qui plausibile il coinvolgimento quantomeno di Pomponio e Paolo, sebbene il commentario di Ulpiano sia quello maggiormente trasmesso[16].

Per quanto concerne la corrispondenza autoriale dei due frammenti, si noti in luogo del nome dell'autore lo spazio più ampio per la prima *inscriptio*, e lo spazio minore per il secondo, che pare testimoniare l'intenzione di integrare il nome dell'autore completo nel primo caso e *idem* nel secondo. Quale sia la ragione dell'entità dello spazio alla luce del mancato riempimento della medesima lacuna dipende dalla collocazione e dalla forma dei due frammenti nell'antigrafo o stadio antecedente recante tale forma. Se la riproduzione dello spazio riproduce fedelmente quanto dato dal modello, si dovrà rivedere quanto ipotizzato circa la paternità incerta del commentario *ad Sabinum*

---

14 A favore di due *nomina* per un giurista (o personalità nota), si veda altrimenti, a titolo d'esempio: D. 1, 5, 22 (Mod. 12 resp.) *Herennius Modestinus respondit*; vedi anche D. 3, 5, 29 (Iul. 3 dig.), *Valerius Severus respondit*.

15 L'integrazione è dettata nei suddetti casi non necessariamente da una collazione, superflua quando sussiste la corrispondenza con un'opera già citata, quanto dall'esigenza di seguire la prassi stilistica di citazione del Digesto giustinianeo e fornire i dati preordinati per tutti i frammenti (autore-libro-titolo dell'opera).

16 Sugli autori del commentario allo *ius civile* di Sabino, basti SCHULZ, Rechtswissenschaft, 262–265.

nell'eventuale *inscriptio* greco-latina alla base di D. 22, 3, 31*: se, infatti, Ulpiano rappresenta l'autore degli eventuali *responsa* citati in D. 22, 3, 30*, e *idem* ricorreva plausibilmente in D. 22, 3, 31*, Ulpiano dovrà essere l'autore del commentario, piuttosto che Pomponio o Paolo.

2.2 Ipotesi di ricostruzione di forma e collocazione dei frammenti nell'antigrafo

Rispetto alla forma originaria di tali frammenti nella natura del modello del *Codex Florentinus*, è da chiedersi se gli excerpta derivino da note di commento e/o integrazioni presenti nell'antigrafo del *Codex Florentinus*, o in uno stadio antecedente.

Se si parla di testi confluiti nel manoscritto, perché derivati dal lavoro dei compilatori, resta da spiegare la dinamica della trasmissione ovvero le ragioni della cancellatura, mediante 'parentesi' laterali: queste sono attribuibili a una seconda mano, quella di un correttore, in virtù del calamo e del tratto sottile e 'sgraziato' dei tondi che abbracciano i frammenti e ne segnalano l'espunzione. È insomma possibile che la segnalazione, sorta in un momento imprecisato, derivi dalla collazione con un altro manoscritto[17]. Inoltre, il testo dei due frammenti è altrimenti attestato nel manoscritto Vat.Lat. 1406 (seconda metà dell'XI secolo, tra i codici più antichi per la tradizione del *Digestum vetus*). Qui i due frammenti sono scritti da una seconda mano (Mommsen V^b) a margine, e di nuovo furono espunti mediante striscia obliqua.

È insomma possibile che abbiamo a che fare con un elemento ascrivibile a uno stadio di bozza, come per le opzioni avallate per il frammento di cui sopra, oppure che si tratti in entrambi i casi di alterazioni più o meno consapevoli, ovvero inclusioni nel testo di note marginali, la cui natura va discussa.

1- L'uso antologico e didattico dell'antigrafo del *Codex Florentinus* andrebbe a comportare l'inclusione nelle note marginali di elementi non altrimenti selezionati nel processo di compilazione: i frammenti espunti, appena commentati,

17 Questa possibilità andrebbe tuttavia doverosamente vagliata alla luce di fenomeni contrari a questo principio, quale la presenza di lacune testuali non colmate (*infra*), in particolare D. 48, 20, 7.5–11 (II f. 424v b29) e D. 48, 22, 10–18 (II f. 427r a10). Non è altresì possibile che il manoscritto adoperato per la revisione non contenesse il cosiddetto *Digestum novum*, ovvero i libri 39–50, dal momento che altre correzioni o interventi sono plausibilmente riconducibili a quest'ultimo.

sarebbero in entrambi i casi la traccia di porzioni testuali altrimenti perdute nella tradizione manoscritta e papiracea.

Si rendono necessarie alcune considerazioni circa l'ipotesi di una natura originaria di note marginali per i suddetti frammenti[18]. L'intento didattico, che includa nondimeno la ricorrenza marginale di elementi testuali non altrimenti tràditi nel Digesto (pertanto, un caso diverso dall'ipotesi di nota a margine con richiamo interno per il *silandealicui* di D. 7, 1, 15), andrebbe contro i propositi giustinianei di selezione delle fonti, ovverosia la sostanziale rimozione, dal piano di apprendimento, delle fonti non altrimenti selezionate (ci si riferisce al divieto contenuto nella *Const. Tanta*/Δέδωκεν, ribadito ai § 10 e 19, circa l'uso degli originali di età classica, per collazione rispetto al testo codificato). Nondimeno, i testi dei giuristi nella forma precedente alla compilazione del Digesto circolavano e si prestavano alla consultazione e al confronto, a riprova di un fenomeno di prassi didattica assai vicina ai tempi della compilazione, poi evidentemente abbandonata. Il frammento come prodotto di una voce di commento con proposito didattico/integrativo nell'antigrafo, che sia stato poi riportato a testo nel *Codex Florentinus*, resta ad ogni modo un assunto rischioso se non del tutto inaccettabile, in virtù del proposito stesso della compilazione del Digesto, e del divieto sopracitato espresso all'atto della promulgazione, non solo relativo alla collazione quanto anche alla produzione di commentari, entrambi suscettibili di accusa di frode[19] (*Const. Tanta* § 19 e 21) (cfr. *supra*, per il già richiamato *silandealicui*, e l'ipotesi di una nota di glossa, che avesse contenuto il richiamo ad un elemento già altrove adoperato nel Digesto, in una versione tuttavia antecedente alla sua composizione).

Inoltre, l'idea di interpolazione, o la natura originaria di nota marginale, inclusa per errore nel testo, non troverebbe necessariamente conferma nella stessa collocazione dei frammenti a margine nel codice Vaticano, dal momento che questa non deve riflettere la collocazione – a sua volta 'marginale' – delle note nell'antigrafo, ovvero nel manoscritto adoperato per la revisione, quanto altresì l'incertezza di trasmissione di frammenti, eventualmente presenti nel manoscritto adoperato per la revisione, piuttosto che nel modello, a testo ma anche ivi segnalati, esattamente come nel *Codex Florentinus*.

18 A Marco Fressura devo il suggerimento circa l'interpolazione testuale, ovverosia l'inserimento a testo di quanto si presentava come nota marginale nell'antigrafo.

19 Si confronti il principio affine di 'Randgloßen' o glosse marginali introdotte dopo la compilazione giustinianea, che resta valido per spiegare il lavoro scoliastico successivo, ma che non appare giustificabile in contemporanea o a ridosso del processo di compilazione, dove il divieto è ancora effettivo. Per riferimenti ai primi studi in rigardo, SCHULZ, Einführung, 2 e n. 2.

2- Huschke proponeva una alternativa plausibile in linea di principio, combinando l'immagine di una nota marginale nell'antigrafo, o modello antecedente, con una spiegazione meno avventata rispetto all'idea di citazioni esterne in commento al testo: un testo scritto sì a margine, ma che al contempo costituisce una integrazione al testo, dunque parte della compagine testuale del Digesto. Il revisore dell'antigrafo del *Codex Florentinus* potrebbe avere apposto il testo a margine; inoltre, lo scriba del *Codex Florentinus* lo avrebbe ricopiato in basso, in appendice al titolo attuale, stando alla spiegazione di Huschke, per mancata individuazione di un segno di richiamo in corrispondenza della collocazione effettiva del testo nella rubrica.

Huschke[20] propone, oltremodo, una collocazione originaria dopo D. 22, 3, 22, per il costrutto simile (con infinitiva) e la provenienza dalla stessa opera (e libro per il primo dei due frammenti): *Eum, qui voluntatem mutatam dicit, probare hoc debere*. Tuttavia, la teoria di Huschke relativamente a una collocazione originaria in successione a D. 22, 3, 22 non spiegherebbe per quale ragione in un ramo della tradizione proprio questi due frammenti scompaiano (quasi del tutto, se non ricomparendo per revisione mediante altro manoscritto) e nel *Codex Florentinus* siano i medesimi ad essere riportati a testo e ritenuti poi spuri (dopo averne appurato l'assenza in un altro testimone di revisione). Inoltre, il costrutto con infinitiva a favore della collocazione in coda a D. 22, 3, 22 è un elemento insufficiente, perché in generale ricorrente in Ulpiano; in relazione alla formazione organica e strutturale del testo, non pare altrimenti di poter riconoscere un nesso logico decisivo con il contenuto della *lex* 22, che espone la necessità di provare un mutamento di volontà (quest'ultima sarebbe semmai da porre in legame col contenuto di D. 22, 3, 31* ove si voglia porre l'accento sulla necessità di verificare in ultima istanza la volontà del testatore, per determinare i diritti del servo liberato e le disposizioni testamentarie per il medesimo fedecommesso).

La natura della nota marginale sarebbe dunque di correzione ovverosia integrazione al testo, piuttosto che antologica ovverosia di commento.

Nel contesto della discussione circa il processo di estrazione e produzione del Digesto, si può suggerire che i due frammenti in oggetto fossero stati dimenticati o annotati senza essere stati assegnati a una rubrica di pertinenza, cosicché la loro collocazione in appendice, poi ritirata, sia al massimo riflesso di una incertezza di assegnazione e trasmissione degli estratti selezionati a monte del processo di compilazione.

---

20 Huschke, Pandektenkritik, 94–96.

L'argomentazione di Huschke, relativamente alla forma abbreviata degli elementi marginali nel modello, risulta convincente; questa necessita tuttavia di una integrazione, soprattutto in virtù della natura del secondo frammento (D. 22, 3, 31*) tanto per quanto concerne l'anomalia del *Mactorio Sabino* (sopra discusso) quanto per l'assenza del titolo dell'opera, e la giustificazione addotta a favore di un'eventuale omissione di *responsorum* (cfr. *supra*).

Inoltre, Huschke non adopera la testimonianza del Vat.Lat., che vale a porre in rilievo la carenza della seconda *inscriptio*, e a riflettere sulla possibilità di un blocco testuale di essa corrispettivo, omesso nel Vat.Lat. (finanche scomparso nella tradizione manoscritta, da cui proviene l'integrazione marginale, adoperata per la collazione), costituito da numero e titolo del libro (vedasi *infra*).

2.3 La problematica di trasmissione delle *inscriptiones*

L'ultima *inscriptio* trasmessa prima dei due frammenti in oggetto (corrispettivo di D. 22, 3, 29) vede il nome dell'autore aggiunto in un secondo momento, da altra mano: l'attribuzione a Scevola è ragionevole per la citazione degli imperatori Marco Aurelio e Lucio Vero (la loro co-reggenza è datata agli anni 161–169, in corrispondenza del *floruit* del giurista), ma il fatto che vi fosse uno spazio vuoto originario è nondimeno elemento di considerazione, non per il fenomeno in sé[21], ma per la possibilità che il nome mancasse anche nel modello (e sia stato dunque integrato per collazione con un altro manoscritto). Nel nostro caso, infatti, si hanno elementi distintivi per riconoscere una seconda mano rispetto a quella che stese il restante testo, e ciò potrebbe bastare come argomento a favore di una integrazione posteriore alla stesura, operata da un revisore mediante collazione con un altro manoscritto, piuttosto che dallo stesso scriba per cambio di calamo e scelta stilistica di resa omogenea e distinta degli autori nelle *inscriptiones*.

21 L'integrazione secondaria del nome dell'autore nelle *inscriptiones* è molto di frequente attestata nel *Codex Florentinus*, e non può pertanto essere giustificata necessariamente con l'assenza del dato nel modello; va piuttosto motivata con una prassi stilistica, che prevede il cambio di inchiostro in rosso per il nome dell'autore (cfr. Corbino-Santalucia, in Justiniani Augusti Pandectarum, Introd. p. 15): lo si nota inoltre nella riduzione di modulo della scrittura in fine di parola per la necessità di adattamento allo spazio restante (cfr. I 20r per D. 1, 1, 1–6; I 39 v per D. 2, 4, 13; II 347v per D. 46, 1, 9–10). L'integrazione secondaria concorre peraltro a motivare le lacune dei nomi degli autori, eventualmente per dimenticanza piuttosto che per manchevolezza dell'antigrafo (ad esempio, I 226r, dove manca il nome di "Neratius" in corrispondenza di D. 15, 1, 5).

L'ispezione autoptica dell'originale mi ha permesso, inoltre, non solo di confermare il tracciato diverso che contraddistingue la mano, quanto anche di constatare l'uso di un inchiostro marrone scuro, piuttosto che rosso, per la stesura dei nomi integrati a posteriore – a posteriore rispetto ai restanti nomi vergati in rosso per mano del medesimo scriba, come applicato regolarmente nel *Codex Florentinus*, e in un momento forse di gran lunga successivo e distinto rispetto al processo di finalizzazione del manoscritto. La mano è, inoltre, la stessa che interviene a integrare i nomi degli autori nelle *inscriptiones* in 319v, 320r – incluso la rubrica VI in 320r–e 320v. Tuttavia, in riferimento a questi ultimi, il fatto che lì dove il correttore interviene a integrare i dati sia mancata la totalità dei nomi degli autori, o più in generale di quegli elementi scritti in rosso nel *Codex Florentinus* (anche la rubrica è inclusa), stesi in un secondo passaggio rispetto al resto, basta a intuire che non siamo necessariamente dinanzi a un caso di dati assenti nel modello, quanto eventualmente a un fattore di dimenticanza da parte dello scriba del *Codex Florentinus* per un salto fortuito delle pagine in oggetto. Al contrario, il sopracitato caso in I 318v, per lo "Scevola" di D. 22, 3, 29 rimane un caso isolato, dove è facile intuire che la carenza provenga dal suddetto antigrafo, lo stesso a riportare eccezionalmente i due frammenti successivi, che il correttore non può completare e tilga, a fronte della loro assenza nel manoscritto di collazione.

La stessa osservazione concorre a ricostruire come altamente probabile l'assenza dei nomi delle *inscriptiones* nei due frammenti sopra discussi già nel modello, al pari di quei nomi che sono stati sì integrati da un revisore, nelle restanti *inscriptiones* sopra indicate, purtuttavia adoperando un altro manoscritto.

Huschke, come già enunciato sopra, suppone che l'antigrafo può aver riportato *idem* per entrambi i frammenti integrati a margine, ma che lo scriba del *Codex Florentinus*, incerto appunto sulla loro collocazione, avrebbe deciso di lasciare vuoti gli spazi destinati al nome dell'autore: si veda *supra*, per una integrazione plausibile a questo assunto, a proposito dell'ampiezza degli spazi nel *Codex Florentinus*, pensati per contenere il nome di un autore nel primo frammento e *idem* nel secondo.

A mio parere, piuttosto, è plausibile ricostruire uno spazio, rimasto vuoto, per i nomi degli autori già nell'antigrafo (piuttosto che due *idem*), se si considera che lo stesso fenomeno sembra aver interessato il nome dell'autore in D. 22, 3, 29; quest'ultimo è stato integrato con Scevola durante la revisione o in un momento posteriore imprecisato (secondo quanto sopra enunciato, sulla base degli esiti dell'ispezione autoptica), e mancava dunque assai verosimilmente nell'antigrafo. L'incertezza, dunque, circa la corrispondenza o meno con il precedente autore (o ultimo autore di frammento) avrebbe indotto ad applicare tale spaziatura, per l'eventualità che un nuovo autore (come è il caso per Ulpiano rispetto a Scevola) dovesse essere qui integrato, auspicabilmente sulla base di un manoscritto adoperato per la revisione.

Piuttosto, resta plausibile che *idem* fosse già scritto nell'antigrafo per D. 22, 3, 31*, a giustificazione di quello spazio ridotto, ove destinato dunque a un chiaro intento, e della consuetudine, financo stilistica, di integrare i nomi degli autori in un secondo passaggio, in altro inchiostro, qui evidentemente caduta a fronte della impossibilità di integrare i nomi di Scevola e Ulpiano (se Ulpiano ne fu l'autore), rispettivamente nei frammenti D. 22, 3, 29 e D. 22, 3, 30*[22].

L'incertezza che accomuna i due frammenti 'spuri' con D. 22, 3, 29 circa l'autore della *inscriptio* fa pensare ad una 'genesi' o forma comune delle tre *inscriptiones* nell'antigrafo. L'ipotesi più plausibile, che corregge e integra la teoria formulata da Huschke, prevede a mio parere la collocazione dei tre frammenti nel margine inferiore dell'antigrafo (e la possibilità di discutere la fonte degli estratti lì ubicati o integrati), un margine che fosse corrispettivo eventualmente della fine della rubrica, costituendone dunque un'appendice. Come già assunto sopra, si ritiene inoltre plausibile l'assenza nel medesimo antigrafo dei nomi degli autori nelle *inscriptiones* (quantomeno in 2, ove la terza contenesse un *idem* o spazio ridotto che certificasse la ripetizione dell'autore in D. 22, 3, 31* rispetto al penultimo frammento).

Il contenuto di D. 22, 3, 29 (illustrato brevemente *infra*) non ravvisa, tuttavia, un'anomalia (formale o contenutistica) e non aiuta pertanto a supportare

---

22 Barbero, Entropía, riporta casi di disordine nella citazione di opere nel Digesto. A p. 126 (n. 212), in particolare, cita casi di *inscriptiones* incerte, relativamente ad autore, opera o libro: D. 19, 5, 27; 22, 3, 30*; 22, 3, 31*; 36, 1, 45 (43); 36, 1, 84 + 85; 36, 4, 16 + 17; 46, 8, 26. Si noti, tuttavia, che la lista risulta incongrua, dal momento che la maggioranza di queste attestazioni deriva dai Basilici o dagli *scholia* ed epitome *Tipuciti*: l'incertezza di *inscriptiones*, infatti, è una caratteristica intrinseca ai Basilici ed emerge nella *editio maior*, ove i frammenti tramandati dai soli Basilici siano restituiti a testo. I due casi di D. 22, 3, 30–31* rappresentano il solo esempio di *inscriptiones* con criticità plurime in termini di incertezza e incompletezza, nella trasmissione del *Codex Florentinus* (I f. 318v a35–44), e costituiscono dunque un caso singolare. Sulla paternità, cfr. la traduzione in S. P. Scott (The Civil Law, V, Cincinnati, 1932), che restituisce Labeone come autore di entrambi i frammenti extra, probabilmente a fronte di una successione ricostruita dalla massa in appendice (Scevola, *digesta* + Labeone, *responsa*). La seguente edizione seicentesca (nota a Mommsen) stampava *Festo* e *Mactorio Sabino* in maiuscoletto, riconoscendovi i riceventi del responso del giurista. Leeuwen et al., Corpus juris civilis.

l'incertezza comune di trasmissione, ma offre un filo logico conduttore a favore di un raggruppamento tematico dei tre frammenti.

Una considerazione ulteriore relativa alla forma delle *inscriptiones* può inoltre concorrere a discutere l'aspetto formale dei frammenti nella loro veste originaria, o quantomeno nella fonte ultima da cui essi derivano. Quel *Mactorio Sabino* sopra discusso, in relazione al secondo frammento segnalato come spurio nel *Codex Florentinus*, ove rappresenti non il dativo della persona a cui è indirizzato il responso quanto parte del titolo del libro – da correggere eventualmente in *ad Sab.* –, il derivato di due *nomina* abbreviati corrispettivi del ricevente e del giurista (*Mactorio Sabinus*), o dei due *nomina* per il solo giurista (*l. Massurius Sabinus*), andrebbe a ricalcare l'idea di un forma 'grezza' dell'*inscriptio*, non in linea con le restanti *inscriptiones*: tale elemento parrebbe giustificato da una annotazione marginale, il cui richiamo non debba seguire la prassi di citazione del Digesto, e rechi una forma ancora provvisoria, abbreviata, o sciolta male, trasmessa dunque come tale nel *Codex Florentinus* per assenza di un confronto. L'apparenza di una collocazione dei frammenti (eventualmente in numero di 3) nel margine inferiore sembra insomma consolidata sia dall'assenza comune dei nomi degli autori, sia dalla manchevolezza di dati che investe in particolare D. 22, 3, 31*.

2.4 Analisi contestuale

Dal punto di vista contenutistico, i passi potrebbero risultare a una prima analisi forzati nel loro nesso logico con quanto precede, debba questo essere motivato da una selezione poi ritirata, eventualmente a calce dunque incerta in termini di assegnazione a posteriore e mancata sequenzialità diretta con quanto precede, o anche da una natura di annotazione marginale, che debba rappresentare un richiamo a maggior ragione congruo col testo oggetto di commento.

Il rescritto imperiale citato in D. 22, 3, 29 concerne la validità come prove *de filiis* non solo di deposizioni di testimoni ma anche di lettere che certifichino un eventuale figlio illegittimo. In particolare, il rescritto sembra rispondere alla fattispecie della moglie ripudiata incinta che voglia in momento di collera dichiarare come illegittimo il figlio, e la domanda, ove la madre muoia, circa il diritto o meno all'eredità per il figlio, in virtù di tale dichiarazione, e nonostante le disposizioni del padre: per un probabile nesso topico con D. 22, 3, 30*, cfr. *infra*, in particolare il confronto con le Novelle, da cui sembra ravvisarsi un filo logico che giustifichi il 'raggruppamento' tematico dei tre frammenti nel loro insieme.

2.4.1 D. 22, 3, 30*

Il primo frammento di quelli espunti, corrispettivo di D. 22, 3, 30* (I f. 318v a35–40), estratto del primo libro di *responsa* di un autore indefinito (cfr. *infra*), si riferisce a un'ancella:

> *Si ancilla fuit ad libertatem perducta* [Mommsen *l. perductam*] *non videri neque per fideicommissi relicti sibi probationem nec quod alimenta sunt ut nutrici praestita.*

L'interpretazione è controversa: la correlazione tra la *perductio* in libertà della donna, le disposizioni fedecommissarie e la prestazione di alimenti è problematica, in assenza di un contesto più specifico. A una prima lettura potrebbe sembrare che la *perductio* in libertà della donna, già avvenuta, renda inutile l'applicazione del fedecommesso e la prestazione di alimenti (*non videri*). Purtuttavia, il riferimento non è a una regola consequenziale che prevede il mancato accesso/diritto alla esecuzione del fedecommesso e alla concessione di alimenti per le serve messe in libertà, ovvero l'esclusione automatica delle condizioni per tali diritti, quanto alla necessità di una *probatio*, vale a dire di documenti separati che certifichino tali diritti.

Le condizioni del fedecommesso andranno infatti verificate, in relazione alla messa in libertà della serva, che può essere ad esempio sopraggiunta prima della morte del patrono.

Nondimeno, si potrebbe invertire l'ordine di analisi degli elementi in oggetto e ritenere che il fine del passo sia chiarire le circostanze di una manomissione già avvenuta: non sono, insomma, la certificazione del legato (o fedecommesso per ordine di *manumissio fideicommissaria*) e neppure la prestazione degli alimenti a giustificare che *l'ancilla* sia stata *perductam ad libertatem*. Quale che sia l'ordine di analisi, il riferimento (sottinteso o dato nel testo originario) pare essere in primis alla necessità di un altro documento certificativo, direttamente connesso all'atto di *perductio ad libertatem*, si esplichi quest'ultimo nella concessione di libertà diretta o per fedecommesso[23].

---

23 Vedi Berger, Encyclopedic Dictionary, s.v. *perducere ad libertatem*; per una rassegna di fonti, TLL 10, 1 s.v. *perduco*: 1281–1219, per la formula specifica in partic. 1286–1287.

2.4.1.1 D. 22, 3, 30* (I f. 318v a35–40): Il contenuto: una ancilla, una nutrice

A suscitare interesse, nel contesto, è il fatto che la serva, nella fattispecie la potenziale liberta, rappresenta qui il soggetto, piuttosto che un generico servo, senza distinzione di sesso. Tale elemento potrebbe risultare di relativa importanza, se correlato a un estratto nella sua veste originaria, e privato del suo contesto, dove appunto un'*ancilla* fosse stata al centro della fattispecie posta in questione[24]. Nondimeno, interessa il coinvolgimento dell'*ancilla* per una potenziale condizione 'privilegiata' o individuale, e una concessione di libertà, che è espressamente già avvenuta (*perductam fuit ad libertatem*).

perducere ad libertatem
Si noti che il *perducere ad libertatem* rappresenta una formula generica e piuttosto infrequente nelle fonti: non è un caso che aggettivi o verbi derivati da *manumitto* occorrano altrove a specificare, direttamente o indirettamente, l'atto dell'affrancamento: D. 40, 1, 26 (Iav. 4 ex post. Labeonis) *servum furiosum omni genere manumissum ad libertatem perduci putat posse Labeo*); lo stesso avviene in D. 4, 3, 32 (Scaev. 2 dig.). Un'accezione generica, dove la *libertas* è sostituita da *civitas* (la libertà corrisponde qui all'accesso alla cittadinanza romana), ricorre in D. 38, 2, 1 (Ulp. 42 ad ed.), purtuttavia in un contesto riferito genericamente ai *liberti*, piuttosto che alla condizione di un'*ancilla*, come è il caso in D. 22, 3, 30* (I f. 318v a35–40): i *liberti* devono continuare a prestare servigi ai patroni, dal momento che *ex servitute ad civitatem Romanam perducuntur*[25].

---

24 Vedi PSI XII 1263 (= SB V 7816) (Oxyrhynchos, 166–167 d.C.), dove la testatrice concede un contributo mensile (probabilmente in natura) e annuale (di 24 dracme ὑπὲρ ἱματισμοῦ) alla serva Tausiris, mentre alimenti e abiti sono prestati anche alla figlia di costei, Stefanous (rr. 1–6): le stesse sono liberate mediante il medesimo testamento (rr. 16–17). Per considerazioni circa tale attestazione in relazione alla prassi locale testamentaria in Egitto nel II secolo, Colella, Testamenti, 120 n. 205, 122–123. Per problemi inerenti alla *libertas fideicommissa*, servi infratrentenni e *ancillae* gravide: Lamberti, Fideicommissa libertas.

25 Il passo è problematico, per l'apparente proposito ulpianeo di delinare un'evoluzione diacronica del rapporto tra patroni e liberti, chiamando in causa, in particolare, da un lato la sottomissione del liberto nei confronti dell'ex patrono (*obsequium*), dall'altro la riduzione nel tempo delle possibili rivendicazioni sul liberto da parte del patrono: in merito, basti Babusiaux et al., Handbuch, 998–1000 (Band I, § 37). L'*obsequium* si traduce in determinate circostanze nell'accesso per il patrono alla *bonorum possessio* per la metà del patrimonio del servo, senonché nella prestazione di *alimenta* dovuti dal liberto ad un patrono indigente (previa condizioni specifiche): cfr. D. 25, 3, 5, 19; 20; 26.

nutrex
Nella prestazione di alimenti interviene, inoltre, l'esempio della nutrice, declinazione – se vogliamo – dell'*ancilla*, per il ruolo che le compete, la quale si deduce sia il soggetto giuridico al quale vengono notoriamente prestati gli *alimenta*, al pari di una generica serva: tale esempio, per il ruolo specificamente femminile della nutrice, basta a giustificare la necessità di preservare il soggetto, parimenti femminile, del responso, e porre al centro una condizione specifica propria dell'*ancilla*, che poteva essere di sovente caratterizzata da una concessione ('precoce' o persino privilegiata) di libertà e/o da un legato di alimenti.

alimenta
Sugli *alimenta*, non sarà forse lessicalmente e concettualmente inutile ricordare che lo stesso termine ricorre a indicare quell'*officium pietatis*, trattato nella letteratura giuridica e non solo, volto a descrivere il compito di allattamento e cura degli infanti svolto per lo più da serve e liberte, socialmente e giuridicamente di interesse per la relazione che sorge, in termini di affezione/devozione e diritto, in virtù di tale *officium*[26].

Nel contesto si potrebbe avere ragione di sostenere che il riferimento sia alla rivendicazione di un lascito, corrispettivo di una forma salariale, o paga degli *alimenta* prestati dalla nutrice (si vedano le ἀποχαὶ τροφείων nei contratti dall'Egitto romano)[27], o più specificamente, in ottemperanza alla sequenza logica del testo, alla rivendicazione da parte della serva dello stato stesso di libertà (e poi degli alimenti a lei eventualmente spettanti).

> D. 50, 13, 1, 14 (Ulp. 8 de omn. trib.)[28]: *Ad nutricia quoque officium praesidis vel praetoris devenit: namque nutrices ob alimoniam infantium apud praesides quod sibi debetur petunt. sed nutricia eo usque producemus, quoad infantes uberibus aluntur: ceterum post haec cessant partes praetoris vel praesidis.*

Tuttavia, questa interpretazione, per quanto suggestiva, presumerebbe una figura metonimica (nel passaggio semantico dagli alimenti prestati dalla nutrice a quelli a lei prestati), irragionevole nel contesto giuridico e non

26 Silla, 'Affetti' e diritto.

27 La documentazione egiziana, prolifica in materia, pone altresì in evidenza il fenomeno proprio di un retroscena culturale solo apparentemente marginale, relativo alla esposizione dei bambini e al dato statistico di una maggioranza di nutrici libere a fronte del dato consistente di bambini in condizione di servitù: cfr. Parca, Wet nurses; Ricciardetto – Gourevitch, The cost of a baby.

28 In commento al seguente passo: Silla, 'Affetti' e diritto, 67–69.

corretta dal punto di vista sintattico (alla luce dello stesso *alimenta praestita nutrici*, formula che palesa nel complemento di termine il riferimento ad alimenti espressamente destinati "alla serva/nutrice"), e lascerebbe cadere un nesso logico che è altrimenti possibile ricostruire col fedecommesso prima citato, come prima azione (in ordine consequenziale, o meglio progressivo, e cronologico).

relicti sibi

Dal momento che il *sibi* si riferisce sintatticamente all'ancilla, è da discutere la natura del fedecommesso: non è, infatti, scontato che ci si riferisca nel passo alla liberazione per fedecommesso (o *manumissio fideicommissaria*) della stessa serva, o piuttosto a un legato o eredità "a lei lasciata/concessa" (traduzione letteraria di *relicti sibi*), ad esempio nella natura di abiti o denaro. Dal momento che la messa in libertà rappresenta la costante primaria del passo e il punto di partenza per la discussione 'funzionale' degli atti certificativi di azioni ad essa correlate, sia il fedecommesso sia il legato sarebbero consoni nel contesto: se, in virtù della lettura del fedecommesso in relazione alla *manumissio*, infatti, la rivendicazione di un atto che provi la messa in libertà della serva da parte dell'erede designato nel testamento del patrono risulta ammissibile, anche il riferimento ad un legato testamentario ben si concilierebbe con il lascito menzionato poc'anzi, ovvero gli *alimenta*. La seconda linea interpretativa influenza semmai il tentativo di speculare circa le ragioni dell'omissione del passo su base contenutistica: è lecito, infatti, chiedersi se la facoltà di eredità dell'ancilla nel contesto specifico, e/o in un rinnovato contesto storico-giuridico (rispetto al momento di stesura dell'opera classica citata), sia un principio delicato, oggetto di dibattito, rispetto al quale si volessero eliminare pareri controversi o non più validi.

Ad ogni modo, la liberazione rappresentava, nel ruolo della nutrice, il prerequisito per l'accesso alla prestazione degli alimenti, ovvero al legato di mantenimento, quello ordinato nel documento testamentario (nella forma degli *alimenta* estesamente nota, per cui basti D. 25, 3)[29]. Il responso pare affermare un principio solido mediante la negazione di quegli atti non probativi – da soli – della condizione di libertà della donna: la *probatio* è condizionata dalle

29 Gli *alimenta legata* possono notoriamente includere *cibaria, vestiaria, habitatio*: cfr. D. 34, 1, 6. Per un primo approccio alla materia, cfr. Berger, Encyclopedic Dictionary, s.v. *alimenta legata*. Sul ricorso al fedecommesso per la prestazione di usufrutto su beni patrimoniali o la garanzia di un contributo annuale ai liberti, cfr., a titolo d'esempio, anche D. 33, 1, 19 (Scaev. 17 *dig.*) e D. 34, 1, 20, 2 (Scaev. 3 *resp.*).

azioni sottoposte alla *fides* del fedecommesso[30]. Il testamento prova l'ordine di manomissione, ma solo l'esecuzione del fedecommesso (a sua volta certificato per documento di manomissione) sarà propedeutico alla prestazione degli alimenti, a meno che l'ancilla non sia stata già messa in libertà[31]. In alternativa, laddove ci atteniamo all'interpretazione di un'eredità testamentaria concessa alla serva (vedi *supra, relicti sibi*), si intende comunque sottolineare l'indipendenza degli atti, ovverosia la necessità di verificare il legato, eseguibile successivamente alla messa in libertà ma sottoposto ad ogni modo alla verifica di un documento probativo. Se l'ancilla è stata già messa in libertà – *fuit ad libertatem perducta* (quando il patrono era ancora in vita), le azioni del fedecommesso oppure il legato (ad esempio di abiti e denaro) e la prestazione degli alimenti saranno dipendenti sì dalla *manumissio*, dal momento che questa ne costituisce il prerequisito, ma resteranno autonomi nella natura di atti fini a se stessi e non probatori per la manomissione.

Il costrutto con *ut nutrici*, inteso come ruolo specifico della nutrice rispetto alla categoria generica delle serve, interviene qui ad avallare una casistica frequente per la declinazione delle *ancillae* o loro 'sotto-categoria' nella figura delle nutrici, nell'ambito della messa in libertà – come già sottolineato, il genere è relativo per l'esecuzione della legge, se rapportato alla correlazione tra affrancamento e accesso al legato, ma fondamentale per quelle norme storicamente attestate in materia di liberte – beninteso, in relazione al sospetto di concubinato col patrono[32].

---

30 La rilevanza di questo principio, valido per il discorso generale della necessità di *probatio* documentale ma in correlazione con la categoria generica dei servi, ovverosia senza distinzione di sesso (nel dettaglio, la manomissione come prerequisito della concessione del legato), è resa esplicita anche nel celebre Gnomon dell'Idios Logos, raccolta di ordinamenti prodotta in Egitto a scopo amministrativo (come il preambolo suggerisce, rr. 1–7) via via implementati da Augusto in poi (dall'1 al 180 d.C.), restituita da BGU V 1210 (in forma di copia di uso interno, Arsinoites, post 149): qui, al § 19, si stabilisce che, ove un liberto riceva qualcosa in eredità senza aver ottenuto una manomissione legittima (Eck – Heinrichs, Sklaven und Freigelassene, Nr. 278, fanno giustamente notare la corrispondenza della νομίμη ἀπελευθέρωσις con la *iusta manumissio*), l'eredità sarà ritirata (il testo prosegue col fissare ai 30 anni la soglia di età minima per la liberazione).

31 Nel contesto assume ruolo secondario il ruolo del beneficiario (nella fattispecie l'ancilla o, più specificamente, per la frequenza di casistica, la nutrice), e le eventuali ragioni dell'ordine di prestazione degli alimenti, dal momento che un certificato di manomissione sarà l'unico documento valido a provare l'avvenuto affrancamento.

32 Si pensi al divieto di elargizione del valore patrimoniale sotto Costantino (poi annullato), e alla discussione generale che concerne la libertà di intestare delle donne-liberte: per una panoramica valida (senza riferimenti, tuttavia, alla casistica della nutrice), cfr. Barschdorf, Freigelassene, 115–120. Cfr. anche *id.*, 142–145.

Dal punto di vista tematico, se anche si voglia prescindere dal tentativo di discernere elementi a giustifica dell'esclusione dei frammenti, si dovrà quantomeno in breve evidenziare quali argomenti sono stati già addotti in passato a favore di una difficoltà di adattamento della materia di matrice classica in età giustinianea: in modo particolare, si è posta in risalto la distinzione operata tra fedecommesso e legato, ove per il fedecommesso si possa discutere la volontà del testatore (D. 28, 5, 77 Pap. 15 quaest: *Servus uxori a marito mortis causa donatus mariti manet, ut et Iuliano quoque videtur. idem si accipiat libertatem simul et hereditatem, viro necessarius heres erit: nec sine libertate aliquid ei legari potest*) e la giurisdizione imperiale, appunto volta a chiarire che la volontà del testatore non può ritenersi tacita in relazione alla concessione di libertà ai servi.

> CI 6, 37, 4; Ant. A. Sulpicio: *Servis testamento dominorum non data libertate legatum seu fideicommissum relictum non valet nec convalescere potest, licet post mortem testatoris libertatem aliqua ratione consecuti sunt.*

Ove la concessione di libertà non sia espressamente menzionata nel testamento insieme al legato o al fedecommesso, il patrono avrebbe potuto concedere al servo quantomeno il mantenimento[33].

A fornire altra materia di discussione, il tema ritorna nelle Novelle giustinianee, in Nov. 78 Cap. 4. Qui, tuttavia, entra in gioco la circostanza specifica del testatore nella figura del soldato, che abbia prestato legato ad una sua serva. Siamo nell'ambito della novella dedicata alla legittimità di matrimoni con serve poi liberate, in connessione con il riconoscimento dei figli e della dote.

La *donatio* del legato testamentario si fa equivalere alla concessione di libertà (l'autore dell'edizione seicentesca sopracitata commenta "*nisi testator fuerit miles, tunc enim legato alimentorum ancillae relicto, videtur eam liberam efficere*"). Ebbene, sembra qui essere contraddetto il principio, addotto sopra a giustificazione dell'apposizione del frammento a calce della rubrica D. 22, 3, di una *probatio* della manomissione, ovvero la necessità di verifica del documento che ordini la manomissione, come unico certificato valido, a prescindere dal suo carattere di atto propedeutico alla concessione degli alimenti in base a legato. Purtuttavia, il passo di D. 22, 3, 30* non viene qui correlato alla circostanza del *testator miles*, e le Novelle presentano altresì una nuova giurisdizione. Come principale differenza, dunque, si nota che quella del soldato

---

33 Glück (Erläuterung Pandekten, 433–438) concludeva, a tal proposito, che Giustiniano col tramite della designazione dell'erede fece della manomissione tacita la base per l'applicazione del testamento.

TABELLA 1 Confronto tra D. 22, 3, 30 e le Novelle.

D. 22, 3, 30* (Ulp.? resp.); I f. 318v a35–40	Nov. 78 Cap. 4 (Const. 97, Auth. 79)[a]	Nov. 78 Cap. 4[b]
si ancilla fuit ad libertatem perducta non videri neque per fideicommissi relicti sibi probationem nec quod alimenta sunt ut nutrici praestita.	εἰ γὰρ στρατιώτης καταλιπὼν πρεσβεῖον τῶν οἰκείων τινὶ θεραπόντων αὐτῇ τῇ δόσει τοῦ πρεσβείου καὶ τὴν ἐλευθερίαν διδόναι δοκεῖ, πῶς οὐκ ἄν πολλῷ μᾶλλον ὁ πατὴρ εἰ γράψειε συμβόλαιον γαμικὸν ἕξει τοὺς ἑαυτοῦ παῖδας ἐξ αὐτοῦ δὴ τούτου καὶ μόνου καὶ ἐλευθέρους καὶ γνησίους διαδόχους.	Si enim miles relinquens legatum alicui suarum ancillarum ipsa donatione legati et libertatem dare videatur, quomodo non multo magis pater, si documentum nuptiale conscripserit, habebit proprios filios ex hoc solo et liberos et legitimos successores?

a Il testo greco è basato sull'edizione di Zachariae von Lingenthal, Novellae.
b Il testo latino è basato sull'edizione di Schöll – Kroll, Corpus.

intestatario costituisce una circostanza straordinaria che pare implicare uno snellimento della procedura regolare[34], in linea con la restante politica adottata in materia di soldati, e un automatismo nella applicazione della volontà di affrancamento della serva (o volontà tacita) in base a donazione del legato. Ai fini di un parallelo contenutistico, sarà comunque lecito evidenziare che nelle Novelle ci si riferisce ugualmente ad un'*ancilla* o serva, piuttosto che a servi generici, senza distinzione di sesso. Inoltre, la Novella cita tale circostanza in funzione di un paragone con la situazione del padre, che abbia sottoscritto il documento nuziale, e possa pertanto sostenere, sulla base del documento, di avere propri figli, questi ultimi *et liberi et legitimos successores*. Il paragone si costruisce dunque sulla chiarezza di ordinamento che concerne la successione testamentaria per i figli legittimi: se è ovvia l'applicazione del legato in una circostanza *extra ordinem* (il *miles* prescrive l'applicazione del legato, che a sua volta implica la *donatio* di libertà della serva), ancora più ovvia

34 Sul testamento dei soldati e l'evoluzione informale della condizione privilegiata che caratterizza la loro formulazione (con particolare riferimento alle costituzioni di Traiano e Adriano in materia), basti qui Babusiaux, Römisches Erbrecht, in partic. 183–190. Si veda, inoltre, il riferimento alla Novella in questione in Buckland, The roman Law of Slavery, 478 e n. 2.

risulta la successione testamentaria per i figli legittimi, in virtù del contratto matrimoniale.

Che il paragone tra l'applicazione del legato ordinato dal *testator miles* e i figli – legittimi successori in un'unione coniugale riconosciuta –, sia nuovo, ovvero generato nel contesto delle Novelle, è plausibile (per i testamenti militari, cfr. anche D. 49, 17; C. 12, 30 e 12,36). Colpisce, tuttavia, la similitudine contenutistica con la questione affrontata nel passo scevoliano in D. 22, 3, 29 (vedi *supra*, per la teoria circa l'incertezza di trasmissione che investe anche questo frammento, in unione ai due ultimi frammenti di D. 22, 3 trasmessi nel *Codex Florentinus*). Ci si può chiedere, dunque, se anche in via del tutto speculativa, se il medesimo tema della legittimità dei figli fosse presente nel passo originario (di Ulpiano?) in D. 22, 3, 30* e fosse eventualmente costruito in nesso con la casistica complessa, eppur frequente, dei diritti di un'*ancilla* (Scevola affronta in D. 22, 3, 29 la fattispecie di una donna ripudiata, che prova a dichiarare come illegittimo il nascituro[35]): questo elemento non vuole qui valere da nota interpretativa del passaggio, quanto gettare luce su un potenziale elemento di parallelismo tra i passi, e sollecitare riflessioni sulle eventuali ragioni della selezione dell'estratto e della sua apposizione in coda al passo di Scevola; lo stesso giunge, inoltre, a comprova di un eventuale taglio o riduzione del passo altrimenti trasmesso.

Infine, resta da chiedersi se proprio l'assenza di riferimento a un principio di *probatio* (in contrasto con l'automatismo di applicazione esplicitato nelle Novelle – la donazione del legato alla serva, ovvero gli alimenti secondo D. 22, 3, 30*, si fa equivalere nelle Novelle all'affrancamento della medesima, ma investe appunto il ruolo nella fattispecie straordinario del *miles*, con la giurisdizione testamentaria a esso connessa[36]) sia la ragione intrinseca che determina l'espunzione del passaggio nel Digesto (ciò in riferimento al tema della rubrica *de probationibus et praesumptionibus*). Ad ogni modo, si rinnova il proposito di cautela nella interpretazione di insieme delle fonti giurisprudenziali e si intende porre in risalto la possibilità di esclusione su una base meramente formale: in linea teorica, l'espunzione dei frammenti è imputabile alla

35 Sarebbe omessa una casistica complessa, dove si voglia ricostruire in via del tutto speculativa una presunta relazione concubina col *patronus*, la quale può aver generato dispute, financo di ordine testamentario.

36 Oltre ai passi dal *Corpus Iuris Civilis* sopra citati, per uno studio comparativo, incentrato sulla prassi egiziana a fronte delle costituzioni raccolte nello Gnomon (incluso il più recentemente edito frammento di P.Oxy. XLII 3014), vedi Jakab, Soldaten.

constatazione per cui manca il riferimento alla necessità di *probatio* (di un documento certificativo attinente) nel passaggio, tale da consentire un'annessione chiara al tema della rubrica, e indirettamente – ove la ricostruzione del contesto di D. 22, 3, 29 regga – al taglio dell'estratto operato dai compilatori (in relazione al confronto con i figli legittimi eredi), che fa cadere una cornice o contesto di riferimento, e, con esso, un chiaro nesso topico. Non si può, in ultima analisi, asserire se la casistica nel passo originario dell'estratto confluito in D. 22, 3, 30* investisse una generica *ancilla* (con la rilevante declinazione della nutrice), o liberta, ovvero una rivendicazione o discussione della sua condizione in virtù di un affrancamento già avvenuto, oppure una condizione ben più complessa, al centro di una disputa testamentaria che non possiamo altrimenti ricostruire con certezza. Di tale condizione, in conclusione, non troviamo nient'altro che un'eco lontano nel passo delle Novelle, che affronta la combinazione ben più specifica del testamento di un soldato e del confronto di ordinamento con la condizione di successione legittima del *pater familias*.

In ultima istanza, il principio tematico aiuta a intuire un nesso logico con D. 22, 3, 29: come già sopra sostenuto, a fronte di una analisi relativa alla incertezza di trasmissione che accomuna D. 22, 3, 29 ai due frammenti qui oggetto di analisi e di una ipotesi di ricostruzione della loro forma nella tradizione antecedente al *Codex Florentinus*, l'eventuale nesso logico concorre ulteriormente ad avallare una apposizione in successione di D. 22, 3, 29 e D. 22, 3, 30* entro il Digesto, in una forma di composizione coerente (plausibilmente, insieme a D. 22, 3, 31*)[37].

2.4.2 D. 22, 3, 31* (I f. 318v a41–44)

Il secondo frammento – secondo libro, eventualmente dagli stessi *responsa* di Ulpiano sopracitati o parte del commentario *ad Sabinum* – concerne un chirografo con riferimento a denaro come oggetto di debito: seppure il nesso logico sembra sfuggire nel contesto, è chiara la volontà di ricalcare la natura non obbligativa di riferimenti o rimandi (*commemorationes*) nel chirografo a crediti contratti per altra ragione. Sarà importante rilevare che Hulot (per la sua traduzione, vedi *supra*) traduce *commemoratio* con "une promesse de sommes", interpretando il "riferimento" a denaro con una promessa di pagamento. La declinazione semantica è senz'altro plausibile, ove si voglia identificare

37 A tal proposito, si rimanda alla definizione di "komponierte Titeln" in Stagl, Tempel der Gerechtigkeit, concetto applicabile anche a gruppi isolati di frammenti, siano essi collocati ad apertura, al centro o a coda del titolo designato.

concretamente il riferimento con un'azione di natura non obbligativa legata alla somma di denaro, ma si ravvisa qui la necessità di attenersi testualmente a un richiamo generico o riferimento atto a richiamare (alla memoria)[38] un altro atto, che sia diverso dall'*obligatio* generata dal rapporto creditizio preso in analisi.

TABELLA 2 Confronto tra D. 22, 3, 31 e le Novelle.

D. 22, 3, 31* (Ulp.? resp.?); I f. 318v a41–44	Nov. 119, Cap. 3 (Const. 145, Auth. 96)[a]	Nov. 119, Cap. 3[b]
commemorationem in chirographo pecuniarum, quae ex alia causa debere (l. deberi) dicuntur, factam vim obligationis non habere	Καὶ τοῦτο πρὸς τούτοις παρακελευόμεθα ὥστε εἴπερ τὶς ἔν τινι συμβολαίῳ ἑτέρου ποιήσηται μνήμην συμβολαίου, μηδεμίαν ἐκ ταύτης τῆς μνήμης ἀπαίτησιν γίνεσθαι, πλὴν εἰ μὴ καὶ τὸ ἕτερον συμβόλαιον οὗτινος μνήμη κατὰ τὸ δεύτερον γέγονε προκομισθείη, ἢ ἑτέρα παρασχεθείη κατὰ τοὺς νόμους ἀπόδειξις, ὅτιπερ καὶ ἡ ποσότης ἧς μνήμη γέγονε ταῖς αληθείαις ἐποφείλεται.	Et hoc insuper iubemus, ut si quis in aliquo documento alterius faciat mentionem documenti, nullam ex hac memoria fieri exactionem, nisi et aliud documentum, cuius memoria in secundo facta, est, proferatur aut alia secundum leges probatio exhibeatur, quia et quantitas, cuius memoria facta est, pro veritate debetur.

a Il testo greco è basato sull'edizione di ZACHARIAE VON LINGENTHAL, Novellae.
b Il testo latino è basato sull'edizione di SCHÖLL – KROLL, Corpus.

Novelle 119, cap. 3, offre a tal riguardo un parallelo tematico, che sembra integrare o estendere la proposizione del Digesto. Nella Novella Giustiniano introduce una serie di riforme a beneficio di moglie, bambini, schiavi e proprietari, per assicurarne o talora estenderne i diritti. Nel capitolo si chiarisce, nel dettaglio, che, nella circostanza in cui in un documento si faccia menzione di

38 Per *commemoratio* come richiamo o riferimento ad altra cosa, privo di una valenza tecnica contestuale, si veda TLL, 3.1828–1830. L'uso generico come riferimento generico (assente o dato) ad un qualcosa in un documento, in particolare correlato a condizioni specifiche dell'atto: D. 33, 1, 21, 4 (Scaev. 22 dig.) *respondit, cum testamento nulla exigendae satisdationis commemoratio fiat, satis habuisse heredes secundum voluntatem defuncti Publio Maevio pecuniam numerare*; D. 20, 1, 26, 1 (Mod. 4 resp.) *sub commemoratione domus ad filium pertinentis pignori dandae.*

un altro, sia data la possibilità – senonché l'esigenza, per un'esecuzione valida dell'atto menzionato – di presentare il documento a cui ci si riferisce o altra *probatio* riconosciuta come legittima. In aggiunta, il passo delle Novelle sembra offrire un appiglio ulteriore per l'interpretazione del termine *commemoratio*, a cui si è prima accennato. Verrebbe, insomma, da rifiutare la proposta di tradizione di Hulot con "promessa di pagamento", non solo per l'interpretazione della declinazione semantica non contenuta nel significato del sostantivo, quanto anche in accordo a un principio esegetico immanente: invero, la *commemoratio* è riferita nel frammento esplicitamente a somme dovute per altra ragione, pertanto non si riferisce a un atto diverso, non valido come *obligatio*, quanto piuttosto ad altre *obligationes* (diverse da quelle del rapporto creditizio in oggetto), che vanno certificate con la documentazione relativa.

È difficile affermare quali siano state le ragioni della esclusione del frammento nella versione 'definitiva' del Digesto: lo è forse la stessa ambiguità del passaggio, che necessita di un ulteriore chiarimento circa le alternative plausibili in termini di *probatio* di quanto sia solo 'fugacemente' menzionato nel documento addotto, o l'incertezza circa la natura stessa della *commemoratio*, che aveva creato difficoltà tanto agli antichi quanto agli studiosi moderni.

Si segnala, nel passaggio della costituzione giustinianea, l'affermazione, contenuta a conclusione della Novella, secondo cui *hoc enim et in veteribus legibus invenitur*, con un riferimento, non insolito ma particolarmente significativo nel contesto, a *veteres leges* che affrontassero tale disciplina.

Ove si voglia sostenere l'opzione di valutazione circa l'allegare o meno i frammenti su base contenutistica – a prescindere da chi lo abbia valutato (i compilatori in fase finale di produzione del Digesto oppure, in via assai speculativa e altamente improbabile, un lettore nel contesto didattico di lettura dell'antigrafo, per una annotazione critica), l'ubicazione a fine di rubrica suggerisce la natura di potenziale appendice, che non debba pertanto ritenersi direttamente connessa, in termini di costrutto logico e di contenuto, con gli ultimi frammenti della rubrica restituiti nella tradizione manoscritta. Ebbene, la rubrica *de probationibus et praesumptionibus* ('sulle prove e sulle presunzioni') ben si presta come contenitore generico, adeguato in quanto tale alle tematiche dei frammenti. Infatti, il principio tematico è preminente nella misura in cui il primo frammento si riferisce all'assenza (forse in automatico) di una *probatio* per il fedecommesso o lascito testamentario, al momento della messa in libertà dell'*ancilla*, e il secondo a una più generica *commemoratio*, che si distingue da una *probatio*, in quanto priva – senza il documento legittimo dell'atto cui la *commemoratio* si riferisce – di effetto obbligativo. In entrambi i frammenti vige, come altrove per i casi affrontati nella rubrica, il principio della verifica di un documento certificativo, atto a *probare* legittimamente quanto sostenuto o rivendicato.

2.5 Argomenti a favore della originaria natura di appendice e dell'incertezza critica che concerne gli ultimi frammenti della rubrica

Sarà lecito ribadire, a questo punto, l'assunto logico per cui una adeguata contestualizzazione dei frammenti nell'ambito della rubrica, piuttosto che un più specifico elemento di connessione con l'ultimo frammento (o gli ultimi frammenti) della rubrica, per una costruzione organica del testo, costituisce un argomento valido per la natura originaria del testo extra, quale residuo di un processo di "Nachträge", ovvero di un testo posto in calce alla rubrica in fase di produzione per incertezza di collocazione o apposizione, piuttosto che di note marginali di richiamo o integrazione da parte di un correttore su un manoscritto intermedio (erroneamente inserite a testo nel *Codex Florentinus*).

Gioca ruolo forza la 'carenza' sopra osservata che accomuna l'*inscriptio* in D. 22, 3, 29 con quelle dei frammenti extra: infatti, la possibilità che nell'antigrafo mancassero sia l'autore dell'ultima *inscriptio* quanto gli elementi discussi per i frammenti in oggetto (per D. 22, 3, 31* non solo l'assenza del titolo quanto anche un errore per il numero di libro, ove la formula originaria fosse βιβ(λίῳ) μ̄ *ad Sab*(*inum*)) fanno intuire che l'incertezza non concernesse i soli due frammenti nella tradizione antecedente. L'integrazione del nome Scevola è, infatti, avvenuta in un passaggio di revisione successivo, e mediante un manoscritto plausibilmente diverso dall'antigrafo del *Codex Florentinus*. La condizione immutata delle *inscriptiones* anomale dopo il suddetto processo di revisione (che sembra, tuttavia, aver determinato il segno di cancellatura mediante marcatura laterale) serve a confermare altresì l'estraneità del testo, ovvero l'eccezionalità della sua trasmissione (sporadica, se si aggiunge la testimonianza del Vat.Lat. di cui *infra*), dal momento che i frammenti erano assenti nel manoscritto adoperato per la revisione. Una delle ipotesi sopra esposte per spiegare l'*inscriptio* di D. 22, 3, 31* annovera una forma abbreviata dell'*inscriptio* nell'opera consultata dai compilatori: la difficoltà evidente di interpretazione e scioglimento potrebbe aver costituito nel concreto una ragione di incertezza circa la trasmissione del frammento, a prescindere da o in aggiunta al principio contenutistico qui parimenti fatto oggetto di analisi. Non è possibile inferire nulla di certo sulla natura dell'opera consultata: la forma abbreviata o mista può ricondursi sì a una glossa o nota di commento, ma quest'ultima può essere occorsa tanto in un'opera singola quanto in una antologizzata, ad esempio in una raccolta o compilazione post-classica.

A tal proposito, i compilatori erano ben consci di non poter scrivere *per sigla* (ovvero segni non codificati), quanto solo in una successione di lettere (in forma estesa), in base a quanto la *Constitutio Tanta* (§ 22) prescriveva, recando a titolo di esempio proprio gli elementi che occorrono in apertura ai frammenti dei *Digesta*: *Omnia enim, id est et nomina prudentium et titulos et librorum numeros, per consequentias litterarum volumus, non per sigla manifestari, ita ut, qui talem librum sibi paraverit, in quo sigla posita sunt in qualemcumque locum libri vel voluminis, sciat inutilis se esse codicis dominum: neque enim licentiam aperimus ex tali codice in iudicium aliquid recitare, qui in quacumque sua parte siglorum habet malitiam.*

2.5.1 Il confronto con Vat.Lat. 1406 e considerazioni circa la tradizione manoscritta del Digesto

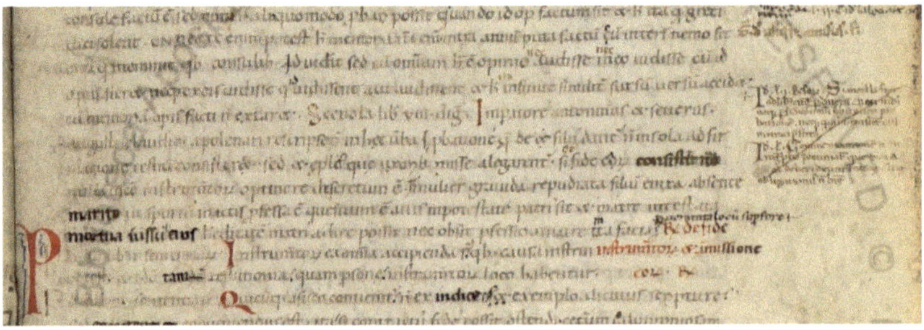

FIGURA 9 Vat.Lat. 1406, f. 184r © Biblioteca Apostolica Vaticana

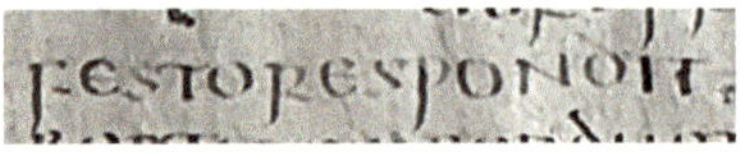

FIGURA 10
Festo respondit (F)

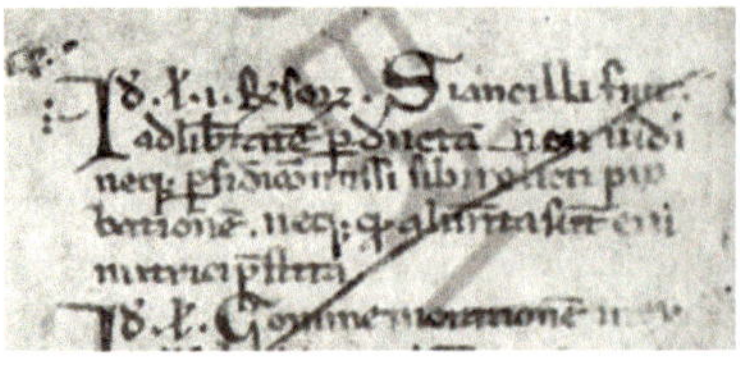

FIGURA 11
Vat. Lat. 1406, dettaglio: *Id*(*em*) *l*(*ibro*) (*primo*) *r*(*esponsorum*) *F*(*est*)*o r*(*espondit*)

Si segnala, in prima istanza, l'uso di *idem* in luogo del nome degli autori in entrambi i casi, che suggerirebbe nell'ordine di sequenzialità dei frammenti

FIGURA 12
libro secundo Mactorio Sabino (F)

FIGURA 13
Vat. Lat. 1406, dettaglio: *Id(em) l(ibro) <secundo Mactorio Sabino?>*

un riferimento implicito a Scevola, autore di D. 22, 3, 29. Il dato risulta tuttavia di relativa utilità ai fini ricostruttivi, dal momento che la trasmissione in più passaggi può aver determinato la scelta di integrare un *idem*, in assenza di un autore dato, confermando tuttalpiù la mancata trasmissione dei nomi in altre versioni dell'opera, o comunque in versioni in circolazione successive ad F.

Si noti che la seconda *inscriptio*, già insolita nel *Codex Florentinus* per assenza di titolo, risulta monca nel Vat.Lat. 1406: manca il numero di libro a seguire l'abbreviazione *l(ibro)*, e il testo comincia con *gommemorationem* (*l. commemorationem*), senza il *Mactorio Sabino* altrimenti restituito nel *Codex Florentinus*.

Resterebbe da discutere altresì l'assenza del titolo dell'opera nella seconda *inscriptio* unitamente all'assenza di *Mactorio Sabino*. Se l'ipotesi sopra esposta circa l'interpolazione per *ad (Mas.) Sab.* è corretta, mancherebbe nell'*inscriptio* sia il numero del libro sia il titolo dell'opera, ma non l'incipit testuale dell'estratto in oggetto (costituito dalla formula con *respondit*), in una modalità forse più congrua rispetto alla restituzione di una *inscriptio* parziale, contenente solamente il numero del libro o il titolo; purtuttavia, leggiamo *l(ibro)* come residuo di una *inscriptio* incompleta (*supra*)[39]. In alternativa, la spiegazione sopra fornita di uno scioglimento erroneo di due *nomina* alla base della formula riportata dal *Codex Florentinus* (*Mactorio Sabino* per *Mactorio Sabinus*) equivarrebbe per il Vat.Lat. a sostenere che la formula con *respondit* è scomparsa nella tradizione testuale, ma unitamente al numero del libro, pur non corrispondendo quest'ultimo a quello citato nel frammento precedente (anch'esso a margine nel Vat.Lat. ma completo).

Si rimanda, inoltre, alla opzione di lettura βιβ(λίῳ) μ̄ *ad Sab(inum)* che giustificherebbe lo scioglimento errato nel *Codex Florentinus* e l'assenza 'compatta' di tutti gli elementi di base della *inscriptio*.

39 Si noti, tuttavia, che resta parimenti plausibile l'opzione di una scelta stilistica (o comunque dettata dai passaggi successivi di trasmissione del testo), che preveda la voluta omissione della formula di ricevente (del responso) + *respondit* (tuttavia, nel primo frammento è restituito *F(est)o r(espondit)*).

Questo dato varrebbe senz'altro a confermare una incertezza di trasmissione dei dati dell'*inscriptio*, già deducibile dallo scioglimento 'erroneo' del titolo nel *Codex Florentinus*, secondo la teoria sopra esposta. Questa incertezza e criticità è ravvisabile a prescindere che si voglia vedere nei frammenti un elemento dedotto dal testo principale dell'antigrafo del *Codex Florentinus* o da una glossa marginale in un passaggio antecedente, rivelando una criticità testuale 'primigenia', che si presenta sotto forma di un elemento spurio, divenuto parte integrante del testo trasmesso[40].

Una differenza fondamentale tra il *Codex Florentinus* e il Vat.Lat. 1406 è, in modo particolare, nell'ordine di sequenzialità del processo di copia e revisione: per il *Codex Florentinus* la collazione con un secondo manoscritto suggerisce la cancellazione dei frammenti, ivi assenti; nel caso del Vat.Lat. 1406, possiamo immaginare piuttosto che il secondo manoscritto, quello adoperato per la correzione, contenga i frammenti, inclusa la segnalazione di elemento spurio – al pari che nel *Codex Florentinus*, e lo scriba o revisore abbia deciso altresì di riportarli a margine, per completezza, vista la natura estranea del testo a quello già altrimenti tràdito nel modello[41].

A tal proposito, sarà bene evidenziare un processo di intersezione o influenza reciproca delle due versioni già altrimenti riconosciute della tradizione manoscritta del Digesto, riflettendo su un piano non tanto sincronico quanto piuttosto distribuito in momenti cronologici diversi: da una parte il *Codex Florentinus* (e il suo modello), che contengono i frammenti; dall'altra l'antigrafo del Vat.Lat. 1406, in linea con i restanti testimoni più tardi, che non li contiene. Con ciò, non si intende suggerire una integrazione alla teoria relativa alla genesi della cosiddetta Vulgata, quanto aggiungere il fenomeno in analisi tra gli indizi a favore di un controllo operato – *ope codicum* – sul *Codex Florentinus* per un confronto coi manoscritti della *litera Bononiensis*. Basti ricordare il fenomeno significativo del termine *aer* in D. 1, 8, 2.1, presente nel *Florentinus*, nei Basilici, e per aggiunta successiva in alcuni manoscritti della Vulgata, esattamente come per D. 22, 3, 30–31

40 Il contributo attivo del lettore nel riordino di criteri e modi di lettura delle raccolte giurisprudenziali, anche mediante forme di interpolazione o glosse confluite nel testo, è evidenziato nello studio delle componenti paratestuali o della cosiddetta 'topografia' di testi giuridici in Wibier, Topography, in particolare 68–72.

41 Nel Codice Vaticano si potrebbe trattare altresì di una mano che riporta il testo (appunto a margine) e ne segnala l'espunzione, tanto per fedeltà di riproduzione quanto per la volontà di non lasciare andare perduto del tutto un elemento testuale ovverosia una traccia di valore della tradizione manoscritta.

nel ms. Vaticano[42]. Se è vero che il derivato del *Codex Florentinus* (riconosciuto almeno in un passaggio intermedio prima del cosiddetto *Codex Secundus*) unitamente a un manoscritto perduto sono stati adoperati per la tradizione medievale, non sarà da escludere che un resto di quel derivato del *Codex Florentinus* o lo stesso manoscritto (ovvero il testimone che conserva ancora i frammenti) poté emergere ai tempi di stesura del Vat.Lat. 1406 ed essere ivi adoperato per una integrazione: questo rappresenta un fenomeno ad ogni modo raro, perché avremmo a che fare sì con una modifica 'in positivo', ma rispetto a un testo altrimenti perduto e definito come da espungere. L'osservazione estemporanea su un fenomeno singolo e singolare aiuta pertanto a riflettere sulla tradizione manoscritta: non sarà necessario rivedere la sopracitata ricostruzione di una linea diacronica che congiunge il *Florentinus* alla tradizione Vulgata, con l'unica interferenza di un testimone di collazione, quanto insistere sulla linea orizzontale, e la reciprocità di influenze tra le versioni note (il *Florentinus* e quella versione, sovente più corretta formalmente, riconosciuta come alla base della tradizione Vulgata, sia pure questa di genesi plurima), attraverso le tracce di una collazione operata in ciascuno dei rami della tradizione mediante un testimone del ramo parallelo[43]. Nondimeno, è importante tenere a mente – esulando da considerazioni relative all'operato *ope codicum* – che molte delle *lectiones* della tradizione Vulgata riconoscibili come migliori rispetto alla versione nota dalla *Littera Florentina* furono verosimilmente originate da congetture dei copisti medesimi, per emendazione *ope ingenii*[44].

È valido discutere, in ultima istanza, la natura dell'archetipo originario, alla base di codesta versione così ricostruita, che deve aver contenuto sì i frammenti, ma in una modalità tale da comportarne la ricezione errata in una

---

42 In dettaglio sul caso specifico, LAMBRINI, Caso di 'aer'. Il fenomeno era già segnalato, con relativa letteratura (in tema di *res communis omnium*), in LAMBRINI, Tradizione manoscritta, 457–458, dove si rimanda all'altrettanto significativa ricorrenza della sigla *P(isis)* nel manoscritto Patavino (Ms. Padova, Biblioteca Universitaria, 941), a indicare il controllo sul *Florentinus olim Pisanus*, ritenuto già all'epoca (ovverosia nel XII secolo) l'"autentico" delle Pandette.

43 Sulla tradizione testuale, basti da ultimo rimandare a BALDI, Codex florentinus, n. 18. Nello studio relativo a P.Pommersfelden, si affronta la plausibilità di una pluralità di copie del Digesto nell'Occidente del X secolo (SIRKS – SIJPESTEIJN – WORP, Anhang).

44 Si vedano gli esempi addotti da MILANI, Ancora sulla tradizione del Digesto, nelle osservazioni mosse dallo studio del ms. 941 della Biblioteca Universitaria di Padova.

versione e la scomparsa nella restante tradizione, con recupero circostanziale in base alla collazione col *Codex Florentinus* o un suo derivato.

In merito a questo ultimo aspetto, sarà lecito porre in evidenza come la trasmissione reiterata di frammenti in un manoscritto copiato o corretto sulla base del *Codex Florentinus* possa risultare più difficile rispetto all'idea di collazione per controllo diretto del medesimo, dal momento che tali frammenti erano segnalati già a livello del *Codex Florentinus* come da espungere.

A questo quadro si confà l'idea di un testo collocato in appendice o a margine, in una forma abbreviata, nella fonte di consultazione e/o in fase di compilazione, che conobbe una trasmissione sporadica e parziale nella tradizione manoscritta.

CAPITOLO 3

Il 'casus hiati' e le annotazioni stenografiche

Merita attenzione il fenomeno di lacune testuali consistenti, quanto Mommsen descrive come *hiatus*. Il fenomeno corrisponde nel *Codex Florentinus* a colonne/pagine vuote di scrittura, mai colmate, corrispettive di frammenti a fine titolo in D. 48, 20, 7.5–11 in II f. 424v b29 (D. 48, 20, 7 è incompleto e l'ultima proposizione è restituita monca: *quamvis iussu patris cuius in potestate …*) e D. 48, 22, 10–18 (opera della Manus XI, ed.mai. IX)[1] in II f. 427r a10.

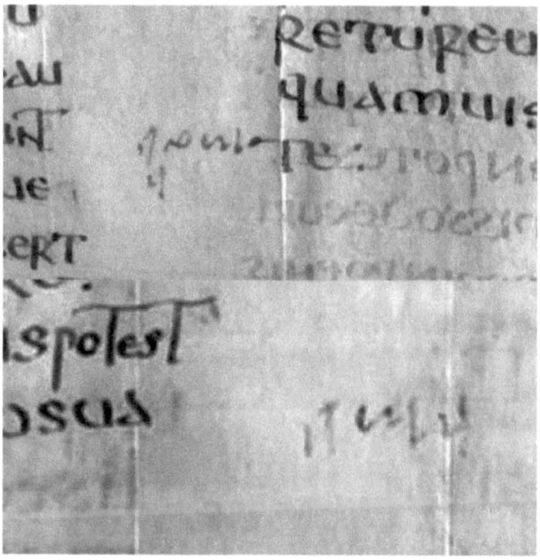

FIGURA 14
Firenze, Biblioteca Medicea Laurenziana, ms. Pandette II, f. 424v / 427r, foto dell'autrice

Questo iato (doppio seppure entro lo stesso libro) non costituisce l'unico caso nel *Codex Florentinus*, ma è qui oggetto di attenzione per la mole di testo coinvolta, per la 'segnalazione' o corrispondenza con colonne vuote e la presenza di note stenografiche in entrambi i casi, alla fine del testo trasmesso[2]. Il testo delle due lacune è stato restituito nell'Editio maior mediante la trasposizione

1 Su queste e altre lacune, basti qui Baldi, Codex florentinus, 104–107.

2 Cfr. Hernández, Errores, che elenca i casi di iato nel Florentinus, secondo la distinzione applicata da Mommsen in *hiatus indicati in ipso codice* e *hiatus non indicati in ipso codice*. Il caso in oggetto è descritto tra quelli segnalati nel codice, ma Hernández manca di citare la decifrazione della nota stenografica da parte di Kaiser.

in latino dei frammenti altrimenti trasmessi dai soli Basilici (traduzione in reverso) e ricostruiti nella loro quasi totalità con l'ausilio degli Scholia[3].

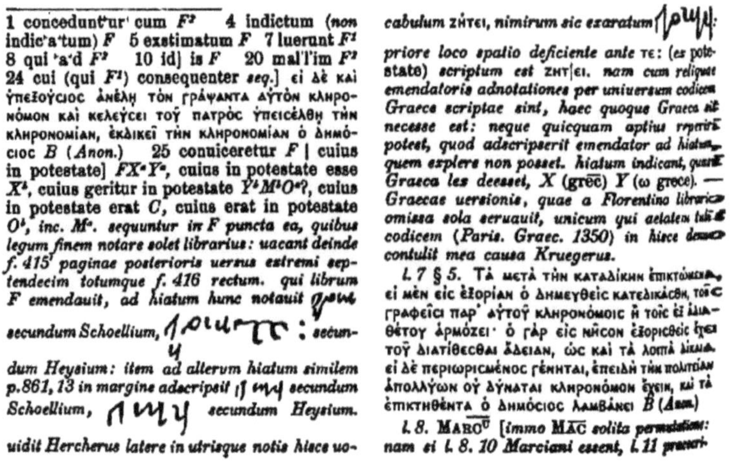

1 concedunt'ur' cum F^2 4 indictum (*non* indic'a'tum) *F* 5 exstimatum *F* 7 luerunt F^1 8 qui 'a'd F^2 10 id] is *F* 20 mal'l'im F^2 24 cui (qui F^1) consequenter *seq.*] εἰ δὲ καὶ ὑπεξούσιος ἀνέλῃ τὸν γράψαντα αὐτὸν κληρονόμον καὶ κελεύσει τοῦ πατρὸς ὑπεισέλθῃ τὴν κληρονομίαν, ἐκδικεῖ τὴν κληρονομίαν ὁ δημόσιος *B* (*Anon.*) 25 conuiceretur *F* | cuius in potestate] FX^aY^a, cuius in potestate esse X^b, cuius geritur in potestate $Y^bM^bO^a$?, cuius in potestate erat *C*, cuius erat in potestate O^b, *inc.* M^a. *sequuntur in F puncta ea, quibus legum finem notare solet librarius: uacant deinde f. 415' paginae posterioris uersus extremi septendecim totumque f. 416 rectum. qui librum F emendauit, ad hiatum hunc notauit* [illegible] *secundum Schoellium,* [illegible] *: secundum Heysium: item ad alterum hiatum similem p. 861, 13 in margine adscripsit* [illegible] *secundum Schoellium,* [illegible] *secundum Heysium. uidit Hercherus latere in utrisque notis hisce uocabulum* ζήτει, *nimirum sic exaratum* [illegible]*: priore loco spatio deficiente ante* τε: (es potestate) *scriptum est* ζητ|ει. *nam cum reliquae emendatoris adnotationes per uniuersum codicem Graece scriptae sint, haec quoque Graeca sit necesse est: neque quicquam aptius reperiri potest, quod adscripserit emendator ad hiatum, quem explere non posset. hiatum indicant, quarum Graeca lex deesset, X* (grēc) *Y* (ω grece). — *Graecae uersionis, quae a Florentino librario omissa sola seruauit, unicum qui aetatem tulit codicem* (*Paris. Graec. 1350*) *in hisce descr... contulit mea causa Kruegerus.*

l. 7 § 5. Τὰ μετὰ τὴν καταδίκην ἐπικτώμενα, εἰ μὲν εἰς ἐξορίαν ὁ δημευθεὶς κατεδικάσθη, τοῖς γραφεῖσι παρ' αὐτοῦ κληρονόμοις ἢ τοῖς ἐξ ἀδιαθέτου ἁρμόζει· ὁ γὰρ εἰς νῆσον ἐξορισθεὶς ἔχει τοῦ διατίθεσθαι ἄδειαν, ὡς καὶ τὰ λοιπὰ δίκαια. εἰ δὲ περιωρισμένος γένηται, ἐπειδὴ τὴν πολιτείαν ἀπολλύων οὐ δύναται κληρονόμον ἔχειν, καὶ τὰ ἐπικτηθέντα ὁ δημόσιος λαμβάνει *B* (*Anon.*)

l. 8. MARO[u] [*immo* MAC *solita permutatione: nam si l. 8. 10 Marciani essent, l. 11 praescri-*

FIGURA 15 Editio maior

Un testo parimenti assente sia nel *Codex Florentinus* sia nella tradizione Vulgata, rappresentato da una sola pericope testuale interna a un frammento, è in D. 36, 2, 19.1–2[4].

Il fatto che il testo sia monco per l'ultimo frammento restituito nel *Codex Florentinus* per D. 48, 20 (II f. 424v b29) e la constatazione che per D. 48, 22 (il testo si interrompe in II f. 427r a10) non solo una pagina sia stata lasciata vuota quanto anche la prima metà della colonna di scrittura che precede D. 48, 23 (II f. 427v), lasciano intendere che in fase di produzione del codice si sia compiuto un calcolo, se anche approssimativo, dello spazio da trasmettere/colmare, e che la lacuna sia dunque consapevole rispetto a una sezione del testo tuttavia mai integrata. Non è dato affermare se lo spazio sia riprodotto rispetto a un

3 Per gli Scholia cfr. edizione SCHELTEMA – HOLWERDA – VAN DER WAL: per D. 48, 20, 7.5–11 e D. 48, 22, 10–18, rispettivamente, B. LX, 52, 7–11 e B. LX, 54, 8–17. Sul significato della tradizione greca per la critica del testo latino si trovano da ultimo considerazioni in STOLTE, Le testimonianze greche.

4 Il mancato recupero dei frammenti in oggetto nella tradizione Vulgata, nonostante l'ipotesi di un manoscritto indipendente e a sua volta autorevole, che fu adoperato per la correzione della tradizione derivata dal Florentinus, necessita di una spiegazione. Tale carenza è stata già giustificata da MOMMSEN con la forma di *exemplar imperfectum* del manoscritto di collazione, a sua volta privo di questo ampio segmento testuale: Praefatio ed. maior, LXX–LXXI.

fenomeno identico già nel modello del *Codex Florentinus*. Ciò lascia adito a due opzioni:

1 – il testo era assente nell'antigrafo per mancanza di materiale (Kaiser, citato *supra*, ipotizza la perdita di un bifolio, che potrebbe giustificare grossomodo la capienza dello iato) o ivi a sua volta corrispettivo di uno spazio, non integrato, nell'antigrafo (si vedano i due punti a segnalare la fine di frammento in D. 48, 20, 7, II f. 424v b29, nonostante la frase monca): a favore di questa opzione concorre l'attestazione di alcuni casi isolati in D. 49, 15 (opera dello stesso scriba – e correttore), dove brevi spazi vuoti si interpongono addirittura tra frammenti interni a un titolo, ma non possono essere motivati o 'colmati' sulla base degli altri testimoni, e neppure con l'aiuto dei Basilici. Si dedurrebbe che si tratta verosimilmente di *spatia* riprodotti come tali dall'antigrafo, a comprova di una insicurezza circa il testo eventualmente ivi caduto o non altrimenti recuperabile: si vedano gli spazi vuoti, corrispettivi di 1–2 righi, dopo D. 49, 15, 3; D. 49, 15, 9; D. 49, 15, 25 (rispettivamente, II f. 437v b4 – 438r b1 – 440v a8). Mommsen (Ed.maior, *ad loc.*) li imputa a un banale errore dello scriba, ma si dovrà piuttosto porre in evidenza l'argomento dello iato come possibile riproduzione di lacune nell'antigrafo, e lasciti di un processo che ha investito gli stessi 'iati maggiori' qui analizzati.

2 – il testo era sì presente ma su una superficie danneggiata, in tal senso difficile da decifrare, o rappresentava esso stesso un testo di difficile lettura[5]. La opzione di danneggiamento o cattiva trasmissione del testo nell'antigrafo del *Codex Florentinus*, o modello ancora antecedente, si scontra, tuttavia, con la posizione stessa dei frammenti perduti, a coda dei titoli, che non pare in alcun modo casuale[6], e invita a riflettere piuttosto sulla ragione della mancata trasmissione nel *Codex Florentinus* o assenza del testo nel suo modello.

Di interesse è la presenza di una annotazione apposta da un emendatore prima di entrambi gli iati, il cui tracciato rende i due casi ovviamente associabili ma ravvisa purtuttavia differenze. Mommsen commentava che l'annotazione

---

5 Si è propensi a credere, ove si voglia abbracciare la seconda opzione, a un danneggiamento della superficie scrittoria, piuttosto che a una difficoltà di lettura della mano dell'antigrafo, alla luce della consistente porzione testuale coinvolta, costituita di più frammenti.

6 A prescindere dalla teoria di Bluhme e dalla massa o sottogruppo di origine dei frammenti (Bluhme, Ordnung), interessa in questo contesto l'incertezza di tradizione testuale che concerne la "coda" del titolo, o meglio i frammenti ivi collocati, eventualmente soggetti a collocamento a posteriore (in appendice al titolo), per questo discussi, o altrimenti segnalati nell'antigrafo (o anche assenti ma 'segnalati' mediante *hiatus*).

doveva essere necessariamente in greco (cfr. ad esempio D. 2, 7, 6 in I f. 41r, per l'annotazione in greco con cui si commenta come ingiustificata la lacuna, o spazio vuoto lasciato dallo scriba a fine di titolo[7]). Hercher gli suggeriva la lettura ζητει ("cerca!"), che solleva non poche criticità: in corrispondenza dello ipotetico *eta* sarebbe riconoscibile un elemento tondo nella prima nota, in apparenza non assimilabile al tracciato della lettera supposta, benché lo stesso elemento scompaia nel secondo caso. Se questo rappresenta un orpello o vezzo comune nell'andamento rapido della scrittura, e il contenuto si equivale, dovremmo imputare la differenza al tracciato altamente corsivo o addirittura ad un'altra mano; inoltre, il tratto obliquo, ora distinto dal tratto della prima lettera, spinto oltre il bilineo inferiore, rappresenta un elemento ambiguo, al massimo associabile all'asta di *eta*, che lo scriba redige dopo aver terminato la scrittura di *zeta*, partendo dunque dal basso.

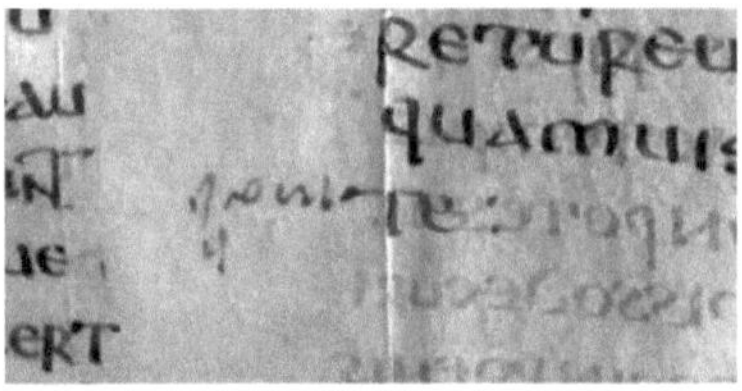

FIGURA 16
Firenze, Biblioteca Medicea Laurenziana, ms. Pandette II, II f. 424v, riproduzione digitale online.

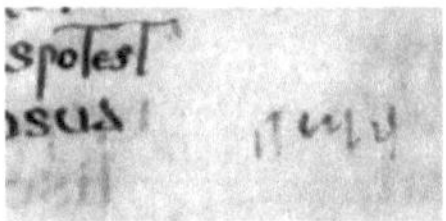

FIGURA 17
Firenze, Biblioteca Medicea Laurenziana, ms. Pandette II, II f. 427r, riproduzione digitale online.

Ad ogni modo, la simbologia piuttosto che una matrice alfabetica, e una più facile assimilazione al latino, rendono inaccettabile la proposta. Kaiser per primo ha individuato entro la Manus XI (Schreiber und Korrektoren, 188–196) l'uso di stenografia latina, in corrispondenza della rubrica D. 37, 6 e dei due iati in oggetto, e le ha attribuite al correttore n. 2 (attivo nel novero dei *correctores ordinarii*, in D. 35 fino a 50 – abbracciando qui l'attribuzione di Kaiser, con intervalli in cui operano altri correttori): II f.154r/b4–5; f. 424v/b29; f. 427r/

7 Cfr. in I 125r, in corrispondenza di D. 7, 1, 62, la nota marginale, di mano attribuita all'XI secolo, che aggiunge a *iure* la parola *civili*, da intendere come integrazione al testo e nota tarda, non comparabile dunque al nostro caso, in quanto quest'ultimo sembra da ricondurre alla fase di stesura o revisione del codice. Per un riferimento e un breve commento a tali annotazioni, cfr. Spagnesi, Pandette, I Parte, 25–33. Vedi anche i contributi della giornata di studi in occasione dell'apertura della stessa mostra in AAVV., Pandette.

a9–10. Il sistema tachigrafico è tuttavia decifrabile soprattutto mediante i *Commentarii* di età carolingia; pertanto, si incontrano non poche difficoltà nella decifrazione di annotazioni costituite di note stenografiche, i cui elementi sono influenzati in tracciato e forma dal momento storico (VI sec.), dal contesto e dalla applicazione individuale di chi le adopera. Kaiser rinuncia alla decifrazione delle annotazioni in II f.154rMs/3–4, ma propone una lettura delle restanti due annotazioni in corrispondenza dello iato, basandosi sui *Commentarii notarum Tironianarum*[8] e altri confronti validi.

In prima istanza, Kaiser evidenzia la differenza tra le due annotazioni in quell'elemento arrotondato della prima annotazione, identificabile con *non*. La nota tachigrafica, prescindendo dalla decifrazione totale della annotazione, segnala una carenza o nega un qualcosa in correlazione al *locus*. Kaiser suggerisce che ci si possa riferire alla carenza sintattica della proposizione, valida unicamente per la prima nota stenografica. Riporto qui testualmente la sua proposta interpretativa:

> f. 424vIc/29: *in praesenti* (?) *non satis ita incepimus.*
> Vorliegend(?) haben wir nicht in ausreichender Weise so begonnen.
> f. 427rIc/9–10: *in praesenti* (?) *satis ita incepimus.*
> Vorliegend(?) haben wir in ausreichender Weise so begonnen.

In virtù dell'attribuzione al correttore n. 2 di note di stenografia latina, si può asserire che la nota non sia riconducibile all'antigrafo, costituendo la prova di un processo di revisione o finalizzazione, bensì al *Codex Florentinus*, ove lo spazio riprodotto dall'antigrafo (come corrispettivo di uno spazio o testo non altrimenti riproducibile) sia accompagnato da una nota 'interna' o di lavoro che invita a una verifica o a un intervento sul medesimo *casus hiati*. Ad ogni modo, la decifrazione rivelerebbe il legame delle note stenografiche con il contenuto del testo trasmesso piuttosto che con lo iato e il testo 'assente' o 'in sospeso', ma resterebbe in correlazione – seppur indiretta – con la circostanza di iato, derivata dal modello.

Altrimenti, restando sulla proposta di lettura di Kaiser, a seconda dell'interpretazione di *in praesenti* cambia la percezione della nota. Come constatazione temporale legata alla circostanza attuale di revisione ("allo stato attuale"), questa potrebbe suggerire la difficoltà di completare quella prima proposizione che resta così monca, ovvero l'impossibilità di intervenire sul testo, quantomeno sulla base di una fonte attendibile. Al tempo stesso, potrebbe costituire

8 Schmitz, Commentarii notarum tironianarum (CNT).

una nota volta a segnalare la necessità di verificare l'entità della medesima, con un proposito di riempimento dello iato, dove *in praesenti* costituisce un locativo riferito al *locus* in oggetto, di senso dimostrativo, come già evidenziato da Kaiser ("nel presente caso"; "in questo punto").

Purtuttavia, si proverà ad elaborare qui alcune considerazioni relative alla proposta di lettura di Kaiser, alla luce dei progressi fatti negli ultimi decenni in termini di raccolta di note stenografiche latine e di considerazioni intrinseche sulle differenze di tracciato[9].

Dal punto di vista della mano, sarà lecito porre in rilievo i tratti più rettilinei della seconda annotazione stenografica (II f. 427r/a9–10), che potrebbero essere frutto di una mano più insicura: lo scriba-correttore conosce sì la tachigrafia ma è meno avvezzo alla scrittura, e la applica in una forma più rigida. Lo sbiadimento dell'inchiostro non permette di appurare una differenza decisiva che supporti il principio di una mano diversa, ma il *ductus* e il numero o la successione di componenti costituisce elemento sufficiente a sollevare questa ipotesi. Laddove si voglia, infatti, sostenere che si tratti della stessa mano, si noterà che la differenza tra le due annotazioni non è solo in quel tratto con cerchio o 'rondello' riconosciuto come nota standard per *no*(*n*) nella prima annotazione, ma un elemento aggiuntivo sarebbe altresì, e per compensazione, da evidenziare nella seconda annotazione (in corrispondenza di *satis ita* nella lettura

9 Boge, Griechische Tachygraphie, costituisce l'opera teorica e sistematica della disciplina tachigrafica ad oggi più completa, sebbene non attuale in termini di fonti: il suo proposito è quello di provare l'origine più tarda della tachigrafia greca rispetto a quella latina, corrispettiva delle note tironiane, proseguendo in tal senso l'operato del suo maestro Mentz (Schülerheft, per tavolette cerate, unitamente a fonti papirologiche, spalmate su un arco temporale di IV–VII sec.). Per un inquadramento cronologico, di uso e di evoluzione della tachigrafia greca e latina, in Boge in particolare 161–170 (latina); 103–128 (greca). Per la tachigrafia latina, vedi Châtelain, Introduction e Châtelain, manuscrits de Vérone I e II: il suo lavoro prende in analisi codici veronesi coevi al *Codex Florentinus*. Si tratta di fonti di rilievo per la decodificazione di elementi non formalizzati rispetto ai commentari di 8° secolo. Per i commentari, o manuali, greci prodotti per il secondo corso di formazione degli stenografi (dopo i sillabari), per noi la fonte più importante di decifrazione delle note tachigrafiche, vedi la lista (aggiornata alla data di pubblicazione) in Menci, Commentario tachigrafico. Per riferimenti alle edizioni e ai lavori più recenti, Kaltsas, Beiträge. In merito alle note tironiane, ora essenziale, Hellmann, Tironische Noten. Il suo studio offre uno status quo di studi d'insieme sulle note tironiane e un approccio metodologico di raggruppamento delle note in due passaggi, a partire da una macrostruttura (già delineata da Costamagna e Tardif), costituita da 28 elementi iniziali e da sottogruppi con le specifiche attestazioni grafiche e di scioglimento delle note. A Hellmann si devono, inoltre, due piattaforme digitali, in cui sono raccolte letteratura e manoscritti (da un lato) e i gruppi di note (dall'altro), ovvero 'Index Tironianorum' e 'Supertextus notarum tironiarum', accessibili al link http://www.martinellus.de/ (ultimo accesso: 9/03/2026).

di Kaiser). Se, al contrario, si postula una differenza di mano e si ammette la rigidità dei tratti della seconda annotazione rispetto alla prima, oltre a una parziale perdita di inchiostro per differenza del medesimo, o si suppone che la stessa mano stia agendo nella seconda annotazione con un andamento rapido o più informale, si potranno assimilare in via congetturale le due annotazioni, e credere che la seconda mano o correttore attivo sul secondo iato abbia ricopiato o riprodotto con un certo meccanicismo o automatismo la prima annotazione tachigrafica in corrispondenza del secondo iato, per porre in luce un elemento ivi ugualmente ravvisabile; altrimenti, ove la mano corrisponda, la rigidità si traduce in un formato fluido, per un meccanicismo di ripetizione di una annotazione convenzionale. Questa considerazione avrebbe la duplice conseguenza di invitare a concentrare il proposito di decifrazione sulla prima annotazione, ma credere altresì a una equivalenza di contenuto delle due annotazioni, pertanto alla possibilità che il riferimento non sia alla completezza o meno in termini sintattici della ultima proposizione trasmessa nella prima annotazione stenografica, quanto al *hiatus*, o lacuna testuale.

Se, invece, il numero di componenti e il ductus non bastano a giustificare l'assenza del tracciato arrotondato nella seconda annotazione, si tenderà a confermare l'interpretazione di Kaiser circa una considerazione che pertiene non alla condizione di *hiatus*, o lacuna testuale che segue, quanto alla forma sintattica dell'ultima proposizione riportata nel manoscritto.

Propongo e discuto qui la lettura *ibi non suitur* i( ) [= *initii*?][10] (dove *non* appare identico o viene sostituito da *contra* nella seconda annotazione stenografica). Il senso non si discosta molto dalla lettura proposta da Kaiser, ma potrebbe essere riferito alla sostanziale assenza di testo nell'antigrafo (sia esso costituito dall'intera porzione di testo o dal prosieguo di proposizione in corrispondenza del primo *hiatus*).

L'interpretazione di *ibi* diventa determinante: come avverbio di luogo ("ivi", "lì"), può essere letto come *in exemplari, in antigrapho, in exemplo*. *Exemplum* si può riferire al manoscritto di collazione, ma anche all'antigrafo o manoscritto di trascrizione; ancor più genericamente, si riferisce al testo, incompleto o completo sintatticamente, alla luce del *hiatus*. Nella proposta rinnovata di lettura sarà pertanto necessario motivare la sostituzione di *ibi* a *in praesenti*. Si potrebbe riconoscere un'asta allungata sul rigo per la *i*, unita o completata a destra, partendo dall'apice inferiore, da una curva rivolta verso l'alto per *-bi*.

Per l'elemento che segue, si aprono due scenari:

---

10 A Martin Hellmann devo le osservazioni sul tracciato, e l'idea di una possibile decifrazione. Lo sviluppo del tentativo di decifrazione e gli argomenti qui addotti sono purtuttavia di mio pugno.

- se si è a favore della corrispondenza delle due annotazioni, la fluidità di tracciato, ovvero la diversità della seconda attestazione (si veda, in particolare, quanto detto a proposito della resa della negazione *non*), può essere spiegata con la ripetizione di una annotazione standard, altrimenti nota;
- ove si sostenga che il riferimento non sia al manoscritto di collazione ovverosia alla constatazione di *hiatus*, equivalente nelle due annotazioni, quanto nel primo caso alla completezza o meno dell'ultima proposizione restituita, sarà necessario provare a leggere quell'elemento altrimenti aggiuntivo nella seconda annotazione (il secondo nella sequenza, in corrispondenza del tracciato arrotondato per *non* nella prima annotazione). Un'opzione sarebbe data da *contra*, con il risultato finale di *ibi contra suitur i*( ), a indicare la presenza "al contrario" nell'antigrafo (*ibi*) di una certa porzione di testo, comunque sia difficile da riprodurre.

3.1 Materia come elemento di giudizio del *hiatus* e considerazioni preliminari circa la fonte dei Basilici

A prescindere dalla interpretazione della origine e funzione di questa annotazione marginale, la materia di diritto criminale può a tal proposito aver costituito una disciplina di selezione finale nel processo di compilazione, financo collocata nei libri finali del Digesto: il materiale potrebbe essere stato contenutisticamente oggetto di incertezza, o persino di ponderazione della inclusione o meno dei frammenti selezionati. Questa ipotesi può essere combinata a mio parere con l'idea di un testo non necessariamente assente nell'antigrafo ma di una natura diversa e tale da sospenderne l'inclusione in vista di una verifica ulteriore: da qui possono derivare elementi a favore di una pre-raccolta o antologia in materia di diritto criminale, adoperata nel processo di compilazione, o gruppo di estratti isolato come unità logico-contenutistica. Non pare opportuno, in questo contesto, risollevare la questione di un cosiddetto "predigesto", inteso come catene di frammenti preesistenti in forma di raccolte, adoperate dai compilatori in aggiunta alle opere singole, ma la collocazione alla fine delle rubriche invita senz'altro ad annoverare tale ipotesi per la circostanza specifica, come altrove già sostenuto per porzioni selezionate del Digesto[11].

11 Sul Predigesto in studi recenti, NATILI, Iustiniani Digesta. Per una forma prodromica di compilazione, e una rassegna di studi in materia, si veda anche TRŌIANOS, Diritto bizantino, 64 e n. 64. Nell'ambito della letteratura giurisprudenziale, si segnala altrimenti che i papiri trasmettono esempi di raccolte o liste sommarie di costituzioni: ad esempio, P.Berol. inv. P 16977 (5° sec.) riporta costituzioni severiane su *non numerata pecunia*, con

Non ci è dunque possibile stabilire, in ultima istanza, se l'assenza del testo nell'antigrafo (cfr. *infra*, per la tradizione dei Basilici e le annotazioni nella Vulgata), o anche la criticità di contenuto e/o la ripetitività dei principi ivi esposti possano giustificare la scomparsa di tale materiale nella tradizione manoscritta. La 're-inclusione' nei Basilici giungerebbe a comprova di una trasmissione continuata in greco di quegli estratti altrimenti non inclusi nella versione finale del Digesto, sulla cui natura sarà difficile esprimersi: si trattava di frammenti adoperati nel processo di compilazione o di un numero consistente di riferimenti e annotazioni marginali confluiti nel testo dei Basilici. Ad ogni modo, il fatto che la versione greca a monte dei Basilici conservi persino tracce di un testo non appartenente a una fase editoriale compiuta, lì dove il *Codex Florentinus* ravvisa una lacuna e incertezza di trasmissione, costituisce un punto senz'altro a favore di una genesi editoriale fluida, o quantomeno suscettibile di criticità di trasmissione.

La tradizione manoscritta del *Digestum novum* (quella recante i libri 39–50) sembra a sua volta poggiare su una versione del *Codex Florentinus* monca nel libro 48 dei frammenti alla fine delle rubriche 20 e 22, in quanto il testo ivi mancante non è trasmesso ma non è altresì segnalato da iato o altre annotazioni di rilievo: Mommsen per questa ragione ne integra il contenuto sulla base dei Basilici, codice di leggi prodotto – come è noto – nel IX secolo, basato per la sua grossa parte su una traduzione greca del Digesto di età giustinianea.

Nel Parisinus Latin. 4455 (BnF), datato al XIII sec., in f.156[12], "gc." indica a fine del frammento D. 48, 20, 7 (anch'esso interrotto dopo *cuius in potestate*) verosimilmente la disponibilità della versione greca del testo a seguire; si aggiunge, tuttavia, la nota sopralineare *de* sormontata da un tratto verticale di abbreviazione, per *deest*, a indicare una carenza testuale riconosciuta, ovvero l'assenza di trasmissione del testo (latino) corrispettivo. La verifica del testo greco potrebbe avere consentito la constatazione di omissione. A f.157 dello stesso

note in greco. Si pone in rilievo, in materia di diritto criminale, la testimonianza di un testo latino con termine greco per definire il crimine (σκο{ω}π̣ε̣λ̣ι̣σ̣μ̣ό̣ς̣): BKT X 30 (4°-5° sec.). Si veda, inoltre, Stagl, Tempel der Gerechtigkeit, 231–232: Stagl ipotizza l'uso di una raccolta pre-compilatoria per D. 1, 3 *de legibus*, in particolare in virtù dell'uso di cifre latine in luogo della forma estesa per i libri nelle *inscriptiones*, e la successione degli excerpta, che non segue l'ordine di spoglio delle masse bluhmiane.

12 Il manoscritto è stato consultato al link della BnF: https://gallica.bnf.fr/ark:/12148/btv1b90668848 (ultimo accesso: 9/03/2026).

manoscritto, mancano D. 48, 22, 10–18 al pari che nel *Codex Florentinus*, ma nessuna indicazione o nota marginale ne indica e/o riconosce l'assenza[13].

Lo stesso fenomeno si riscontra in Pal.Vat. 754 (manoscritto glossato in Francia e datato nelle sue componenti dal XII al XV sec.), f.169v. dove la nota "grec." segue "potestate", e "gerit" è aggiunto da altra mano, allo scopo di concludere la proposizione, integrando il verbo mancante.

Il fatto che ciò avvenga in questo titolo e non nel 22, dove pure qualcosa è perso nella tradizione manoscritta rispetto alla versione greca adoperata evidentemente da chi redige i Basilici, è da motivare probabilmente con la carenza semantica della proposizione, notata da chi riproduce il testo e confermata dalla nota che concerne la presenza di un testo greco, verosimilmente posto a confronto dopo aver appurato la carenza semantica (la nota sul testo greco non figura per D. 48, 22, in II f. 424v b29, in corrispondenza del secondo *hiatus*).

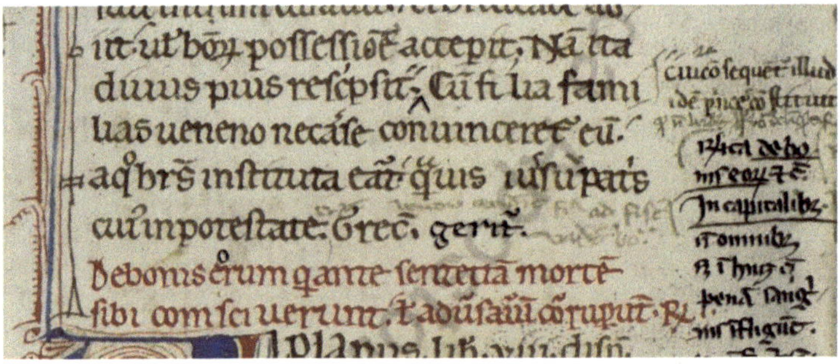

FIGURA 18 Pal.Vat. 754, f.169v. © Biblioteca Apostolica Vaticana

Proseguendo l'analisi, fa riflettere in D. 48, 22 il coinvolgimento di ben 7 su 9 dei frammenti non riportati (D. 48, 22, 12–18) per i quali la tradizione testuale dei Basilici restituisce *inscriptiones* incomplete, ovvero prive di numero del libro e titolo dell'opera. L'incompletezza delle *inscriptiones* non è tuttavia singolare, se anche costituisce nell'unicità di questo caso (rispetto ad esempi di *inscriptiones* incomplete altresì incluse nel *Codex Florentinus*) un fenomeno concentrato e continuativo[14] (si vedano anche i due frammenti espunti,

13 Lo scriba (o chi redige il modello o testo qui riprodotto) integra in D. 48, 20, 7, 5 dopo *potestatem* il verbo reggente *esset*, necessario a chiudere semanticamente la sezione testuale in oggetto.

14 Il fenomeno di *inscriptiones* incomplete, in relazione al titolo dell'opera, è altrimenti sporadicamente attestato: cfr., ad esempio, I 330v, corrispettivo di D. 23, 3, 54, dove manca

anch'essi a fine rubrica, che seguono D. 22, 3, 29). Se infatti in D. 48, 22 i frammenti non sono integrati nello spazio apposito nel *Codex Florentinus* (II f. 424v b29) ma ricompaiono nei Basilici, benché privi delle consuete *inscriptiones*, ma provviste di solo autore, per un'attenzione minore alla funzione lemmatica propria dei medesimi Basilici, i frammenti segnalati come da espungere in D. 22, 3 scompaiono nella tradizione Vulgata (fatta eccezione per il caso di annotazione a margine nel manoscritto Vaticano, che include la segnalazione di espunzione). Ad accomunare i due casi è dunque l'incertezza testuale, più che un'incompletezza di *inscriptiones*, appunto originata nel libro 48 dalla difficoltà di integrazione di elementi paratestuali tradizionalmente non restituiti dai Basilici, che costituiscono la nostra fonte esclusiva sui frammenti mancanti (cfr. per D. 48, 20 e 22 rispettivamente B. LX 52 e 54[15]).

Non è da escludere, insomma, se anche in via del tutto ipotetica, che in D. 48, 22, in II f. 424v b29 (come eventualmente pure in D. 48, 20), un'incertezza della tradizione testuale rifletta un dibattito originario circa l'inclusione o meno del testo. A prescindere che i frammenti debbano appartenere o meno alla versione definitiva del Digesto, la lacuna nel *Codex Florentinus*, come anche nel resto della tradizione manoscritta relativa al *Digestum novum*, potrebbe essere dunque giustificata con un'incertezza di trasmissione di un testo a sua volta assente o rimarcato nell'antigrafo, o su un foglio di lavoro, più che a una generica o 'casuale' perdita di testo. Inoltre, grazie al confronto con la restante tradizione manoscritta (e la verifica dei manoscritti del *Digestum novum* sopracitati), si può speculare in via del tutto suggestiva che, già al momento di stesura del *Codex Florentinus*, una versione greca dei frammenti finali di titolo era presente nel modello (non da porre in relazione diretta con la fonte dei Basilici e il riferimento a una versione greca nei manoscritti della Vulgata ma indiziata come spiegazione plausibile): ciò poté forse generare la mancata trasmissione del testo, probabilmente in vista di una auspicata verifica delle fonti in una versione in latino (o quantomeno non interamente greca) dei frammenti in oggetto. Il fenomeno acquista particolare rilievo, in quanto si è riconosciuta l'assoluta vicinanza al modello o archetipo originario. La domanda che sorge è insomma se, addirittura a monte, nel materiale a disposizione dei compilatori,

---

tuttavia il numero del libro, piuttosto che il titolo dell'opera, aggiunto a posteriore (lo si nota per superamento del rigo e avanzamento sul margine destro).

15 Si notino per le sezioni integrate sulla base dei Basilici le attribuzioni di Mommsen circa la paternità dei frammenti a Macer o Marcianus, ove la tradizione manoscritta dei Basilici (in primis rappresentata dal Par.gr. 1350, XIV sec.) restituisca con incertezza *Marcu.* o *Marc.* e sia dunque ricondotta alle opere dei giuristi e al contesto strutturale del Digesto. Cfr. ed. Basilicorum Libri LX, Groningen 1988.

i rispettivi frammenti già circolassero solo in greco o in una versione parzialmente grecizzata, e se questo elemento possa essere giudicato ulteriore criterio di apposizione dei frammenti in coda del titolo prescelto, in via quasi temporanea ma purtuttavia con il proposito di non lasciare andare perduti i frammenti, in virtù della loro rilevanza (a prescindere che la fonte fosse un'opera singola o antologizzata).

Si nota che la maggioranza delle opere coinvolte è conservata in minima parte, e l'afferenza al diritto criminale di suddetti frammenti (non tutti riconducibili peraltro con certezza alle opere originarie proprio in virtù della mancata trasmissione di *inscriptiones* nei Basilici) può solo lasciare immaginare, ove sussista l'idea di un testo greco di consultazione, la disponibilità di una raccolta di estratti delle opere giuridiche relative al tema.

In generale, pure escludendo l'idea di una versione greca riconosciuta come temporanea e/o inadatta alla raccolta, resta chiaro che non siamo dinanzi a una circostanza casuale di perdita di testo (in corrispondenza di un testo difficile da decifrare nell'antigrafo o fase di trasmissione testuale antecedente) quanto a una incertezza di trasmissione dei frammenti collocati, non a caso, in 'appendice' alle due rubriche in oggetto. L'idea suggestiva di una fonte greca risulta purtuttavia difficile, se si adduce il solo greco a ragione della esclusione del testo: sarà superfluo, a tal proposito, ricordare che il greco è notoriamente presente nel Digesto. Probabilmente tali frammenti furono posti in appendice delle due rubriche in oggetto (D. 48, 20 e 22) poi esclusi dalla versione ufficiale, anche in virtù del contenuto[16]. La materia, infatti, pertiene sì alla disciplina di rilievo del diritto criminale, ma testimonia per i frammenti in oggetto, in particolare per D. 48, 20, una certa ripetitività di concetti, già prima espressi, o elementi soggetti in passato a una severa critica interpolazionistica[17].

---

16 Non è questa la sede per discutere la natura della fonte dei Basilici, pertanto le ragioni della trasmissione nei Basilici di un testo eventualmente escluso nel processo di selezione, ma è chiaro che, prima di addurre a spiegazione di tale fenomeno una forma di testo preliminare (in greco) del Digesto, sarà necessario annoverare la possibilità che la fonte greca dei Basilici fosse a sua volta corredata di glosse e note di commento, che potrebbero almeno in parte spiegare questa e le altre 'aggiunte' dei Basilici rispetto al testo altrimenti noto: cfr. i già citati passi di D. 19, 5, 27; 36, 1, 45 (43); 36, 1, 84 + 85; 36, 4, 16 + 17; 46, 8, 26.

17 Basti Brasiello, Repressione penale, 291–291, 300, 320–321, 330–333; in partic. 300, per il riferimento alla tradizione dei Basilici; Berger, Encyclopedic Dictionary, s.v. *deportatio*.

CAPITOLO 4

Considerazioni circa le ripetizioni di rubrica

La ripetizione di rubrica prima di *l.* 38 in D. 33, 2 (II f. 61r) è una prova trasparente della ricopiatura di elementi, che nell'antigrafo non solo erano stati riprodotti, eventualmente riconosciuti come superflui o ubicati nello spazio interlineare e/o a margine, come elemento di richiamo, ma erano stati altresì trasmessi come titolo di una nuova rubrica nel *Codex Florentinus*: se ne accorge un revisore del *Codex Florentinus*, che in entrambi i casi cancella il testo.

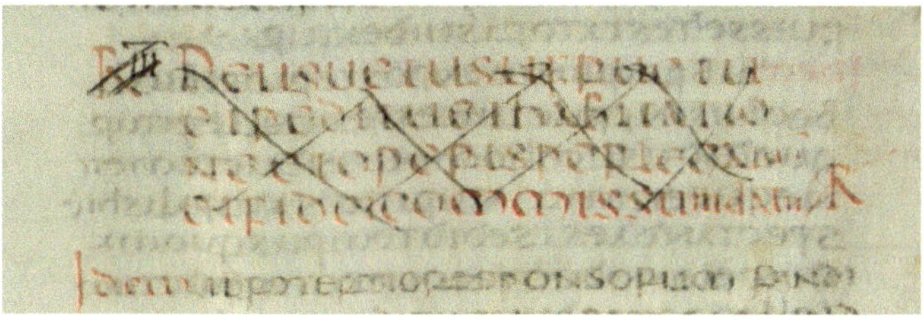

FIGURA 19 Firenze, Biblioteca Medicea Laurenziana, ms. Pandette II, f. 61r, riproduzione digitale online

Ci si vuole qui concentrare più estesamente sul caso di rubrica ripetuta (erroneamente) prima di *l.* 38 in D. 33, 2 (II f. 61r): *de usu et usu fructu et reditu et habitatione et operis per legatum vel fideicommissum datis*. Kaiser argomenta che si possa trattare di una rubrica ricopiata, per errore dunque ripetuta, da un foglio specifico (in fase di compilazione) sul quale erano riportati i frammenti 38–42, appunto assegnati alla rubrica in oggetto e inseriti a posteriore[1]. La rubrica fu poi tilgata con ampie X.

Il processo dei "Nachträge", o apposizione di frammenti in coda al titolo, è qui complesso in quanto nel contesto riconducibile non solo alla modalità di composizione del Digesto, quanto anche alla relazione riconosciuta nel processo editoriale tra i libri 31–32 e 33–34, dal momento che un unico titolo originario fu poi presumibilmente suddiviso in più titoli, scelta che comportò inevitabilmente la riassegnazione dei frammenti e il riposizionamento in coda al titolo prescelto. Si noti, tuttavia, in aggiunta a quanto osservato da Kaiser, che il numero a cifre latine III ricorre nel *Codex Florentinus* a sinistra del titolo, più specificamente tra segno di rubrica e titolo, e la numerazione si ritrova anche a

1 Kaiser, Digestenentstehung, 335–336 + 335, n. 41.

fianco delle altre rubriche (fatta eccezione per la prima e una seconda rubrica oggetto di ripetizione interna al titolo: cfr. *infra*). Il fenomeno, già individuato da Mommsen, e descritto nelle note dell'Editio Maior, risulta interessante filologicamente nella misura in cui è ascrivibile alla mano di un correttore o lettore che numera le rubriche entro il libro 33, rendendosi appunto conto della ripetizione: già Kaiser contesta a tal proposito la spiegazione di Mommsen nel segnalare che i numeri di rubrica non sono inseriti dalla prima mano quanto dai correttori, mentre Mommsen attribuiva la sola cancellazione o le correzioni inerenti alla numerazione di rubriche alla mano del revisore[2].

Possiamo provare a ricostruire in quale punto e/o momento di revisione o lettura ciò sia avvenuto, grazie a un ulteriore fenomeno di ripetizione di rubrica entro lo stesso libro 33, ovvero un altro caso di ripetizione superflua di rubrica. Si tratta della rubrica numero 4 *de dote praelegata*, ripetuta prima dei due ultimi frammenti o *leges* 16–17 in coda al titolo (cfr. II 64r), probabilmente a sua volta riflesso di una assegnazione a posteriore dei due frammenti in oggetto.

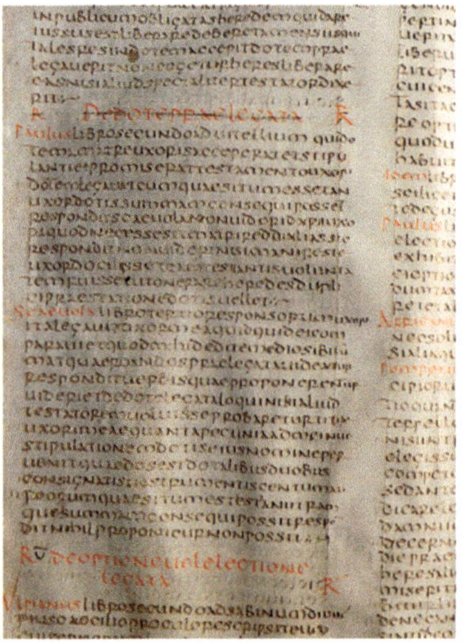

FIGURA 20
Firenze, Biblioteca Medicea Laurenziana, ms. Pandette II, f. 64r, riproduzione digitale online.

Questa è priva del numero latino ma è stata cancellata mediante sottile striscia orizzontale per tutta la lunghezza del testo. Il revisore o lettore potrebbe avere insomma notato la ripetizione della rubrica *de dote praelegata* in questo punto

2 Kaiser, Schreiber und Korrektoren, 175, a proposito dell'uso generalizzato tra i correttori (fatta eccezione per il correttore n. 3): vedi anche, nello stesso contributo, le osservazioni relative ai singoli correttori.

del manoscritto e deciso di risalire a inizio del libro per conteggiare le rubriche e verificarne la correttezza[3]: la mia assunzione prevede insomma che il revisore abbia assegnato alla rubrica sopra discussa – ripetizione incongrua della seconda (II 61r) – il numero III, poi, accortosi della ripetizione anche in questo caso, abbia proceduto col segnalarne la ripetizione erronea e con due tratti obliqui abbia ricalcato la cancellazione del simbolo di rubrica, e parimenti del numero da lui erroneamente apposto; infine, costui continuò ad assegnare correttamente i restanti numeri fino alla fine del libro. La numerazione risulta ovvia per la prima rubrica, collocata sotto il titolo, ed è per questo assente, mentre è applicata per le restanti II a X.

In aggiunta, a rendere complessa la risoluzione del problema concernente la ripetizione della rubrica *de dote praelegata* è la *variatio* di trasmissione del titolo medesimo nel *Codex Florentinus*: prima figura *de dote perlegata*[4] poi, ove la ripetizione occorre, *praelegata*, accettata come versione corretta, sulla base dell'occorrenza nell'*Index titulorum* dello stesso *Codex Florentinus*, nonché di discussioni concernenti l'applicazione in termini giurisprudenziali e le attestazioni dell'espressione *praelegatum dotis*. In un tentativo di contributo alla dottrina in materia, si potrebbe supporre che ancora una volta l'antigrafo – nella natura dell'archetipo o in una fase antecedente nel processo di composizione – riportasse due testi diversi; pertanto, dobbiamo chiederci se attraverso i vari passaggi di trasmissione questo possa aver provocato che, quantomeno nel passaggio intermedio – o comunque non originario – che precedette la stesura del *Codex Florentinus*, la rubrica ripetuta non sia stata riconosciuta appunto come tale, dunque superflua.

Infine, alla luce di quanto già osservato da Kaiser circa la difficoltà di motivazione della seconda ripetizione di rubrica, che segue quanto riconosciuto come "Additamentum" in ottemperanza al principio di spoglio delle masse, possiamo immaginare – più banalmente – che si parli sì di tracce di un processo editoriale per fogli di lavoro, ma altresì che questi non siano necessariamente o unicamente descrivibili come "Nachträge" (così Kaiser in commento

---

3 Il fenomeno di revisione o semplice numerazione delle rubriche è altrimenti piuttosto frequente nel *Codex Florentinus*, come fenomeno secondario per opera di un revisore o lettore (lo conferma la differenza di tracciato e l'uso di un inchiostro non rosso al pari di quello adoperato per le rubriche) che ne constata la praticità (cfr. le rubriche in I 39 r ss., I 388r e II 426r ss.), ma, nel caso specifico qui analizzato, sembra essere determinato dall'esigenza di verificare la successione corretta delle rubriche e la coerenza di titolatura.

4 Mommsen suggerisce in nota all'editio sterotypa di correggere in *relegata*, per la titolatura corretta, ma senza porla a testo, senza voler pertanto richiamare alla versione originaria di antigrafo e/o archetipo: la stessa correzione da *praelegata* a *relegata* è suggerita per *universa dote prelegata* in D. 33, 4, 9, e il *praelegaverit* (corr. *relegaverit*) in D. 33, 4, 15.

alla prima ripetizione, per cui cfr. *supra*) quanto regolari fogli di lavoro dove i frammenti erano riportati con rubrica di pertinenza in cima, i quali possono aver generato la ricopiatura erronea ove lo scriba abbia percepito il titolo come nuova rubrica, proprio in virtù di varianti del titolo confuse con un nuovo soggetto (forse già errate nei fogli di lavoro).

Se, tuttavia, la percezione di due rubriche a sé stanti è attribuibile allo scriba dell'antigrafo del *Codex Florentinus*, che a sua volta legge quanto presente in un modello vicino all'archetipo delle Pandette, la doppia variante è stata già ascritta a uno scioglimento erroneo di abbreviazioni (ciò in riferimento alla lectio *perlegata* ritenuta erronea in luogo di *praelegata*, dove si immagina una originaria *p*( ) da risolvere in *per-* o *prae-*[5]); tale scioglimento è da collocarsi probabilmente a monte del processo di trasmissione, e non nell'antigrafo, anche per le ragioni sopra addotte a favore di una percezione di doppia variante[6]. Ad ogni modo, le abbreviazioni non potevano essere presenti nell'archetipo, in quanto vietate per ordinamento giustinianeo (*Omnem* § 8); perciò, queste sono da attribuire ad un passaggio intermedio o persino a una fase di lavoro, che non segue difatti la regola prescritta, e che abbia eventualmente comportato la resa abbreviata di una forma originaria estesa, e prodotto le due *lectiones* per la rubrica 4 e la sua ripetizione incongrua.

---

5 Basti a tal proposito RÖHLE, Relegare dotem, 306–309; STAGL, Favor dotis, 19. La discussione concerne nella dottrina la *lectio* più plausibile e giuridicamente corretta nella sua definizione, tra *relegare* ('zurückvermachen') e *praelegare* ('vorausvermachen').

6 D'altronde le tipologie di errori o varianti riconosciute nel *Codex Florentinus* sono per lo più ascrivibili a errori di lettura piuttosto che allo scioglimento errato di abbreviazioni. Ritengo, insomma, non necessariamente opinabile che il titolo fosse trasposto in forma abbreviata nell'antigrafo.

CAPITOLO 5

Considerazioni preliminari

I fenomeni peculiari finora analizzati annoverano in sintesi:
- residui di un passo testuale ricollocato e originato da glossa nella fonte di consultazione dei compilatori (I.1);
- espunzione di un testo carente (con particolare riferimento alle *inscriptiones*), in relazione con la natura dell'opera consultata, e non apparentemente selezionato per la versione definitiva del Digesto (I.2);
- iati come riflesso di incertezza di una trasmissione o versione antologizzata come fonte a monte dei frammenti in oggetto (I.3);
- una ripetizione erronea di rubriche, forse originata da fogli di lavoro marcati o titolati con la rubrica di afferenza (I.4).

Sulla base di questi fenomeni risulta plausibile l'idea che l'antigrafo del *Codex Florentinus* fosse un prodotto contenente elementi di una fase editoriale conclusiva del Digesto, ancora soggetta a modifiche e ripensamenti, o che una buona parte di questi fenomeni vada ricondotta alle fonti di consultazione alla radice, di uso antologico o didattico, provviste di annotazioni marginali: ad ogni modo, si conferma per il *Codex Florentinus* la peculiarità di un prodotto assai vicino all'archetipo, con tracce di un processo editoriale e annotazioni di sorta, derivate da una fase compilativa o pre-compilativa.

CAPITOLO 6

Una nota a margine ad oggi indecifrata e un caso singolare di *obelos* doppio puntato

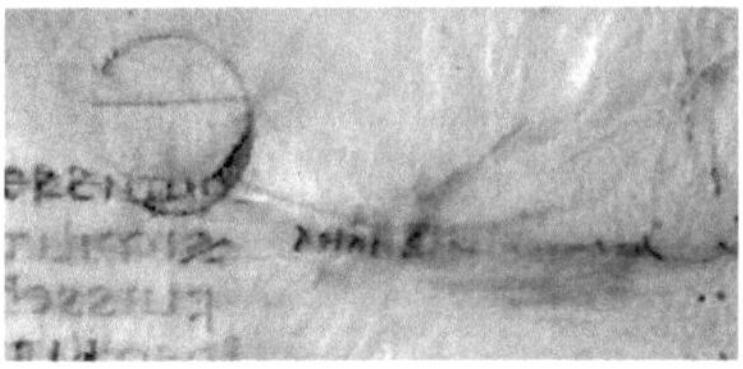

FIGURA 21
Firenze, Biblioteca Medicea Laurenziana, ms. Pandette II, f. 61r, riproduzione digitale online.

Accanto all'ultimo rigo di D. 33, 2, 37 (prima del sopra analizzato fenomeno di ripetizione superflua di rubrica) si riconosce una annotazione, purtroppo abrasa e di proposito cancellata, dunque in parte perduta, in corrispondenza di un *obelos* puntato due volte, non segnalata da Mommsen. *L'obelos* con due punti è noto, previa riconoscerne le molteplici sfumature, come segnale di connotazione critica, per dubbio, indicazione di elemento spurio (si pensi all'uso di Aristarco di Samo, nel segnalare versi spuri nei commentari alle opere omeriche).

Mi sembra di poter leggere λειπε/ον *sententia*: la *s* iniziale e la *a* finale di parola sono ben riconoscibili, mentre delle restanti lettere si scorgono tracce oltre i segni di abrasione, rispondenti oltremodo al contenuto della lettura proposta.

L'annotazione rimanderebbe a una carenza sintattica e semantica del passo in oggetto: questa sarebbe verosimilmente sorta in forma di 'commento' al testo del Digesto, in uno stadio successivo alla correzione (si noti, oltre alla mano, la nitidezza dell'inchiostro – prima della sua abrasione –, se confrontato con l'inchiostro sbiadito della *scriptura primitiva*).

All'*obelos* con due punti è possibile associare il tracciato della 'freccia' obliqua con due punti per integrazione del testo a margine, frequente (in forma di freccia o *diple* con trattino ma anche come tratto semplice) nel manoscritto, ove il correttore ripeta il simbolo nell'interlinea e nel margine, e abbozzi la punta fino a renderla quasi assente nel secondo caso (cfr. I 38r b28, nel margine destro). Tuttavia, qui mi pare di poter affermare che si parli piuttosto di un *obelos*, sia per l'assenza di ripetizione del simbolo (nell'interlinea e a margine), sia per la natura dell'annotazione, che non sembra costituire un'integrazione: ad ogni modo, non permane traccia di una versione più estesa del passo o di una *lectio* alternativa sulla base della tradizione manoscritta (cfr., a titolo esemplare, Vat.Lat. 1407, f. 63v).

© 2027 THE AUTHOR(S) | HTTPS://DOI.ORG/10.30965/9783657705221-009

In alternativa, ove si parli di un classico segno di richiamo e si voglia interpretare la nota a margine come integrazione al testo principale (nonostante la lettura relativamente certa della prima componente greca), si noti la perdita materiale in corrispondenza della grande *e* ad apertura di colonna in I 38v, con concentrazione di inchiostro tale da determinare la corrosione, ora restaurata mediante velatura. Ebbene, quella perdita potrebbe celare un segno altrimenti perduto. Avremmo in tal caso a che fare con una integrazione al testo, che viene poi annullata, forse in virtù della confusione rispetto ad un elemento aggiuntivo, presente eventualmente nel manoscritto di collazione.

La commistione greco-latina (cfr. *supra*, commento alla annotazione stenografica per *hiatus*) e la nota di connotazione critica rappresenterebbero un'eccezione nel *Codex Florentinus* e ricordano il contesto didattico di trasmissione del Digesto o di altri testi legali, non identificati, nei codici frammentari, ove si possa riscontrare la condizione di un contesto madrelingua greco con padronanza del linguaggio tecnico latino (cfr. PSI XIII 1350, per quella che è stata definita una "summa" del Digesto in greco, con soli nomi dei giuristi e sparuti termini tecnici in latino; cfr. anche BKT X 16, per un testo legale con annotazioni a margine). Purtuttavia, la decifrazione muove a favore di una segnalazione di carenza o corruzione del testo tràdito, che differisce poco contenutisticamente dalla doppia nota di *hiatus* per D. 48, 20 e 22. Dal momento che la tradizione testuale per l'estratto (Scevola, 33 *dig.*) non lascia adito a considerazioni di critica testuale, non è possibile asserire nulla circa l'effettiva valenza del contenuto della nota. Il passo si inserisce d'altronde in una sequenza di estratti da *responsa* e *digesta* di Scevola. Si potrebbe dunque trattare della svista di un correttore, che, confuso dalla successione dei passi scevoliani, avrebbe creduto di notare la mancanza di una pericope. L'atto di cancellatura intenzionale varrebbe insomma a confermare la correttezza/completezza del passo trasmesso.

Sarà consono menzionare casi comparabili di *obelos* doppio puntato (invertito) in altri manoscritti giurisprudenziali coevi (codici su papiro):

– nel margine destro del lato scritto contro le fibre in P.Berol.inv. P. 13924 (non riconosciuto ancora nell'edizione di BKT X 16): questo caso è fondamentale per comprendere la natura della annotazione marginale in associazione al segno diacritico, ma associato nel contesto a un testo principale particolarmente lacunoso, costituito della sola fine dei righi (dove non è dunque visibile eventuale segno di richiamo interlineare): η *damni in/fecṭị* / πληρωκω̣ς / ζημιας[1];

1 Una riedizione del papiro è prevista nell'ambito del progetto ERC Redhis; una versione preliminare è disponibile al link https://papyri.info/dclp/154379 (ultimo accesso: 9/03/2026).

FIGURA 22
Ägyptisches Museum und Papyrussammlung, Staatliche Museen zu Berlin, Berliner Papyrusdatenbank, P 13924.

- P.Berol. inv. P 14077, fr. A, contro le fibre, l. 3, 500–533[2];
- P. Ryl. Gr. III 475 (1938)[3], verso fr. a, 22a (interlineare), testo legale greco-latino con note marginali[4]. Il segno ricorre al r. 11 sopra τοτε nell'*editio princeps*, con l'interpretazione di un riferimento a una nota marginale, quest'ultima tuttavia non tràdita e in tal senso non propedeutica a discutere una eventuale connotazione 'negativa' del segno e della rispettiva annotazione.

FIGURA 23 P. Ryl. Gr. III 475 verso fr. a © Foto fornita da The John Rylands Research Institute and Library, The University of Manchester

2 Il papiro è inedito: un'edizione è in pubblicazione nell'ambito del progetto ERC REDHIS.
3 = Cavenaile, Corpus papyrorum Latinarum (CPL) 95 (1958). Il numero di riferimento nella collezione è Greek P 475.
4 Una riedizione è in pubblicazione nell'ambito del progetto ERC REDHIS.

CAPITOLO 7

Applicazione del principio ricostruttivo delle note a margine: considerazioni aggiuntive circa i fenomeni analizzati da Kaiser come tracce di errori redazionali per l'inserimento a posteriori di frammenti da masse differenti

Una conseguenza indiretta del metodo finora applicato per spiegare fenomeni di tradizione del testo peculiari nel *Codex Florentinus* è la possibilità di rivedere o porre sotto nuova luce altri fenomeni che sono stati già oggetto di studio in virtù di un principio di ricostruzione del dato materiale. In particolare, i fenomeni finora analizzati hanno di sovente sollecitato una ricostruzione dell'antigrafo o di fonti in uno stadio indefinito precedente al *Codex Florentinus*, in una forma corredata di un certo numero di componenti marginali: tali componenti, come si è visto, avrebbero generato confusione nella collocazione a testo o persino nell'inclusione o meno di diversi frammenti, a seconda della natura o funzione precipua delle note (integrative, di glossa o riferimento incrociato).

Nei suoi primi studi sul *Codex Florentinus*, Kaiser si è incentrato su quegli 'errori' nel *Codex Florentinus* (siano essi errori corretti per collazione o generati dalla medesima collazione) che sono imputabili a fenomeni di inserimento a posteriori di frammenti che interrompono la massa di spoglio attuale, generando ad esempio un ordine o una successione diversa[1]. Prenderemo brevemente in analisi quei fenomeni meritevoli di considerazioni aggiuntive.

Si dovrà qui citare D. 29, 1, 7–9, dove il frammento di Marcello (*lex* 8) si frappone tra due frammenti ulpianei, ma interrompe nel *Codex Florentinus* una proposizione *in medias res*, privandola di senso compiuto (I f. 421v a36).

Della medesima proposizione il revisore cancella poi quella pericope interrotta alla fine della *lex* 7 e la ricolloca correttamente a principio della *lex* 9, mediante integrazione nel margine inferiore (confermando peraltro una continuazione diretta del testo ulpianeo nella sua veste originaria, senza tagli di sorta). Ebbene, la ricostruzione della facies dell'esemplare può qui facilmente suggerire una collocazione a margine del frammento estratto da Marcello, inserito poi a testo in un punto sbagliato, probabilmente in virtù di un segno di

1 Kaiser, Herkunft, 43–47.

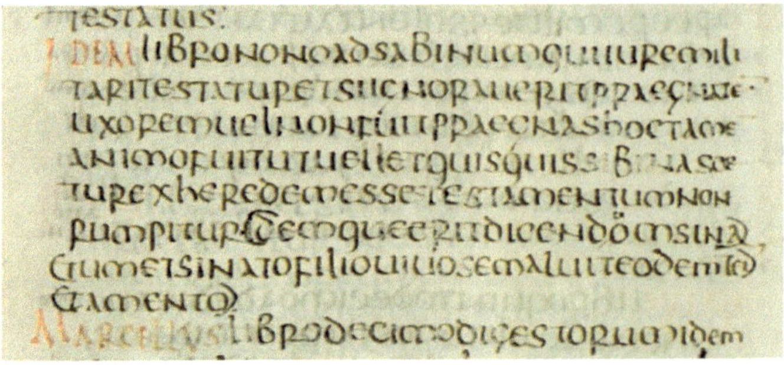

FIGURA 24 Firenze, Biblioteca Medicea Laurenziana, ms. Pandette I, f. 421v, riproduzione digitale online.

richiamo interlineare di collazione ambigua o dell'inserimento del testo stesso nello spazio interlineare (cfr. anche il caso di D. 29, 5, 3–5).

Si evidenzia, inoltre, a tal proposito, nel novero di elementi estranei o espunti[2], il caso singolare di D. 5, 1, 3 (Ulp. 4 *ad edictum*), dove nella *Littera Florentina* compare una porzione di testo poi cancellata dal correttore (I f. 96r b42), che non figura altrove nel Digesto, ovvero *in iudicium quod actum*.

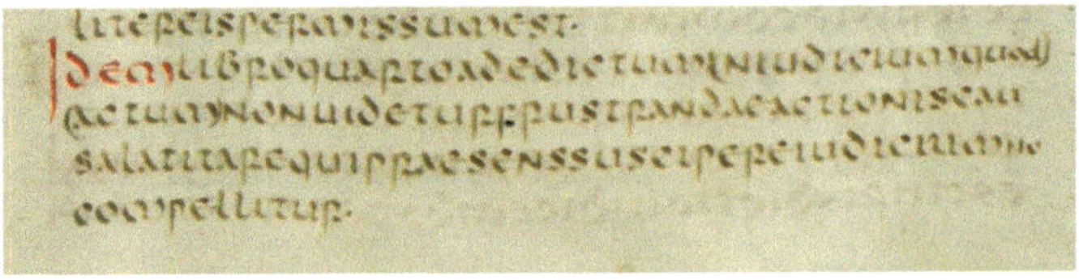

FIGURA 25 Firenze, Biblioteca Medicea Laurenziana, ms. Pandette I, f. 96r, riproduzione digitale online

Una spiegazione plausibile è che si tratti di una interpolazione generata da una nota a margine di commento o richiamo/riferimento incrociato in una fonte di uso dei compilatori (cfr. D. 5, 1, 61, Ulp. 26 *ad ed.*) oppure, come già sostenuto da Kaiser, di una traccia di taglio (nella *Littera Florentina* residuo della fase di estrazione e adattamento dei frammenti, rimosso a posteriori) di una pericope appartenuta al testo originario del frammento. Si confronti questo con il caso del *silandealicui* in D. 7, 1, 15, per le spiegazioni ivi fornite, ovvero l'annessione erronea di una nota marginale di richiamo, o la traccia di un frammento autonomo e riposizionato. Anche in codesto caso si è preferito il principio di interpolazione rispetto a una fonte originaria, o persino il riconoscimento di resti di

2 Kaiser, Herkunft, 53–55, nella categoria di "Kürzungen und Auslassungen".

un ripensamento in stadio di bozza, rispetto alla traccia di un taglio del testo originario, avvenuto eventualmente *in medias res* rispetto alla compagine del frammento, e concernente una pericope riutilizzata oltre nel Digesto[3].

Per quei ricollocamenti nel *Codex Florentinus* già segnalati (I f. 80rIc/8, 23, 33; II f. 223vMs/l, 7, 9, 13, 19; f. 440rMd/37,45), ovvero quelle sequenze di frammenti che i correttori (*ordinarii*) riordinano mediante apposizione a margine di lettere greche, possono formularsi un paio di congetture, a seconda del caso specifico[4]. Nei primi due casi (I f. 80r Ic/8, 23, 33; II f. 223v Ms/l, 7, 9, 13, 19, corrispettivi di D. 4, 4, 16–17; D. 40, 4, 30–34) potrebbe trattarsi di un errore, forse originato da un frammento apposto a margine nell'antigrafo (piuttosto che in uno stadio di trasmissione antecedente), in quanto la collocazione errata investe un unico frammento, e in entrambi i casi un *idem* del frammento successivo a quelli segnalati conferma l'ordine corretto o definitivo: quest'ultimo è riferito, infatti, all'autore dell'ultimo frammento (o frammento precedente quello con *idem*) nella successione risistemata, piuttosto che in quella trasposta dallo scriba.

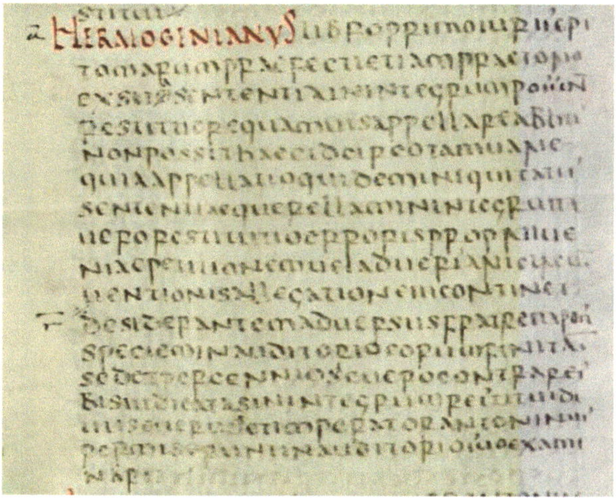

FIGURA 26 Firenze, Biblioteca Medicea Laurenziana, ms. Pandette I, f. 80r, riproduzione digitale online

3 Kaiser, Herkunft, 53, dove l'autore argomenta efficacemente con la coerenza contenutistica della pericope caduta rispetto alla rubrica *de pactis et conventionibus*, ricostruita da Lenel come rubrica interna al commentario ulpianeo, da cui il frammento in oggetto è tratto.

4 Kaiser, Schreiber und Korrektoren, 185, n. 189; id., Aufbewahrungsort, 113, Tafel VI e VII.

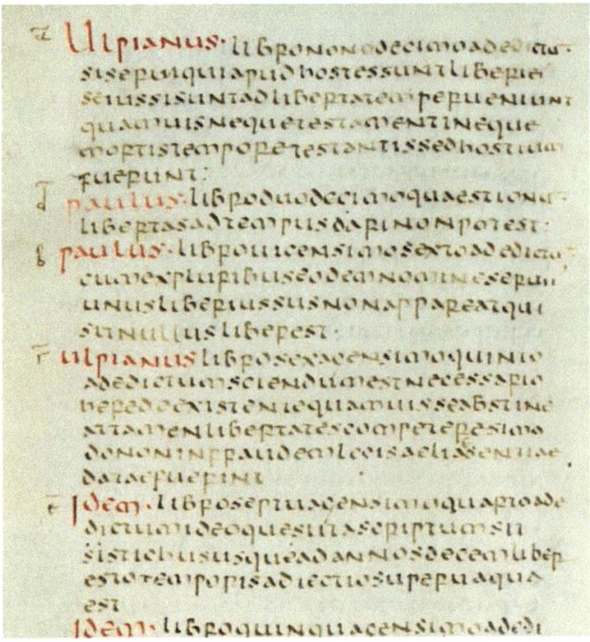

FIGURA 27 Firenze, Biblioteca Medicea Laurenziana, ms. Pandette II, f. 223v, riproduzione digitale online

Nel terzo caso (II f. 440rMd/37,45: D. 49, 15, 24–25), tuttavia, non si può affermare con certezza che l'ordine derivi da un errore di copiatura o collocazione errata di un frammento ubicato a margine nell'antigrafo, dal momento che Ulpiano (D. 49, 15, 23) è seguito da Florentino e Marciano, poi corretto nella sequenza Marciano – Florentino (*institutiones*).

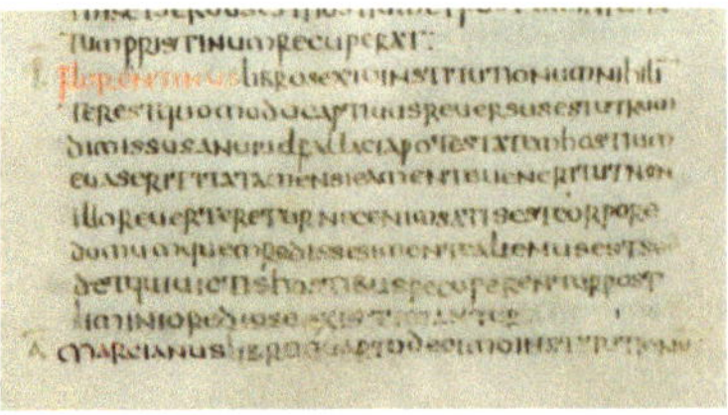

FIGURA 28 Firenze, Biblioteca Medicea Laurenziana, ms. Pandette II, f. 440r, riproduzione digitale online.

Se l'ordine nel *Codex Florentinus* rispecchia un ordine originario, poi soggetto a modifica, il nuovo ordine comporta un ulteriore ricollocamento rispetto al sottogruppo della *Pars Sabiniana* (nn. 21–23) nella ricostruzione di Bluhme (già Ulpiano sarebbe in terza posizione nel sottogruppo dopo Florentino e

Marciano)[5], e concorrerebbe a valutare una inversione dei frammenti in risposta a un'esigenza logico-contenutistica. Pare difficile giudicare la logica di una eventuale inversione, e neppure è risolutivo l'argomento dell'ordine degli estratti rispetto al sottogruppo, dal momento che questi possono essere stati collocati in vario modo: piuttosto, alla luce del contenuto dei frammenti in oggetto, mi pare lecito opinare che l'inversione, rispetto all'ordine precedente, possa giudicarsi frutto sia di una scelta posticipata sia di un errore derivato da apposizioni errate di un testo ubicato a margine, o inserito a posteriori. Si noterà, infatti, che la successione 'originaria', beninteso quella trasmessa dal solo *Codex Florentinus*, determini un passaggio quantomeno ovvio e sensato dal generale al particolare. Infatti, il testo di Ulpiano (D. 49, 15, 23) definisce il nemico e il recupero dello *status civitatis* per il prigioniero rientrato (*ius postliminium*). L'estratto di Florentino, che segue quello di Ulpiano in F, definisce la rilevanza di una volontà, chiaramente riconosciuta per disposizione mentale o espressa dall'ex prigioniero, di re-inclusione nella *civitas* (*nec enim satis est corpore domum quem redisse, si mente alienus est*), chiarendo che il rientro 'fisico' dell'ex-prigioniero non è sufficiente. Marciano, a seguire in F (ma precedente rispetto a Florentino nella versione corretta e definitiva o altrimenti trasmessa), si incentra sulla fattispecie definita di una coppia che riceve un figlio durante lo stato di prigionia e della possibilità di riconoscerlo come figlio legittimo solo dove questo rientri con entrambi i genitori (e non con la sola madre). Non è, insomma, da escludere che un 'errore' a monte nel processo di revisione finale e apposizione dei frammenti giustifichi una inversione rispetto a una successione logica altrimenti convincente e che questo esempio possa eventualmente essere affiancato ai due precedenti, come indizio di una facies del modello in quanto provvisto di un certo numero di testi allineati a margine, alla base di errori nella successione di frammenti o porzioni testuali interne agli estratti (cfr. *supra*, per la ipotesi di collocazione a margine di D. 22, 3, 30 e 31*, poi segnalati come da espungere nel *Codex Florentinus*).

Questa ipotesi di ubicazione a margine dei frammenti – plausibilmente in una fase editoriale finale, affinché se ne possa conservare traccia in F – può essere eventualmente ricondotta a una apposizione a posteriore, per un ripensamento, o per una scelta posticipata della collocazione finale rispetto all'estratto specifico. Non va, pertanto, a investire necessariamente la compagine delle masse bluhmiane, e neppure a discutere l'ordine di spoglio delle opere dei giuristi classici nei sottogruppi ivi ricostruiti. Sarà, semmai, lecito

---

5 Su ricollocamenti o inversioni dell'ordine entro i sottogruppi, si è espresso ora STAGL, Tempel der Gerechtigkeit, in particolare a favore della lettura del Digesto come opera unitaria, strutturata anche internamente alle rubriche in parti introduttive, argomentative e conclusive.

analizzare i casi singoli come frammenti intorno ai quale vigeva un'incertezza di trasmissione, afferenza o assegnazione ai titoli, e di inclusione nel lavoro di compilazione e produzione del Digesto.

Nondimeno si è visto come, per i casi in cui un elemento completamente estraneo rispetto alla tradizione testuale dei giuristi classici a noi nota compaia nel *Codex Florentinus*, sarà opportuno seguire il doppio filone di una cancellatura/un ricollocamento in stadio di bozza, oppure della traccia di una glossa o nota di commento, ben ammissibile nella fonte originaria di consultazione.

CAPITOLO 8

Considerazioni circa la natura dell'antigrafo

La ripartizione in unità codicologiche o fascicolari è stata ricondotta in passato per la riproduzione del *Codex Florentinus olim Pisanus* alle *partes* (Stolte, Partes, 79–80) secondo un piano di lezioni giustinianeo; la teoria, ad esso posta in correlazione, di una copia a uso didattico destinata alla scuola di diritto attiva a Bisanzio è stata tuttavia superata o meglio integrata da considerazioni relative a una praticità di metodo adottato nel progetto compilativo, che nulla ha a che vedere col fine del prodotto; altresì, l'argomento delle *partes*, se anche non direttamente connesso alla produzione del codice, era senz'altro noto a chi vi lavorò, come lascia intendere una nota marginale che cita nell'ordine libro, *pars* e titolo (I f.280r)[1], interpretata da Kaiser come "Bindevermerk"[2], o annotazione funzionale alla rilegatura. Riguardo alla versione di una bozza editoriale, concepita come tale dagli antichi, è plausibile che si trattasse di un codice sfascicolato, con *folia* articolati sulla base di unità interne alle *partes*, funzionali a una distribuzione tra gli scribi per il processo di copiatura[3], senonché più facilmente suscettibile di revisione[4].

1 La nota è meglio visibile nella riproduzione del 1908 (Justiniani Augusti Digestorum seu pandectarum Codex Florentinus olim Pisanus 1902–1910, in partic. Fasc. 7: Vol. 2), dal momento che ricorre sull'estremo margine inferiore.

2 Kaiser, Schreiber und Korrektoren, 169.

3 La scelta del codice per l'antigrafo non è solo dettata da ragioni economiche, quanto anche dal processo di consacrazione definitiva del formato per i prodotti letterari ad opera della cancelleria imperiale; la preferenza potrebbe risultare altresì più plausibile nel contesto costantinopolitano, ove sia lo stesso luogo in cui si ritiene prodotto il *Codex Florentinus*, e ove si dia per assodato la natura di codice e l'uso di pergamena come radicatosi fermamente nella cultura elitaria. Per i vantaggi in termini economici e di capienza del codice, cfr. Skeat, Lenght, il quale valuta positivamente il vantaggio economico riconosciuto al codice rispetto al rotolo ma riduce dal 50 al 26% circa il risparmio in termini di costi di produzione. Altri sono i fattori estesamente trattati negli studi che giustificano la progressiva predominanza del codice rispetto al rotolo, nonostante l'origine dal basso del codice e il suo uso prevalente in età classica per la produzione di documenti o scritti preparatori in contesto letterario (manualistica e letteratura di consumo). Si ricordi che i fattori concreti di ordine pratico che giustifichino il sopravvento del nuovo formato rispetto al rotolo trascendono qui dalla discussione concernente l'origine del codice: è noto, a tal proposito, che la teoria elaborata da Roberts – Skeat (The Birth of the Codex) sul primato cristiano è stata superata dalla teoria di una "spinta dal basso", che la comunità cristiana abbraccia, anche in virtù di una contrapposizione ideologica (per l'equivalenza dell'antico formato con la tradizione pagana ed elitaria): basti qui citare Cavallo, Codice e storia.

Se la natura di codice per il modello del *Codex Florentinus* resta infatti indiscutibile, in ragione dell'avvenuta consacrazione del formato adibito al prodotto letterario (o para-letterario) ad opera della legislazione imperiale – oltre che della religione cristiana, dovremo quantomeno segnalare la natura di un prodotto ancora sfascicolato, che si presta a correzioni e interventi, per uno stadio antecedente, quello da cui derivano 'incertezze' e criticità nel *Codex Florentinus*[5].

A favore di una matrice didattica per le fonti adoperate piuttosto che per l'antigrafo concorre la enumerazione di varianti o 'errori' confluiti nel manoscritto, e, in modo particolare, di tracce di elementi marginali confluiti, non da ultimo, nel *Codex Florentinus*. Questa considerazione non vale insomma ad indiziare che l'antigrafo corrispondesse o meno a una delle copie del Digesto, prodotte a seguito della disposizione di Giustiniano[6], entrata in vigore nel dicembre del 533[7], dal momento che non abbiamo elementi dirimenti a supporto di tale affermazione, ma a valutare le tracce materiali come resti di una tradizione 'fluida' in correlazione con la versione primigenia dell'opera e di una certa ridondanza dovuta alla trasmissione di elementi riconducibili alle peculiarità delle fonti consultate. Si può immaginare comunque sia l'antigrafo come un prodotto che circolasse, per fini pratici e/o per la riproduzione diretta, in fascicoli[8].

---

4 Per la modalità di trasmissione si vuole fornire nondimeno un'idea quantitativa, basandosi sulle 7 *partes* didattiche. Ciascuna è composta da circa 14.000 righi (a titolo puramente orientativo, il corrispettivo di circa 7 rotoli per ciascuna *pars*). Il programma originario per la composizione del *Codex Florentinus* avrebbe idealmente previsto la distribuzione a ciascuno scriba di due *partes*.

5 Nella *Littera Florentina*, al pari che in altre edizioni o opere trasmesse su codice, si trovano annotazioni isolate di carattere tecnico, che attestano una fase di revisione funzionale alla rilegatura del manoscritto; allo stesso modo, la fase di allestimento dell'antigrafo, in funzione della rilegatura finale, rappresenta uno stadio di stesura e finalizzazione, notoriamente esposto a modifiche ultime o aggiustamenti.

6 La *Constitutio Tanta* non fa esplicito riferimento a un numero di copie, ma Giustiniano ordina di distribuire i libri del Digesto in tutte le province dell'impero: *Const. Tanta*/Δέδωκεν § 20.

7 Per considerazioni circa la prima fase di trasmissione del Digesto, vedi Baldi, Codex florentinus, 101 e Stolte, Partes, 79–80.

8 Ringrazio Javier Rodriguez Diez per avermi gentilmente trasmesso materiale relativo alla presentazione tenuta in occasione della SIHDA 2023 (Helsinki), e per lo stimolo a riflettere sulla materialità dell'archetipo o manoscritto 'primigenio' del Digesto anche in termini numerici, ovvero sui costi dell'opera di estrazione e stesura in correlazione con la fattura o qualità del prodotto scrittorio. La presentazione si incentrava, in particolar modo, sulla convenienza in termini economici del prodotto del Digesto come raccolta di opere giurisprudenziali, se

Inoltre, quanto sopra rilevato in relazione al sistema di rilegatura sulla base delle *partes* ben si concilia con l'idea dell'antigrafo come prodotto atto alla consultazione, nondimeno rispondente alla ripartizione finalizzata.

Quanto colpisce e merita senz'altro una considerazione è la possibilità di ricondurre al medesimo antigrafo le lacune testuali, cospicue, distribuite nel manoscritto, alcune delle quali già spiegate con la "difficile lettura dell'archetipo"[9]. Di nuovo, questi elementi invitano a considerare per l'esemplare delle Pandette un contesto di produzione – e circolazione – costantinopolitano, ma anche – e al contempo – la natura di prodotto recante tracce di fenomeni interpolativi in senso lato e varianti editoriali, o meglio lasciti del processo editoriale e delle fonti a monte della compilazione.

Si presenta di seguito un principio di *stemma codicum* in forma semplificata, con novero di elementi di bozza.

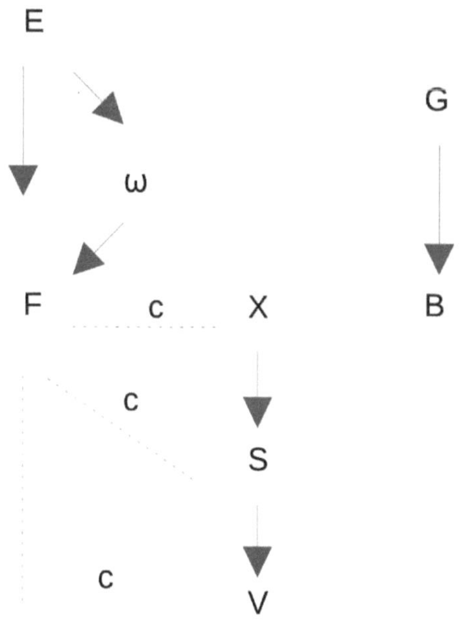

DIAGRAMMA 1

ω = archetipo
F = *Codex Florentinus*
X = archetipo differente da F (definizione da Stolte, Early History, 104)
S = *Codex Secundus*

comparato con l'ampiezza e il valore delle singole opere dei giuristi classici da cui sono escerpiti i frammenti della raccolta.

9 Baldi, Codex florentinus, 104–107.

V = Vulgata
c = *collatio*
G = esemplare greco
B = Basilika
E = "Endentwurf"

Si esplica la dipendenza di F da un ipotetico E, con presenza attigua e intermedia di ω (come archetipo ideale); la possibile collazione di X, S, V (in ordine diacronico) con F (o suo derivato); separatamente, la dipendenza di B da G.

PARTE II

Spatia e *cola* nel contesto del modello del *Codex Florentinus*

CAPITOLO 9

Premessa

Si è deciso di non riportare in appendice al seguente lavoro una lista completa di *spatia* e *cola*, ovvero di tutti i passi del Digesto e dei passaggi interni ai singoli frammenti in cui questi figurano, dal momento che la loro ricorrenza è sì frequente in generale e altroché concentrata in determinate sezioni, come quelle di seguito discusse, ma al contempo di scarso aiuto nella maggioranza dei casi, o quantomeno poco supportata dal dato filologico. Si comprenderà, infatti, che l'interesse ricade principalmente su quegli estratti di cui si possa riconoscere una criticità sulla base di varianti parallele o quantomeno valide per un confronto, come è il caso dei passi selezionati ed esaminati in basso.

Per un confronto ci si riferisce, in primo luogo, da un lato alle raccolte di letteratura giurisprudenziale esterne al Digesto, dall'altro alle fonti, in primis riemerse dalle sabbie egiziane, che restituiscono parti frammentarie di opere, di natura singola o antologizzata, confluite nel Digesto, e precipuamente a quelle fonti che testimoniano uno stadio di trasmissione più antico rispetto all'operazione di spoglio e al processo compositivo, se anche le stesse fossero state prodotte per un impiego privato o didattico, con fenomeni interpolativi o modifiche al testo non sempre di natura cogente.

Inoltre, la possibilità sovente di discutere l'identità stessa di uno *spatium*, ovvero la sua consistenza ed effettiva ricorrenza nel contesto (ad esempio, in ragione di una pausa 'banale' di scrittura, con sollevamento del calamo, o riproduzione inconscia *in scribendo* di un intervallo di entità minimale), renderebbe rischiosa la consultazione di una lista fornita a riferimento. Si è purtuttavia certi che le ipotesi qui presentate a spiegazione del fenomeno di *spatia* e *signa* nel *Codex Florentinus* possono essere applicate in linea di principio da chi si accinge a studiare sotto qualsivoglia luce – filologica o giuridica –, o per fini puramente esegetici, determinati passi del Digesto, e costituiscono una sollecitazione a verificare la materialità del frammento nella tradizione manoscritta, in particolare quando si riscontra una circostanza simile rispetto a quella presentata nei frammenti oggetto di analisi, soprattutto la testimonianza di varianti testuali.

CAPITOLO 10

Le radici del fenomeno di *spatia* e *cola*

L'interesse, e il principio di questa seconda parte del lavoro, ricade su *spatia* e *cola*, per le ragioni esposte nell'introduzione al presente lavoro: ci si riferisce a *spatia*, *spatia* con *cola* e, meno frequentemente attestati, *spatia* con *dicola*[1].

Sulla base dell'analisi dei passi in oggetto, si è potuto porre in risalto la natura di *spatia* e segni come derivati dall'antigrafo, o da uno stadio ad esso precedente, e sostenere l'idea secondo cui questa riproduzione può essere definita non accidentale quanto imprevista (o meglio non desiderata da chi dirigeva il lavoro di copia). Infatti, tali segni poterono rappresentare non solo cesure semantiche applicate automaticamente in corso di copia (separazione mera e congrua di *inscriptio* e testo del frammento), ma anche segni 'di lavoro' relativi alle prime fasi di trasmissione del Digesto, o segni ereditati e riprodotti a più riprese nel tempo, in quanto tali riferibili a uno stadio precedente. Ci si riferisce *in primis* a una prassi di riproduzione, forse anche reiterata e in tal senso conservativa, di cesure semantiche, che corrispondevano alla ripartizione, financo originaria, delle opere adoperate (cfr. *infra*, per paralleli materiali); in tale circostanza, sarà rilevante porre l'accento sull'assenza di testimoni paralleli, e recanti uno stadio 'inalterato' dell'archetipo primigenio, a comprova di una ripartizione ripetuta. Nondimeno, la concentrazione di questo fenomeno in determinate sezioni di lavoro senonché la corrispondenza – seppure sporadica – con testi oggetto di corruttela o complessi dal punto di vista della critica testuale invita a vederne, in via diretta o indiretta, tracce del processo editoriale, per interventi operati in corrispondenza di una transizione semantica, in relazione a una fase redazionale o ultima, di finalizzazione dell'opera. Ad ogni modo, ci si basa sul generale assunto che non se ne pianificasse originariamente la riproduzione nei manoscritti del Digesto. Tale fenomeno diventa nondimeno appannaggio di una 'scelta' personale dello scriba (cfr. *infra*), e non prevede pertanto la rispondenza a una linea editoriale congrua.

1 I *dicola* sono meno frequenti anche nei papiri letterari: per una prospettiva d'insieme nel novero dell'interpunzione, vedi JOHNSON, Punctuation, in partic. 10–12.

10.1 Ragioni di concentrazione dei segni nelle unità della Manus III: peculiarità o riproduzione casuale

È dato constatare che *spatia* e *cola* si concentrano in numero maggiore nelle sezioni di lavoro attribuite alla Manus III (nella classificazione di Kaiser, qui abbracciata).

La presenza di *spatia* e segni entro queste sezioni assegnate ad uno dei 14 scribi attivi nella copia del Digesto (segnalate in grassetto nella lista in basso) è con pochi margini di dubbio da leggere come fenomeno di riproduzione di *spatia* e segni o residui di fenomeni già presenti nell'antigrafo del manoscritto. Qui si fornisce una lista dei *folia* coinvolti:
ff. lra-3vb (**Const. Dedoken**)
ff. 108ra/31 *dori*-109rb/45 (D. 5, 3, 25, 16–36, 5)
ff. 225ra/l-231vb (D. 15, 1,24–D. 15 fin.)
ff. 270ra-287vb17 (**D. 19**)
ff. 358ra-395va (**D. 26–D. 27**)
ff. 55ra-97vb (**D. 33–34**)
ff. 349ra/28–373vb/45 (**D. 46, 1, 21, 2–D. 46 fin.**)
La *Constitutio Tanta*/Δέδωκεν è esclusa da tale analisi, per la natura e origine non prettamente 'compositiva', ovvero costituita di estratti dalle opere giuridiche. La funzione pausante degli *spatia* lì presenti resta ciononostante incontrovertibile e suscita interesse in relazione alla stesura e composizione intrinseca della *Constitutio*, o alla percezione di pause semantiche nella sua trasposizione[2].

Quanto si osserva, dunque, in merito alle unità di lavoro del Digesto attribuite alla Manus III, è che gli *spatia* sono quasi del tutto assenti nei libri 5 e 15, mentre figurano nelle restanti unità, a partire dal libro 19.

Quale sia la ragione dell'assenza parziale di *spatia* nelle unità assegnate alla Manus III può essere oggetto di speculazione. A mio parere, è da escludere che gli *spatia* fossero assenti nei libri 5 e 15 dell'antigrafo, o che anche tutti gli *spatia* del *Codex Florentinus* rispecchino fedelmente la distribuzione dei medesimi nell'antigrafo del manoscritto (dunque l'assenza sistematica nelle restanti unità di lavoro). Il processo di riproduzione degli *spatia*, per la coincidenza con sezioni non consequenziali nel manoscritto, quanto piuttosto con quelle assegnate funzionalmente alla Manus III, è senz'altro attribuibile a una

2 Sulla funzione della *Constitutio Tanta* nel progetto del Digesto, da ultimo Stagl (Tempel der Gerechtigkeit, 99–100) ipotizza una posizione a chiusura delle Pandette, e parla di epitesto, adoperando tale argomento a supporto della funzione proemiale del titolo *de legibus*.

peculiarità della Manus III, e a una scelta personale e attiva dello scriba[3]. Che gli *spatia* figurano regolarmente solo a partire dalla terza (o quarta, includendo la *Constitutio*) unità di lavoro della Manus III, ritengo possa essere letto come una scelta differita e consapevole dello scriba di riprodurre gli *spatia* presenti nell'antigrafo: scelta differita in termini di operato dello scriba, e consapevole, in quanto peculiare di una mano, e che contribuisce in tal senso a porre in luce il ruolo attivo, e non passivo, del copista.

10.1.1 Manus XIV: *spatia* nei ff. 347ra–349ra/27 (D. 46, 1, 1–21, 2) e relazione con l'operato della Manus III

Tra le restanti ricorrenze, ovvero tra gli *spatia* che occorrono al di fuori delle sezioni di lavoro della Manus III, possono suscitare particolare interesse gli *spatia* ricorrenti nei cinque fogli corrispondenti al principio del libro 46, in quanto il resto ovvero la quasi totalità del libro 46 è attribuito all'operato della Manus III. Questo fenomeno merita pertanto una breve analisi, in quanto contribuisce ad annoverare fattori di interesse all'operato della mano qui attiva.

Le ragioni di attribuzione alla cosiddetta Manus XIV, dunque altra dalla Manus III, appaiono più che convincenti, nell'analisi di Kaiser. Si riconoscono, infatti, le caratteristiche della semionciale applicate parzialmente, o in misura minore rispetto alla Manus III, ovvero solo a *s* (con curva convessa), piuttosto che a *d l m r s*; l'estensione degli elementi verticali che superano il bilineo superiore nel tracciato di determinate lettere; l'interpunzione o segno di chiusura sostanzialmente assente a fine frammento, o presente in forma diversa che nella Manus III (due punti con trattino orizzontale, in luogo della forma contraddistinta, di tre punti – o *trigon* – seguiti da una tratto ondulato – o 'tilde' – nella parte centrale del rigo).

La ragione dell'uso di *spatia* (e un punto, o *colon*) da parte della Manus XIV in questa breve sezione del manoscritto è facilmente intuibile nel contesto della produzione del manoscritto. La Manus XIV è attiva, stando alla ricostruzione di Kaiser, solo in questi pochi fogli del manoscritto; si potrebbe dunque immaginare che lo scriba giunge a integrare l'operato della Manus III ricopiando la breve sezione di apertura del libro 46, forse per esercizio di uno scriba apprendista (si noti che è difficile sostenere l'idea di integrazione a posteriore, dal momento che l'operato dello scriba si interrompe nel mezzo della colonna, addirittura entro un rigo specifico: 349ra/27 Kaiser).

Il fatto che la Manus XIV adopera un certo numero di *spatia* può essere, a sua volta, motivato con un operato che segue consapevolmente quello della

3 Il fenomeno investe circa ¼ dei frammenti inclusi nelle unità di operato della Manus III.

Manus III, per accordo col medesimo, e si confà, nel criterio di copia, alla scelta stilistica della Manus III, ovvero alla riproduzione degli *spatia* dall'antigrafo.

10.1.1.1 Segno di chiusura dei frammenti

Sotto tale luce, risulta singolare la rassomiglianza di quel segno adoperato dalla Manus XIV atto a segnalare la chiusura di alcuni dei frammenti col segno peculiare, e costante, della Manus III, con la medesima funzione: i due punti associati al trattino orizzontale intermedio, adoperati dalla Manus XIV, rappresentano una forma, se vogliamo più sgraziata o simmetrica, dei tre punti (composti da punto mediano e due punti) in associazione con un tratto ondulato nella parte centrale del rigo, di sovente tracciato in continuità con l'ultimo dei tre punti, quello inferiore.

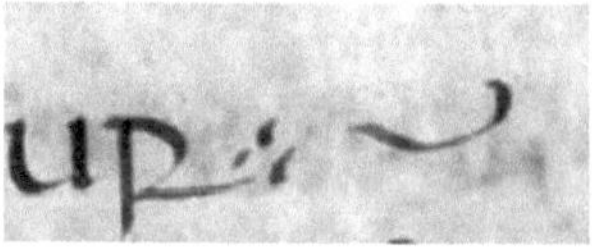

FIGURA 29
Manus III: II f. 350v/a (chiusura di D. 46, 1, 41)

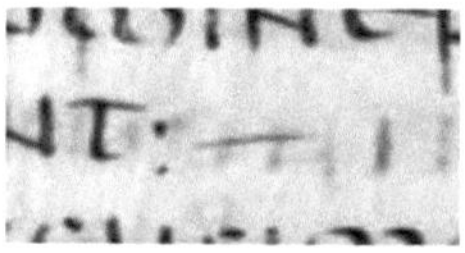

FIGURA 30
Manus XIV: II f. 348r/a (chiusura di D. 46, 1, 11)

In linea col principio stilistico di segnalazione della chiusura del frammento (al contempo demarcazione del passaggio a un nuovo frammento del Digesto), il segno acquista qui rilievo nella misura in cui permette di differenziare – e associare per rassomiglianze – le mani operative su questa unità.

Questa considerazione è piuttosto scontata e riferita a un segno con tradizione e funzione costante, ma assume un valore rilevante, se si considera la trasmissione dei testi dei giuristi classici al di fuori del Digesto, in fonti più o meno coeve, nei quali sia riconoscibile una linea direttiva in relazione alle convenzioni letterarie coeve; nello specifico, acquistano rilievo la forma e quantità di segni ricorrenti nelle stesse opere, singole o antologizzate, che circolavano ai tempi della produzione del Digesto, e composero idealmente la biblioteca di Triboniano, ovvero le fonti disponibili alla consultazione dei compilatori.

Giungerà in soccorso, seppure in riflesso delle convenzioni in uso in un'altra provincia dell'Impero, ma non necessariamente limitate ai suoi *scriptoria*, e a prova della regolarizzazione di convenzioni grafiche più o meno standardizzate, la tradizione che concerne le fonti del diritto circolanti in Egitto, trasmesse da fonti pergamenacee e papiracee, rappresentative delle fonti di tradizione diretta. Ebbene, P.Stras. inv. L 3 + 6B (TM 62945) fornisce, al riguardo, un esempio calzante (verso f. 3b, 28). Il segno ricorre su un frammento o frustolo del codice pergamenaceo ivi attestato, ma si colloca chiaramente alla fine di un paragrafo dell'opera di Ulpiano (corrispondente al già noto passo delle *disputationes* 3, 6).

FIGURA 31
© Su concessione e foto della Bibliothèque nationale et universitaire de Strasbourg, P.Stras. inv. L 3 + 6B.

I tre punti, qui attestati nella successione due punti-punto mediano, vale a dire in un ordine inverso rispetto alla composizione del segno proprio della Manus III, segnalano chiaramente una pausa forte, che denota il passaggio da un paragrafo a quello successivo entro il 3° libro.

10.2 *Spatia* esterni alla Manus III

Esempi tratti da D. 1, 3 possono essere esclusi alla luce della natura di punti aggiunti tra lettere (nella forma classica di *interpunctio* nella percezione degli antichi, ma apposta a posteriore, come elemento giunto a supporto del lettore), piuttosto che in *spatia* riprodotti appositamente, e non sono pertanto annoverati tra gli *spatia* in analisi nel presente lavoro.

I restanti casi si presentano come 'standard' – con uso meno continuativo e coerente – corrispondente di nuovo a passaggi percepiti come cesure semantiche o di transizione tra blocchi tematici (nel contesto sono stati rilevati casi isolati di *spatia in medias res* o cesure intratestuali: cfr. lo *spatium* con punto mediano tra *insulae* e *personas* in D. 9, 2, 27, 11, in I f. 150v a40, per cui cfr. *infra*).

10.3 *Spatia* e *cola* come criteri di riattribuzione delle mani?

Il valore di riconoscimento di *spatia* e *cola* come scelta consapevole di uno scriba, per questo dominante nell'uso rispetto alle restanti mani, si riflette nella possibilità di discutere una concentrazione più o meno marcata in altre sezioni del *Codex Florentinus*, o unità codicologiche attribuite ad altra mano, come fenomeno a sua volta 'conscio' o addirittura indicativo di una possibile riattribuzione di mano.

Mi pare questo il caso del libro 39, attribuito alla Manus XII da Kaiser (X in ed. mai.), attiva unicamente in questa sezione del manoscritto. Si osserva, infatti, una concentrazione consistente di *spatia* e di taluni casi di punto mediano, in codesto libro. L'analisi della mano porta altresì a riscontrare analogie formali del tracciato, ma anche differenze rispetto alla Manus III, che paiono sufficienti ad escludere la necessità di riassegnare la stesura del libro alla nostra Manus III. In particolare, basta osservare il modulo tendenzialmente ridotto e meno regolare rispetto alla Manus III, scrittura in generale meno rotondeggiante, il tratteggio che contraddistingue a mo' di cornice le rubriche, la tendenza a scrivere le lettere di rubriche o titoli in tracciato similare al testo principale, piuttosto che in un maiuscoletto marcato, predominante (ma non onnipresente) nella Manus III, un manierismo focalizzato su lettere distinte in principio di frammento (si veda il caso di *p* nella forma elaborata, con ricciolo in alto, distintivo della Manus XII).

CAPITOLO 11

Ipotesi relative all'antigrafo o alla fonte di origine dei *signa*

Dobbiamo a questo punto interrogarci circa la fonte o stadio di trasmissione che ha originato il fenomeno dei *signa* trasmessi nel *Codex Florentinus*.

Nella ricostruzione della fisicità dell'antigrafo, o della fonte ultima da cui tali *signa* derivano, si pongono due possibilità:

– laddove si sia molto vicini all'archetipo, come già precedentemente evidenziato, è possibile sostenere l'idea di segni di interpunzione e *spatia* come segni reduci di un processo di attività editoriale di matrice compilatoria. Tuttavia, è difficile sostenere che un archetipo o originario manoscritto recasse tali segni di natura 'provvisoria', non pensati come da trasmettere ai posteri.

In alternativa, è possibile ricondurre:

– gli *spatia* ad accapo nell'antigrafo o pre-modello, atti dunque a sospendere il testo e segnalare una pausa più forte (in analogia con l'uso diffuso di *spatia* e *cola* per segnalare sia la transizione da *inscriptio* a testo del frammento sia la fine di un frammento); questa ipotesi è da supportare con maggiore difficoltà o applicabile solo circostanzialmente, nei casi specifici di *spatia in medias res*, interni a pericopi o liste, che costituiscono tuttavia la minoranza (cfr. *infra*);
– relativamente ai segni di interpunzione, bisogna immaginarsi un esemplare intermedio provvisto di segni (primari o) secondari di lettura, in cui il lettore può comunque aver adoperato segni di interpunzione per segnalare cesure generiche o omissioni rispetto alle fonti dei giuristi. Tale opzione incide sulla nostra comprensione dell'esemplare e della sua manifattura o qualità, ove si tratti di fascicoli provvisti di segni di lettura. Questa ipotesi di intervento della mano di un lettore può essere tuttavia applicata solo ai segni di interpunzione, ove aggiunti appunto tra le lettere, ma non può coinvolgere *spatia*, che sono invece il prodotto di chi scrive (interrompendo consapevolmente la *scriptura continua*, che doveva difatti caratterizzare lo stesso antigrafo).

La realtà potrebbe essere tuttavia ancora più complessa e riflettere, alla luce del carattere disomogeneo, l'intervento (come fattore originario di quanto vediamo oggi nel *Codex Florentinus*) di più voci, non necessariamente il lettore quanto anche lo stesso scriba o persino un revisore. Questa teoria non deve altresì significare una netta distinzione tra due fenomeni, quanto piuttosto il proposito di valorizzare *spatia* e *cola* come prodotto di un modello, siano essi di origine coeva o meno (ove più mani li abbiano originati).

– Nella prima parte del seguente lavoro, l'analisi dei fenomeni selezionati è valsa a porre in luce la possibile presenza di note marginali e glosse, in passaggi di trasmissione relativi alle fonti di consultazione del Digesto, come 'artefici' plausibili di errori, varianti o elementi peculiari nel *Codex Florentinus*. Queste considerazioni possono altresì sollecitare riflessioni circa *spatia* e *cola* qui oggetto di studio e permettono di avallare un'ultima opzione: non è, infatti, da escludere che, oltre a un generico principio di accapo, oppure ponderazioni concrete con segnalazione di passi, in corrispondenza dei vuoti e segni qui riprodotti, già le fonti presentassero, in particolare in corrispondenza dei segni (*colon* e *dicolon*), glosse, o annotazioni a margine, o *spatia* (eventualmente corrispettivi di accapo) e segni per una ripartizione semantica o strutturale in paragrafetti/*caputa*.

Si ricordi che il principio dell'annotazione va inteso sia come una annotazione di tipo critico in senso stretto, o anche didattico, in forma di glossa volta a commentare, supplire il testo, fornire un riferimento incrociato con citazione, sia come testo integrativo: il secondo caso può costituire, come già evidenziato nella prima parte del presente lavoro, un fattore indiziario del processo di lavoro editoriale, spoglio e/o revisione, ove non se ne assuma la derivazione da riferimenti contenuti in glosse delle fonti di partenza.

Non stupirà, pertanto, constatare che *spatia* e *cola* (o *interpuncta*) ricorrono soprattutto prima di citazioni con nome del giurista o *idem/item*, oppure prima di una *questio* e/o relativa *responsio*.

Si è già osservato che il fenomeno non è di per sé coerente, sia che si prenda in analisi una unità di copia dello scriba, oppure un titolo o frammento con ricorrenza costante del fenomeno. La trasmissione reiterata, partendo dall'idea di una origine nella versione trasmessa dalle fonti di consultazione o in uno stadio di trasmissione precedente all'antigrafo del *Codex Florentinus* e/o relativo al processo redazionale, giustifica di per sé la mancata coerenza di applicazione e riproduzione dell'interpunzione[1].

Di seguito si presentano, attraverso casi selezionati, le conseguenze interpretative delle due opzioni enunciate sopra: tracce del processo redazionale o di una ripartizione semantica delle fonti adoperate dai compilatori – correlata

1 Già Brenkmann, Historia Pandectarum, 132–133, forniva alcuni esempi a tal proposito, dove citazioni da Iulianus interne a un frammento risultano talora segnalate da *spatia*, talora da *spatia* con punto, talora non demarcate in alcun modo.

con glosse o testo ubicato a margine. Si vorrà altresì porre in particolare evidenza questa ultima opzione, ovvero l'origine di *spatia* e *cola* nella ripartizione delle fonti di consultazione, come filo conduttore e spiegazione altamente plausibile nella maggioranza dei casi, anche in virtù dell'analogia con i fenomeni analizzati nella prima parte del lavoro.

CAPITOLO 12

Signa manent: funzione dei segni, multipla o singolare?

Nell'analisi della funzione dei segni che figurano in svariate unità di copia del *Codex Florentinus*, è inevitabile evidenziare l'eterogeneità di funzione del punto adoperato in associazione allo *spatium*: talora un generico segno divisorio – si veda il caso, estremo in tal senso, in cui figura tra *inscriptio* e testo del frammento[1], il più delle volte una plausibile cesura sintattica, non necessariamente accompagnata dalla manipolazione del testo, in svariati casi la corrispondenza con una manipolazione – certa o ipotizzata – del passo in oggetto, in cui è da includere la più volte richiamata omissione di una parte del testo originario.

È chiaro che in una scala di valori, e alla luce di un asseverato conservatorismo grafico riconosciuto nel riflesso di codici anteriori (e nella tradizione scrittoria che li precede), potremmo quantomeno opinare nel contesto uno schema di intensità crescente, dallo *spatium* al punto (*colon*), fino ai due punti (*dicolon*), o viceversa. Un uso di demarcazione crescente per *spatium* e *dicolon* (o *spatium* associato a *dicolon*) è attestato, ad esempio, nei commentari a testi letterari su papiro o *hypomnemata*. Si veda a tal proposito P.Oxy. XXV 2429 (commentario all'Odisseo *automolos* di Epicarmo, II sec.)[2], dove questi ricorrono con la funzione precipua di suddividere componenti strutturali del commentario: gli spazi separano lemma e commento, mentre i *dicola* si collocano tra la fine del commento e l'inizio del lemma successivo. Tuttavia, questo crescendo di funzione demarcante non segue necessariamente l'ordine *spatium* – *spatium* provvisto di *colon* – *spatium* provvisto di *dicola*. Infatti, i *dicola* possono rappresentare, nel confronto col *colon*, una pausa semantica debole, meno marcata: basti pensare alla funzione di scansione strutturale dei *dicola* come pausa debole nei dialoghi platonici e in testi teatrali, ad indicare ad esempio il cambio di soggetto parlante.

1 Si ricorda che questi casi sono stati esclusi dalla revisione e dalla lista complessiva di *spatia* e segni di interpunzione per l'ovvia corrispondenza con una pausa semantica (se anche non coerente o sistematicamente applicata).

2 Devo considerazioni, circa il commentario citato, all'intervento di Samuel Coen sugli *hypomnemata*, nell'ambito del Convegno Dottorale Internazionale "Signa manent" tenutosi all'Università di Napoli "Federico II" (9/11/2023).

 | HTTPS://DOI.ORG/10.30965/9783657705221-015

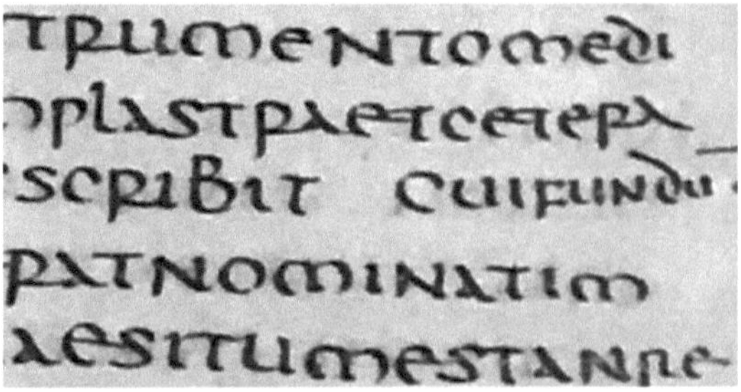

FIGURA 32

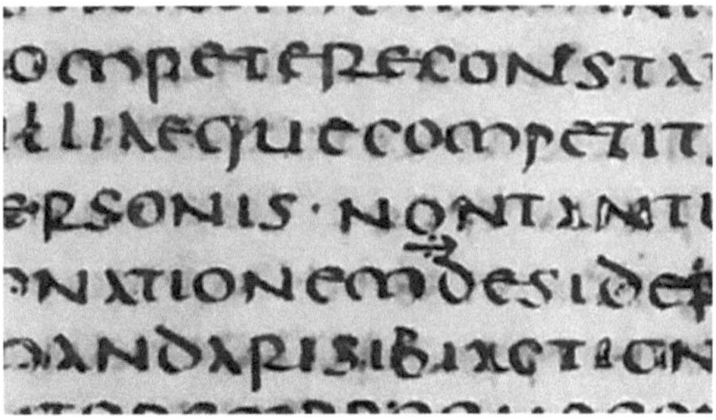

FIGURA 33

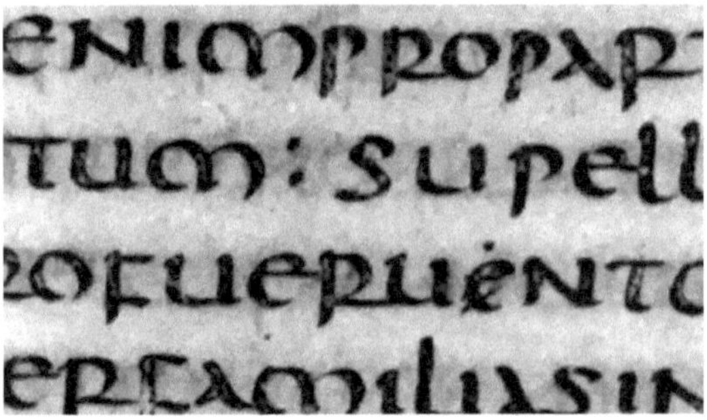

FIGURA 34

A tal proposito, si vorrà evidenziare che, qualora si accetta l'idea di una 'valutazione di' o 'avvenuta' modifica di qualsivoglia natura in corrispondenza di questi segnali (cfr. *infra*), tale crescendo si attua nella segnalazione più o meno forte del passaggio testuale, che si traduce in una percezione di fenomeno parimenti crescente (per esempi contigui cronologicamente, cfr. P. Ant. I 22; P. Stras. inv. L3 + 6b).

Questo principio di riconoscimento di una scala di valore funzionale dei segni va tuttavia applicato con precauzione (a prescindere dall'ordine di successione *colon* – *dicolon*, o viceversa), e in un contesto delimitato (ad esempio relativo all'analisi del singolo frammento): va, infatti, considerato che la funzione medesima di tali *spatia* e segni di interpunzione nell'esemplare o suo modello può modificarsi a seconda dell'uso che ne fece il proprio 'autore' nella sua veste originaria (sia costui il compilatore o lo scriba della fonte di consultazione), e della modalità di ricezione e riproduzione da parte dello scriba del *Codex Florentinus*.

Se, inoltre, distinguiamo *spatia* dai segni di interpunzione come originati da 'autore' diverso (lo scriba e un eventuale lettore – se non il medesimo scriba – dell'antigrafo), dovremo fare i conti con una realtà non più contestuale quanto relativamente omogenea, per quanto concerne i segni di interpunzione, e costituita dunque, nell'uso dell'eventuale revisore, da segni convenzionali di lettura e/o segni di uso individuale, che non possono essere inquadrati in un sistema definito.

Sebbene si sia propensi, nel contesto del *Codex Florentinus*, ad attribuire i segni di interpunzione qui discussi alla mano operante dell'antigrafo, o scriba della unità codicologica prescelta, si è inteso concentrare l'interesse di questa ricerca sulla fonte originaria di tali *signa*, ovvero su uno stadio di trasmissione, eventualmente antecedente al medesimo processo compositivo, che non ha pertanto a che vedere, in tale contesto, esclusivamente con la relazione tra il *Codex Florentinus* e l'archetipo dei *Digesta* giustinianei.

12.1 Due punti

Il doppio punto (*dicolon*) è statisticamente meno ricorrente, ma comunque presente[3].

L'analisi contestuale dei passi in oggetto è funzionale a discutere il criterio di applicazione/demarcazione del segno, e in tal senso supportata dai passi in cui la combinazione di due punti con *spatia* generici permette di formulare un'analisi complessiva e postulare una eventuale connessione con un segno di lavoro editoriale.

Sarà fondamentale rilevare, a tal proposito, che la combinazione dei segni entro un frammento, o tra porzioni di testo ubicate in diversi frammenti entro

3 La lettera Z, in alcuni casi rafforzata con un doppio punto, indica un fatto testuale dubbio in P.Herc. 163, ma è altresì da porre in relazione con la funzione precipua di ζ(ητει), atto a porre in questione il passaggio prescelto. Punto mediano e doppio punto (P.Herc. 1012) sono indicatori di pausa breve (cf. P. Ness. II 11, VI–VII, per il *zeta* rimpicciolito, la cui forma è tuttavia non direttamente analoga, ma eventualmente riconducibile nel contesto giuridico a ζητησις o *quaestio*). Ringrazio qui Marco Fressura per lo scambio in merito. Il *dicolon* ricorre altrimenti nella tradizione papirologica con funzione diversificata, atta a segnalare anche una transizione marcata da un blocco semantico a quello successivo (cfr. la sopra evidenziata scala crescente di valori o marcatura di pausa per quanto concerne l'uso di *spatium* e *dicolon* nell'uso lemmatico).

il Digesto, ma estratti dalla stessa opera di un giurista, possono assumere valore contestuale, se si parte dal presupposto che il compilatore li adopera in fase di compilazione del frammento, per porre in risalto porzioni di testo ricollocate o congiunte in origine/eventualmente congiungibili e soggette a 'interpolazione' in senso lato su base tematica.

Si veda a tal proposito D. 33, 7, 12 (II f. 68r a2), dove otteniamo su base analitica una chiave interpretativa della funzione dei due punti. Questi potrebbero marcare una forte congiunzione tematica, ove un ricollocamento delle pericopi sia funzionale a ricostruire contenutisticamente il testo, o a segnalare la discrepanza tra due affermazioni e la necessità di omettere (o, seppur più difficilmente accettabile, aggiungere per chiarire un punto altrimenti controverso).

Inoltre, i due punti in caso di assunto parallelo topico con altro frammento, dove sia presente un generico *spatium*, sono eventualmente giustificabili con la funzione precipua di segnalare una valutazione di intervento (sia esso omissione o ricollocamento), quando lo *spatium* generico concorre a segnalare il parallelo che motiva altresì l'eventuale manipolazione: si veda, ad esempio, il parallelo circostanziale tra D. 46, 2, 31 e D. 46, 3, 26. Tutto ciò resta congetturalmente sostenibile, ove si voglia credere tuttavia alla riproduzione in uno o due passaggi di tracce materiali contenute nell'archetipo originario o primigenio del Digesto, e che questo contenesse peraltro segni, nella natura di elementi indicatori trasmessi poi in forma di *spatia*, riconducibili a una funzione provvisoria, o segni di lavoro.

Resta valida, in linea di principio, l'idea che i due punti possano essere stati applicati per segnalare piuttosto una generica incertezza testuale. Una conferma deriva, indirettamente, da un fenomeno di correzione nello stesso *Codex Florentinus*, ovvero l'apposizione di un punto sopra e sotto la lettera s in *liberest* di D. 46, 3, 5 (II f. 356r/b24), unitamente a un tratto obliquo che ne segnala chiaramente l'espunzione. Probabilmente l'uso è consequenziale, nella misura in cui prima si segnala l'incertezza della *lectio* mediante i due punti e poi se ne ravvisa la definitiva necessità di espunzione col tratto obliquo (mediante lettura contestuale del passo, o *comparatio codicum*). In questo punto possono aver agito lo stesso scriba o un revisore o entrambi (ove i due punti e il tratto obliquo siano frutto di due mani diverse).

Singolare ed esemplare nel contesto appare il tratto dei due punti, definito e centrale rispetto allo *spatium*, entro D. 26, 7, 7 (I f. 366v b7) e D. 26, 10, 3 (I f. 376v a29). In entrambi i casi, tuttavia, non è ravvisabile più di una cesura semantica: in D. 26, 7, 7 questi precedono, infatti, una delle tante condizioni esposte.

A favore di una cesura debole (e in tal senso meno marcata rispetto al *colon*) occorre un numero sparuto di casi: si veda il sopracitato D. 33, 7, 12 (II f. 68r a2), dove i due punti si ubicano tra *instrumentum* e *supellex* a demarcare l'appartenenza della suppellettile agli *instrumenta*, pertanto il passaggio alla sotto-categoria o declinazione del collettivo generico *instrumenta*[4], ma la stessa funzione è assunta da un generico *spatium* in D. 34, 2, 21 (II f. 81v b10), nel passaggio da *commagena* a *glaucina*: non si tratta, infatti, di una divisione tra componenti di una lista di pari livello quanto tra un nome 'collettivo' o d'insieme e i componenti dell'insieme stesso, ovvero gli unguenti provenienti dalla Commagene elencati di seguito come parte del legato, in quanto funzionali non solo al piacere quanto anche alla salute (*valetudo*).

Invece, in D. 26, 10, 3 (I f. 376v a29), i due punti precedono una cesura più forte, ovvero il passaggio all'esposizione di argomenti (o ragioni per il sospetto di inaffidabilità del tutore e la sua rimozione dall'incarico). L'espressione didattica *nunc videamus ex quibus causis* etc. non costituisce d'altronde una formulazione retorica inconsueta in Ulpiano.

FIGURA 35
Firenze, Biblioteca Medicea Laurenziana, ms. Pandette I, f. 376va/29, riproduzione digitale online.

Cadono, insomma, elementi di giudizio circa la funzione concreta dei due punti nel confronto con i restanti *spatia* generici o punti mediani, se non in valutazioni singole, di tipo speculativo, come quelle sopra esposte, e la considerazione generale che vi si può deputare un indizio di incertezza testuale o interpretativa o, più banalmente, una cesura percepita nel contesto come debole. Anche in questo caso, in linea con le teorie sopra esposte circa la

4 Sulla nozione della *supellex* e la sua correlazione con l'*instrumentum* vedi DELL'ORO, Collettive, 157–162. Dalla enumerazione e analisi dei passi del Digesto si evince da un lato la tendenza a vedere nella *supellex* un tipo di *instrumentum pater familias*, dall'altro la piena autonomia e il carattere eterogeneo – a sua volta in una funzione collettiva – nella considerazione sociale.

funzione complessiva dei segni, i due punti potrebbero derivare da una ripartizione originaria delle fonti di consultazione, in particolare in quelle circostanze in cui la loro funzione sia corrispettiva di una cesura debole, ad esempio propria della transizione dal generale al particolare. Se, inoltre, abbracciamo l'idea di una origine differenziata dei segni (punti mediani e *dicola*), sarà lecito attribuire taluni casi a una modalità di demarcazione di un'incertezza testuale, inserendo la fenomenologia nelle tracce di una fase redazionale o ad essa antecedente.

12.2 Trattino di riempimento come unicum nel manoscritto

FIGURA 36
Firenze, Biblioteca Medicea Laurenziana, ms. Pandette II, f. 60r, riproduzione digitale online.

La seguente rappresenta l'unica ricorrenza di un trattino a congiungere una proposizione relativa atta a completare la principale, forse indicatore di taglio o di cosiddetto *actus contrarius*, per annullamento del valore dello *spatium*, ivi riprodotto per errore.

Il trattino collega *redire* ad *apud* in D. 33, 2, 32, entro il p. 1 (II f. 60r a36), in un contesto nel quale ricorrono altrimenti numerosi *spatia*. In apparenza, sembra essere stato tracciato nello stesso inchiostro di quello adoperato dallo scriba. Tale tratto, laddove tracciato dal medesimo scriba, potrebbe volere annullare il valore dello *spatium*, riprodotto per errore, o riprodurre a sua volta un tratto caratteristico già presente nell'archetipo, con suo significato peculiare (indice, ad esempio, di un ripensamento circa il frammento). Nel primo caso, più verosimile nella ricostruzione filologica, il fenomeno sarebbe dunque riconoscibile come un *actus contrarius*, e giunge a conferma dell'intenzione – motivata o meno – dello scriba di riprodurre fedelmente i segni presenti nell'archetipo: da qui l'intervento diretto sullo *spatium* riprodotto per errore, annullato e colmato mediante il tratto lineare di riempimento per tutta la lunghezza disponibile.

Il passo in oggetto è controverso, dal momento che concerne la distribuzione dell'usufrutto, che spetta alla madre della testatrice, e poi ai suoi figli. Un'incertezza mi sembra avvolgere il quesito in cui si indaga – solo in relazione alla figlia (piuttosto che a tutti i figli prima menzionati) – il diritto all'usufrutto per la quota di eredità a lei spettante (evidentemente minore rispetto a quella riservata ai figli maschi), o per la parte corrispondente all'unità legittima e derivata dall'equa ripartizione dei beni della madre (ceduti da legato in usufrutto). Tuttavia, il trattino nel manoscritto divide *respondit ad eos redire* dalla relativa *apud quos proprietas esset*, dove si chiarisce che il bene torna a coloro a cui spetta la proprietà, congiungendo difatti alla principale una relativa 'primaria', ovvero necessaria a completare il senso della principale, nella fattispecie dichiarando la natura di *eos*.

Sarà importante evidenziare che tale sezione è seguita dall'opinione differente di Trifonino, preceduto a sua volta da *spatium*, che preferisce la ripartizione per parti uguali, e non in base alle quote ereditarie: si deve, insomma, desumere che Scevola distinguesse il diritto di usufrutto sui fondi assegnati in parti uguali, dalla proprietà, basata invece sulle quote ereditarie, non paritaria nella distinzione tra la figlia e i figli. Che quel tratto stia a congiungere parti che erano frapposte nell'originario testo di Scevola da un chiarimento più esteso, non sembra sostenibile nel presente contesto, per le ragioni sintattiche sopra addotte. Si potrebbe quantomeno postulare che la risposta di Scevola fosse meno netta di quanto appaia nella versione del Digesto o che addirittura includesse eventuali deviazioni dal principio applicato, prescindendo da quel tratto intratestuale. Inoltre, in merito allo *spatium* che introduce il parere di Trifonino, sarà bene ricordare che la citazione di Trifonino appartiene a quelle note o glosse del giurista (vissuto dopo Scevola) confluite nell'opera scevoliana in epoca pre-giustinianea[5]. Si potrebbe avere, insomma, ragione di credere che i compilatori abbiano valutato lo spostamento o l'omissione del parere di Trifonino, tanto per percezione della discrasia cronologica quanto della natura contraddittoria o ambigua del parere esposto rispetto al responso scevoliano nel caso preso in analisi (per una glossa di Trifonino di carattere integrativo, in una forma apparentemente coincisa o 'tronca', ugualmente preceduta da *spatium*, cfr. D. 34, 1, 16, in II f. 78r a14). Tuttavia, questa resta una supposizione contestuale e assai rischiosa, ove la si voglia porre in diretta correlazione con un ripensamento o atto del processo redazionale. Piuttosto, lo *spatium* può qui, più 'banalmente', aver corrisposto a una cesura semantica nel modello, appunto atta a segnalare il passaggio al parere di Trifonino, a sua volta riflesso di una ripartizione semantica o strutturale concepita nella fonte primigenia di consultazione; è più difficile sostenere, secondo quanto altrove argomentato, che un eventuale accapo – o segnalazione di cesura strutturale o semantica – nell'antigrafo o in una fonte precedente possa essere stata dettata non solo dalla volontà di segnalare tale cesura, quanto anche da una errata percezione del passaggio a un nuovo frammento, riconoscibile mediante citazione dal giurista prescelto.

5 Schulz, Rechtswissenschaft, 295, parla di "die apokryphen Noten".

CAPITOLO 13

Cesure semantiche e/o segni di rimando?

Le cesure percepite come semantiche consistono per la maggioranza in cesure nette e deboli, almeno nella nostra percezione – quando introducono la fattispecie precipua, una *quaestio* e *responsio* interna al medesimo, o una citazione con *idem*, ma chiaramente divisorie e plausibilmente intese come tali da chi le genera nell'atto di scandirne la struttura: la loro funzione pratica, ove non si tratti di un mero esercizio di scansione strutturale, eventualmente anche inconsapevole, è da vedere nella necessità di visualizzare pericopi testuali e blocchi tematici.

Il valore di 'generiche' cesure o pause di lettura può essere, invece, riportato in auge ove si sostenga l'idea che non i compilatori quanto un lettore dell'esemplare sia qui operativo; l'ipotesi è stata però confutata sulla base della considerazione medesima per cui non solo gli *spatia* quanto anche i segni di interpunzione nella *scriptura continua* del manoscritto siano imputabili all'operato di uno scriba. A sua volta è difficile credere che i segni di interpunzione (punto e due punti), eventualmente riconducibili a segni di lettura, piuttosto che a generici accapo, siano adoperati dal lettore dell'antigrafo a loro volta con funzione molteplice, ad esempio per segnalazione di passi omessi (eventualmente integrati a margine), o note generiche, o la sola volontà di segnalare un passo oggetto di interesse o di particolare rilievo nel contesto. Si tende a sostenere, insomma, che la corrispondenza con tagli testuali sia del tutto casuale, e non necessariamente giustificata da una lettura accurata.

L'ipotesi di una segnalazione di tagli induce, nondimeno, a riconsiderare non tanto la natura dell'antigrafo, quanto il lay-out e l'utilizzo di interpunzione nelle fonti di consultazione, ove si voglia applicare il principio della corrispondenza di tale fenomeno con la ripartizione strutturale originaria delle opere. Resta valida altresì l'idea che lo scriba della versione in cui tali segni siano stati generati applichi tale sistema di demarcazione sulla base di una carenza sintattica e contenutistica inconfutabile del testo, appunto derivata dal taglio operato in fase di compilazione, senza volere insomma discutere l'integrità testuale quanto piuttosto una carenza semantica 'tangibile', da attribuire a inavvertenze nella fase di spoglio e selezione (si veda oltre il commento a D. 27, 1, 46).

 | HTTPS://DOI.ORG/10.30965/9783657705221-016

CAPITOLO 14

Accapo nell'antigrafo? Opzioni contingenti ed errori degli scribi

Uno spazio di particolare rilievo nel presente studio vuole essere destinato alla conseguenza, sul piano ricostruttivo del Digesto nella sua forma originaria, dell'affermazione per la quale gli *spatia* possano occorrere in luogo di accapo nell'antigrafo o nella fonte redazionale precedente, corrispettivo di una cesura forte, ma anche di passaggi il cui lay-out genera confusione nell'atto di copia:

- accapo / cesura percepita come una cesura interna allo stesso frammento ove si tratti piuttosto di una transizione tra frammenti: ciò è possibile nella circostanza in cui mancasse l'*inscriptio* del secondo frammento (o laddove, per una sua incertezza di trasmissione, fosse andato perduto il valore di riferimento), o in cui un *idem* fosse confuso con una citazione interna al frammento: si notino a tal proposito i casi di autori assenti nel *Codex Florentinus*, quando l'assenza è riconducibile a una carenza dello stesso antigrafo, piuttosto che con una dimenticanza dello scriba, che lascia lo spazio vuoto e dimentica di colmarlo col nome dell'autore (cfr. *supra*, Parte I, 2, e l'integrazione a posteriore della totalità degli autori nelle *inscriptiones* in 319v, 320r – unitamente alla rubrica VI in 320r – e 320v);
- accapo / cesura interna al frammento percepita come transizione a un frammento successivo, più facilmente ricorrente ove una citazione interna all'opera del giurista classico venga confusa con una *inscriptio*.

Una prova della seconda casistica giunge da un caso di annullamento di accapo nel *Codex Florentinus*, due volte entro D. 7, 1, 13 (I f. 120v b33–121r a15)[1]: in entrambi i casi, la citazione da Iulianus è riportata accapo, come se costituisse un frammento separato. Nel secondo caso, lo scriba scrive *idem* e corregge in Iulianus: l'operazione può essere letta come riproduzione di un *idem* nell'antigrafo (in virtù della citazione ripetuta di Iulianus nel frammento ulpianeo) e di una correzione (da parte della stessa Manus II) in Iulianus, dopo aver erroneamente percepito l'accapo come transizione a un nuovo frammento

1 Si tratta della stessa mano (II, sia per Mommsen che per Kaiser) che riproduce (verosimilmente da antigrafo) le lettere superflue a inizio del frammento D. 7, 1, 15 (f. 121vb), fenomeno commentato da Kaiser (Digestenentstehung und Digestenüberlieferung, 336), indice peraltro di un ripensamento dei compilatori, e di un ricollocamento di una porzione del frammento interessato entro la stessa rubrica.

(generando l'impressione di una consultazione diretta di Iulianus da parte dei compilatori, a integrazione del passo ulpianeo) e avendo pertanto avvertito la necessità di esprimere l'autore, diverso da Ulpianus, autore della precedente *inscriptio*. Il correttore potrebbe aver individuato l'errore e riempito lo spazio per annullarne il valore, con una striscia riempitiva (ne è artefice il correttore, piuttosto che lo scriba, vista la sottigliezza del tracciato, eventualmente prodotto da altro calamo e mano, e la ripetizione dell'accapo erroneamente inserito di nuovo poco innanzi dalla Manus II, che può dunque aver proseguito nella copia senza accorgersi dell'errore)[2]. Un altro esempio è in D. 26, 7, 32 (I f. 369r b10 e b19), dove svariati accapo entro un passo da Modestino vengono poi annullati: prima mediante una striscia riempitiva in luogo di accapo, poi proseguendo con lo scrivere sullo stesso rigo, nonostante si fosse già adoperato il segno distintivo di chiusura del frammento. Lo stesso avviene in D. 33, 2, 38 (II f. 61r b22): lo scriba traccia il segno di chiusura di frammento (potenziale indice di un accapo nel modello), poi si accorge che *item* non introduce un nuovo frammento, quanto una citazione interna allo stesso, e prosegue pertanto sullo stesso rigo (*item quaero, quo distat* ...).

---

2 Si aggiunga D. 21, 1, 17, 5, che viene scritto accapo, pur costituendo una citazione interna al medesimo frammento ulpianeo da Viviano (*Idem Vivianus ait* ...), a conferma del fenomeno sopra descritto, ovvero la circostanza per cui l'accapo deriva dall'antigrafo e viene riprodotto fedelmente, senza percepirne l'erroneità.

CAPITOLO 15

Analisi dei frammenti in base a un principio indicativo di *spatia* e *cola*

I passi seguenti sono analizzati sotto il piano esegetico, partendo da un'esamina della critica testuale, con due principali obiettivi: allo scopo primario di contestualizzare i passi dove ricorrono *spatia* nel *Codex Florentinus*, e, inoltre, discutere le ipotesi che riconoscono nei passi segnalati un intervento della commissione giustinianea, senonché di altra matrice, financo epiclassica, che abbia modificato la forma originaria delle opere classiche citate. Si parlerà pertanto di corruzione del testo, laddove si accetti l'idea di un intervento di modifica, prescindendo dalla sua collocazione cronologica: tale manipolazione può essere valorizzata ed esaminata, in misura tuttavia minimale e chiaramente ipotetica, sulla base di *spatia* e segni di interpunzione presenti nella *Littera Florentina*, e oltremodo sulla base dell'assunto, sopra postulato, circa una correlazione indiretta tra una segnalazione originaria e strutturale delle fonti di consultazione e l'eventuale intervento redazionale nei punti di transizione, in corrispondenza delle cesure semantiche[1].

L'intervento è inoltre da intendere in senso ampio, come è ravvisabile nelle categorie proposte nel seguente lavoro, quando non si esplicita necessariamente in una modifica o integrazione al testo, quanto piuttosto:
- nel taglio di parte del testo originario, dando origine pertanto a una semplificazione del testo, che non ne comporta tuttavia alcuna manipolazione per sostituzione/aggiunta, e ne conserva pertanto la versione originaria;
- nel ricollocamento di porzioni di testo entro uno o più frammenti su base topica.

Si segnalerà, inoltre, un'ulteriore opzione, di particolare interesse per la comprensione del fenomeno di *spatia* e interpunzione come tracce di un prodotto editoriale, non eventualmente destinati alla trasmissione, vale a dire:
- la segnalazione di passi di cui i compilatori abbiano valutato l'omissione, fosse questa necessaria per eliminare ripetizioni, semplificare il testo, o

1 Il quesito onnipresente, in quanto valido per il numero maggioritario di frasi finali di frammento discutibili di corruttela, nella fattispecie di interpolazione giustinianea, in corrispondenza dello *spatium*, è, ove si accetti l'idea della glossa, se i compilatori sono appunto autori della glossa, o la riconoscano e segnalano/riportano mediante *spatium*.

© 2027 THE AUTHOR(S) | HTTPS://DOI.ORG/10.30965/9783657705221-018

evitare letture contraddittorie o di interpretazione incerta; è ovvio che questa ipotesi interferisca con l'idea di un prodotto finito dell'archetipo o modello recante tracce di una fase redazionale; tuttavia, a prescindere dall'esemplare o dal momento della trasmissione testuale in cui *spatia* e segni sono stati generati, l'antigrafo doveva presentare tale fenomenologia di *spatia* e segni di interpunzione, fossero questi aderenti o meno a un processo editoriale, riflesso in una bozza del lavoro finito.

Sebbene queste opzioni presentino un quadro puramente speculativo, si vedrà come tale approccio è utile, quando ci si trovi a discutere casi irrisolti per criticità testuale o incertezza di trasmissione delle fonti, casi per i quali tale teoria interpretativa possa corroborare ulteriormente una determinata ricostruzione di uno stadio di trasmissione relativo all'antigrafo, ad uno stadio redazionale ad esso cronologicamente antecedente, o alla versione del testo trasmessa dalla fonte di consultazione.

15.1 Oltre la 'cesura': segni materiali come traccia analitica di manipolazione dei frammenti o corrispondenza sporadica con omissioni?

Si vuole qui prendere in considerazione un'alternativa alla mera funzione di cesura semantica. Il caso di D. 34, 1, 20, 2 (II f. 79r a19) permette di enunciare l'ipotesi per la quale le porzioni di testo segnalate da generici *spatia* – corrispettive di una forma parafrasata, piuttosto che diretta, del testo testamentario – sono eventualmente deviate da altra opera di Scevola, ovvero i *responsa*: questa ipotesi sarebbe supportata dall'assenza di *spatia* in corrispondenza del § 5, in forma diretta, e dalla combinazione di *spatium* con punto in corrispondenza del § 2, nell'altro caso di forma diretta. Si rifletta a tal proposito sulla quasi assenza di meditazione in prospettiva di storia del diritto da parte dei classici, e dalla probabile volontà dei compilatori giustinianei di usare l'*inscriptio* più per autorità, che per un discorso di ricostruzione storica delle fonti, fedeltà del testo tràdito o funzione pratica di consultazione[2]; stupirebbe, tuttavia, l'alterazione in chiave topica, o di adattamento, della veste originaria delle opere giuridiche[3]. Altra ipotesi plausibile è che tali *spatia* segnalano porzioni testuali di cui si è eliminato luogo 'gemino' (se anche inteso come gemino internamente a uso del giurista classico, ovvero di concetto ripetuto entro due opere

2 Si veda, tra gli altri, PEZZATO, ipoteca dotale.
3 Sulle interpolazioni di adattamento, basti CHIAZZESE 1931.

del medesimo giurista[4]). Nondimeno, per maggiore precauzione rispetto a un concetto di interpolazione e lo spostamento di pericopi internamente alle

4 I due *spatia* segnalano evidenti cesure semantiche, atte a rilevare le porzioni testuali corrispettive del § 1 e 3. Stupisce l'assenza di *spatia* in corrispondenza del § 2: rilevante è che si tratti di un luogo gemino, o parallelo interno a opera di un giurista, con D. 33, 1, 19, pr., estratto dei *digesta* di Scevola (sullo stile scevoliano cfr. *infra* in questa nota, commento a D. 34, 1, 18). A tal proposito, sarebbe lecito annoverare la possibilità di una manipolazione in corrispondenza di D. 33, 1, 19, 2 (II f. 56v b39), ove figura uno *spatium* con punto (il punto è assai labile, ma distinguibile sull'originale). Inoltre, sarà dato opinare che i compilatori possano aver considerato l'omissione del parallelo, laddove ne abbiano preso atto: la corrispondenza di D. 33, 1, 19, 2 con D. 34, 1, 20, 2 (II f. 79r) induce, inoltre, a chiedersi se lo *spatium* con punto in D. 33, 1, 19, 2 segnali la considerazione di omissione del passo, prima rimaneggiato per essere adattato al contesto e poi suscettibile di omissione in quanto giudicato superfluo in linea col dettame giustinianeo di evitare ripetizioni: la generale carenza sintattica - ad esempio il cambio di soggetto non espresso, nei casi del richiedente per *idem quaesiit*, degli alimenti nell'interrogativa *an..praestanda sint*, del giurista per *respondit* – induce a chiedersi se l'estratto dai *digesta* di Scevola sia stato semplificato o esteso, in maniera inavvertita e spicciola, con conseguenze sulla struttura sintattica, o la carenza sintattica sia da imputare al testo scevoliano. L'assenza di *spatium* nel corrispettivo D. 34, 1, 20, 2 (II f. 79r a19) segnalerebbe – tacitamente – la volontà di conservare il testo, e non manipolarne dunque in alcun modo il contenuto. Per lo stesso argomento, che pone in luce la singolarità di trasmissione dell'opera o opere scevoliane, merita una breve analisi D. 34, 1, 18 (II f. 78v b3). Gli *spatia* sembrano ricorrere con una regolarità dettata dalla segnalazione di cesure semantiche (cfr. D. 34, 1, 16, in II f. 78r a14). Prescindendo, infatti, dai numeri di paragrafo assegnati in contesto scoliastico, si nota che le cesure ricorrono sia in corrispondenza di un passaggio a una nuova fattispecie, sia entro l'analisi di un testamento precipuo, a segnalare il passaggio a una *quaestio* o *responsio* relativa alla medesima fattispecie. Stupisce, a tal proposito, l'assenza di uno *spatium* nella transizione all'ultimo caso (quello segnalato dal § 5). In ugual modo, colpisce la presenza di un punto aggiuntivo in corrispondenza di un solo *spatium*, tra il testo del testamento e la *quaestio* introdotta da *quaesitum est* nel p. 2. Ci è dato solo muovere congetture, in assenza di confronti testuali. Si potrà notare, in base a un'analisi di carattere 'meramente' filologico e stilistico-sintattico, che questo testo testamentario è l'unico fornito in forma diretta, ovvero non parafrasata, nel frammento, oltre a quello riportato nell'ultimo blocco casistico (§ 5), peraltro unico non interessato da *spatia*, e al contenuto dei *codicilla* in § 4. Si noterà, infine, che il *deinde haec verba adiecit* che lo introduce è a sua volta preceduto da uno *spatium*: *spatium* e *spatium* con punto sembrano, insomma, fungere da cornice rispetto al testo del testamento. L'ipotesi congetturale può dunque concernere una manipolazione del testo, che sia essa una conversione del testo testamentario in forma diretta, un'aggiunta del testo stesso per ragioni 'esplicative', un'omissione o riduzione del testo testamentario.

Nondimeno, sarà opportuno presentare un'idea alternativa alla mera funzione di cesura semantica o di manipolazione a livello della pericope posta in risalto dalla cornice (ove la funzione di cornice sussista e gli *spatia* non siano piuttosto atti a segnalare più porzioni testuali oggetto di interesse nella rielaborazione editoriale). Questa si basa sulla differenza stilistica che emerge in luogo della ricorrenza dello stesso esempio riportato da Scevola contestualmente nelle due opere: un discorso diretto predominante nei *digesta*, forma parafrasata nei *responsa* (da imputare eventualmente agli 'editori' o epitomatori delle due opere scevoliane, piuttosto che all'autore, considerando l'origine univoca, ovvero l'appartenenza citazioni, risulta compatibile l'idea, sopra accennata, di segni di interpunzione in corrispondenza di elementi ubicati originariamente a margine, per integrazione in fase redazionale, oppure in corrispondenza di una struttura così ripartita nelle fonti originarie di consultazione.

15.1.1 Attestazione di omissioni o tagli: D. 27, 1, 21 e D. 27, 1, 46

L'avvenuto taglio rispetto al passo originario in corrispondenza di una traccia materiale (sia essa un generico *spatium* o un segno di interpunzione) è attestato in due casi: D. 27, 1, 21 (I f. 382v) e D. 27, 1, 46 (I f. 384v b36).

Il primo non sarà qui oggetto di commento (foto in basso) in quanto doverosamente analizzato nel contesto dell'edizione di P.Vindob. L59 + 92, a cui si rimanda[5].

FIGURA 37 Firenze, Biblioteca Medicea Laurenziana, ms. Pandette I, f. 382v, riproduzione digitale online

Ci si incentra qui pertanto su D. 27, 1, 46 e sul parallelo con i Fragmenta Vaticana.

originaria di entrambe le opere ad un'unica ampia raccolta di *responsa*: per la generale differenza stilistica, cfr. LENEL, Palingenesia, *Scaevolae responsorum* e *Scaevolae digestorum*).

5 FRESSURA – MANTOVANI, P.Vindob. L 59 + 92. Per un commento aggiornato al *locus* in oggetto, cfr. DURSI, Aelius Marcianus.

TABELLA 3

D. 27,1,46 §1 (Paul. l. s. de cognitionibus)	Fr.Vat. 233 e 235
Qui in collegio pistorum sunt, a tutelis excusantur, si modo per semet pistrinum exerceant: sed non alios puto excusandos quam qui intra numerum sunt. *spatium* **Urbici autem pistores a collegarum quoque filiorum tutelis excusantur.** Sed et hoc genus excusationis est, si quis se dicit ibi domicilium non habere, ubi ad tutelam datus est: idque imperator Antoninus cum divo patre significavit.	233 Ulpianus de officio praetoris tutelaris. Sed **qui in collegio pistorum sunt, a tutelis excusantur, si modo per semet ipsos pistrinum exerceant sed non alios puto excusandos, quam qui intra numerum** constituti centenarium pistrinum secundum litteras divi Traiani ad sulpicium similem exerceant; quae omnia litteris praefecti annonae significanda sunt. 234 Ulpianus libro supra scripto. Sed ostienses pistores non excusantur, ut Philumeniano imperator noster cum patre rescripsit. 235 Item. **Urbici pistores a collegarum quoque filiorum tutelis excusantur, quamvis neque decuriales neque qui in ceteris corporibus sunt excusentur.** Et ita Hadriano rescripto ad Claudium Iulianum praefectum annonae significatur, quam epistulam quodam rescripto ad vernam et montanum pistores imperator noster cum patre interpretatus est et ad pistores pertinere, cum in eo negotio frumentum agentibus daretur a collegarum filiorum tutelis vacatio. Plus etiam imperator noster indulsit, ut a tutelis, quas susceperant ante quam pistores essent, excusarentur; sed hoc ab ipso creatis pistoribus praestitit et ita Marco Diocae praefecto annonae rescripsit.

I cosiddetti Fragmenta Vaticana, una raccolta di estratti giuridici prodotta nel IV secolo[6], presentano materialmente non poche difficoltà alla luce della

6 Per un inquadramento sull'opera, ancora utile De Filippi, Fragmenta Vaticana; sull'uso dei Fragmenta, vedi Wieacker, Textstufen, 147–148 e n. 65.

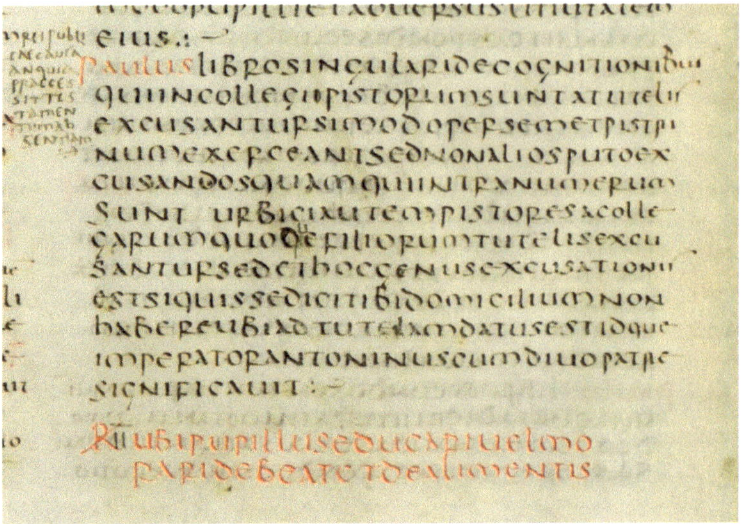

FIGURA 38 Firenze, Biblioteca Medicea Laurenziana, ms. Pandette I, f. 384v, riproduzione digitale online.

natura di palinsesto del manoscritto[7] che ne consente la parziale ricostruzione, e della ricorrenza nel medesimo di forme abbreviate.

È necessario analizzare il dato materiale parallelamente al contenuto del passo, nell'eventualità che una carenza evidente, riscontrata mediante il confronto tra *Digesta* e Fragmenta Vaticana e imputabile alla corruzione dell'una o dell'altra fonte rispetto al testo originario del giurista classico, possa essere posta in correlazione con segnali o tracce materiali della tradizione manoscritta[8]. Inoltre, i Fragmenta Vaticana possono ritenersi più vicini alla versione originaria delle fonti adoperate in virtù dello stadio da essi rappresentato, antecedente alla compilazione giustinianea, nondimeno discusso per quanto concerne la natura e la funzione delle fonti adoperate (uso didattico e scoliastico)[9].

Ci concentreremo in primo luogo sulla natura del testo e sulla discrepanza tra le due fonti, che palesa un processo di semplificazione o riduzione della variante dei *Digesta* rispetto a quella fornita dai Fragmenta Vaticana: l'analisi testuale, semantica e sintattica si accompagnerà inevitabilmente a quella

---

7 Vat. Lat. 5766, scriptura anterior, in forma digitalizzata al link: https://digi.vatlib.it/view/MSS_Vat.lat.5766 (ultimo accesso: 9/03/2026).

8 Si nota che il frammento non è segnalato tra quelli di trasmissione incerta per l'opera di Paulus in Cossa, Caso di Paolo.

9 Felgenträger, Entstehungsgeschichte, 28ss.

contenutistica, allo scopo di discernere le conseguenze interpretative e storico-contestuali in relazione al processo di trasmissione ed evoluzione del testo. In secondo luogo, proveremo a discutere il problema della paternità dei frammenti, per la diversità di tradizione delle fonti, e il contributo eventuale che lo studio materiale del *Codex Florentinus* può fornire alla indagine o risoluzione di tale quesito.

La prima criticità è da ravvisare nell'omissione, nel frammento dei *Digesta*, del *numerus* di 100 *pistrina*, o forni (cfr. fr. 233: *constituti centenarium pistrinum*), in base alla prescrizione dell'Imperatore Traiano: questo era il criterio valido per l'accesso al collegio, o corpo associativo, dei *pistores* a Roma, i cui membri, a loro volta, – in quanto appartenenti alla categoria dei *collegia* di iniziativa privata[10] – avevano diritto al privilegio dell'esenzione dalla tutela (fr. 235)[11].

Sarà lecito concentrare brevemente l'attenzione sia sul contesto storico sia sulla compagine sintattico-semantica del frammento nella versione a noi pervenuta[12]: i *collegia*, ripristinati o mantenuti da Giustiniano, erano stati gradualmente privati della loro funzione precipua, fino al punto in cui i loro membri diretti sono descritti come meri gestori o amministratori della distribuzione

10 Per una definizione esaustiva delle associazioni private nel mondo greco, si veda Gabrielsen – Paganini, Private associations, in partic. 4–17, e il catalogo online (Università di Copenhagen) https://ancientassociations.ku.dk/CAPI/ (ultimo accesso: 9/03/2026). Il volume fornisce una prospettiva di rilievo sul tema, incentrata sulla struttura e la regolamentazione interna di tali associazioni, se anche applicata a una selezione di casi e a materiale preponderante di età ellenistica e imperiale.

11 Nel contesto dell'analisi giuridica del collegio si confronti il ruolo dei *pistores ostienses*, ascrivibile alla categoria dei *collegia artificium*, ovvero quei collegi nati per iniziativa 'statale', incaricati di fornire il pane ai funzionari del fisco, e remunerati, pertanto privati di privilegi fiscali. Sul collegio dei *pistores ostienses*, non è dato aggiungere considerazioni, dal momento che i Fr.Vat. trasmettono il frammento come a sé stante, suggerendone la collocazione originaria in un altro punto dell'opera del giurista classico, e non lasciano desumere molto circa la scelta eventuale dei compilatori di escludere il passo (sebbene questa possa sembrare un'esclusione relativamente ovvia per il decentramento del perno imperiale e la svalutazione funzionale del porto commerciale di Ostia). Vedi Ciambelli, Patronato. Sui *collegia* ostiensi (si badi, privati, ma funzionali a un confronto strutturale) nel II e III secolo, con il riferimento a liste onorifiche e *leges* ivi restituite da fonti epigrafiche, vedi Tran, Ordo corporatum.

12 Il passo del Digesto, insieme alla considerazione scaturita dall'osservazione materiale, corrispettiva del taglio eseguito eventualmente dai compilatori, può dunque essere integrato alle altre fonti e sollecitare un avanzamento di considerazioni storico-giuridiche in merito. Sirks menziona il passo del Digesto per il parallelo circa l'immunità fiscale rispetto a Fr.Vat. 237 ma non discute l'omissione nel Digesto del *numerus clausus*: cfr. Sirks, Corpus pistorum, in partic. 107 n. 37.

del grano o pane, i *mancipes*; si dovrà aggiungere, inoltre, la banale considerazione per cui il *corpus* dei *pistores* fa inoltre fede a una realtà non più propriamente romana quanto costantinopolitana, dove il numero medesimo dei *collegia* può essersi ridotto o aver conosciuto una modifica strutturale.

La prospettiva generica degli studi sulle corporazioni nel Basso Impero aiuta a ricostruire la dinamica evolutiva dei collegi. I *collegia*, o corpora nel IV–V secolo[13], conoscono notoriamente una spinta verso l'autonomia, e i *pistores* in particolare ne debbono essere stati soggetti: una cassa frumentaria per gli acquisti di grano venne, infatti, istituita a Costantinopoli da Teodosio II, semplificando l'attività generalmente predisposta dai fornai delle medesime corporazioni (C.Th. 14.16.1 e 3). In generale, la sostanziale eliminazione di costituzioni imperiali nel codice giustinianeo rispetto a quello teodosiano, come anche nel Digesto[14], appunto concernenti i *collegia pistorum* (fatta eccezione per CI 11, 16, 1[15] e il nostro riferimento nel Digesto), non basta a provare ma consente di speculare circa un procedimento di allentamento del sistema vincolistico, ovvero dell'onere del servizio pubblico prima addossato ai *collegia* o corporazioni professionali di iniziativa privata[16].

Si nota, tuttavia, che nella variante dei *Digesta* il *numerus* è attestato testualmente ma non esplicitato (nel numero di 100, altrimenti restituito dalla versione estesa dei Fragmenta Vaticana) e potrebbe essere riferito al numero dei *pistrina publica*, conteggiati per il riconoscimento ufficiale nel novero dei *pistores* su intervento imperiale, sulla base di criteri purtuttavia non ascrivibili alla costituzione traianea quanto a una eventuale modifica posteriore, difatti adattata al nuovo contesto. Non risulta nondimeno da escludere un intento – collegiale, potremmo dire, e giustinianeo – di estensione dell'elargizione di privilegi, pertanto di accesso ai *collegia pistorum* della capitale, a prescindere da una eventuale perdita di valore del medesimo *corpus* o da una sua ristrutturazione, che fosse atta a contrastare una eventuale insufficienza numerica di chi prestava il servizio. Il procedimento di riconoscimento dei *pistrina publica* sulla base delle condizioni imperiali prescritte a Costantinopoli avrebbe

---

13 Vedi D. 3, 4, 1, 1 per la nota definizione della natura corporativa delle associazioni.

14 Sul processo di emendazione di costituzioni nel Digesto, vedi ora Stagl, Tempel der Gerechtigkeit, 57–78 e Additamentum II.

15 Su questa costituzione di Leone che conserva l'esclusione dei *pistores* da *publica officia* e *dignitates* De Robertis esprime efficacemente il richiamo "più in vista di una programmatica restaurazione che in ossequio ad una disciplina vincolistica effettivamente in vigore": De Robertis, Fenomeno associativo, 242.

16 Ci si riferisce agli studi di De Robertis sulla disciplina: basti qui il sopra citato De Robertis, Fenomeno associativo, sui *pistores* 241–242.

potuto costituire oltremodo il prerequisito di accesso al collegio, ma diviene superfluo, se non oltremodo errato, fare riferimento ad un numero di forni eventualmente posseduti come prerequisito per l'esenzione, laddove tutti i *pistores* potessero richiedere la partecipazione alla distribuzione gratuita di grano/pane.

Nel contesto del taglio testimoniato in D. 27, 1, 46 (I f. 384v b36) rispetto al testo originario del giurista classico, ciò può fornire una spiegazione semplicistica ma congrua: il processo di inserimento in un *numerus clausus*, che difatti non esisteva più (pertanto il taglio di quanto ne definiva i prerequisiti), per l'allentamento del vincolo, non era praticabile, ma al contempo il regolamento (concernente il diritto all'*excusatio*) per tutti quanti fossero annessi a tali *corpora* dalle fattezze sempre più autonome, e in quanto tali continuassero ad esercitare un'attività di interesse collettivo o comune, in linea con la politica giustinianea, resta valido[17].

Il testo resta comunque sia, dal punto di vista semantico e contenutistico, monco del riferimento essenziale. I compilatori avrebbero potuto omettere l'intera porzione testuale riferita al gruppo di quanti accedono all'esenzione, pur non producendo il pane per conto proprio (*sed non alios ...*), o integrare il dato numerico o altro criterio eventualmente previsto. L'omissione totale, ove corrispettiva del reale intento dei compilatori, applicato alla situazione contingente, determinerebbe altresì la perdita di un dato importante, ovvero di una misura di incentivo o stimolo alla produzione massiccia per rispondere alle esigenze della popolazione.

Le *letterae Traiani* intervengono nei Fr.Vat. – fr. 233 – in riferimento al *numerus* di cento forni come criterio di accesso al collegio[18]. Se questo criterio è prettamente traianeo, resta altroché valida la considerazione di una possibile analogia rispetto a quanto attestato in Gaio (1, 34): *denique Traianus constituit, ut, si Latinus in urbe triennio pistrinum exercuerit, in quo in dies singulos non minus quam centenos modios frumenti pinseret, ad ius Quiritium pervenit.* Qui il prerequisito principale sembra relativo non al numero di forni quanto alla produzione di cento moggi di grano[19].

Il decorso evolutivo dei *collegia pistorum* sulla base delle fonti finora citate (Gaio, unitamente alle informazioni desunte dai Fragmenta Vaticana e alla

17 Galgano, Corporazioni.

18 Sirks (Corpus pistorum, 107) si riferisce all'introduzione traianea dell'esenzione da tutela per i membri del collegio, senza entrare nel merito del criterio specifico.

19 Cfr. Höbenreich, Annona, 116–131.

versione radicalmente ridotta dei *Digesta*) potrebbe essere sensibilmente rivisto e così ricostruito: i criteri validi all'età di Gaio, eventualmente in base a disposizioni dettate da Traiano, si riflettono nei Fragmenta Vaticana, ma i medesimi sono espunti nel Digesto per una ragione non nota – financo pratica e frutto di una modifica legislativa; resta infine insoluto il quesito circa il criterio applicato da Giustiniano, eventualmente atto a giustificare la modifica, apparentemente sospesa nel processo editoriale e forse frutto dell'operato dei compilatori, mediante omissione.

Ritornando al nostro parallelo tra Digesto e Fragmenta Vaticana, si noterà inoltre che qualcosa viene meno anche nella sequenza testuale successiva (nel Digesto rispetto ai Fr.Vat.) ovvero *quamvis neque* ..., se non inoltre tutta la porzione del rescritto adrianeo e la pericope relativa all'*excusatio* della tutela dei figli dei colleghi per gli *urbici pistores* (fr. 235).

La diversità di tradizione testuale nei due corpora rende difficile ricostruire quanto avvenuto, ma è da considerare l'opzione di un taglio o semplificazione testuale nell'atto di produzione del Digesto, rispetto a quanto tràdito nei Fragmenta Vaticana[20].

Si segnala, in relazione alla teoria circa una corrispondenza di taluni *spatia* e *cola* con omissioni testuali, la circostanza in questo *locus* di un taglio non segnalato nel manoscritto; tuttavia, tale osservazione è, come altrove evidenziato, di relativa importanza, dal momento che l'omissione, come categoria di interpolazione o modifica al testo, costituisce solo un'opzione, e rappresenta per noi una segnalazione inerente a una fase di revisione editoriale finale, così da non poter escludere che altre omissioni, non altrimenti segnalate, siano d'altronde, e altrimenti, avvenute prima, durante il processo di composizione dei titoli nel Digesto.

Nondimeno, è possibile sostenere che un generico accapo, in luogo di una cesura (percepita come tale anche in virtù dell'omissione) giustifichi lo *spatium* e che la corrispondenza con una omissione di testo sia del tutto casuale, o solo indirettamente legata alla circostanza di cesura posta in evidenza tramite un accapo o vuoto materiale.

---

20 Per la tematizzazione e una casistica dei fenomeni di "interpolazione privativa" nel processo di composizione del Digesto, vedi ora Stagl, El pueblo del derecho, 135–136; cfr. anche gli esempi avallati dalla tradizione papirologica, *infra*.

A prescindere dalla ipotesi accolta, il dato materiale del *Codex Florentinus* resta di interesse indubbio per il problema di paternità del frammento, ragione per cui ci si chiede se le tracce materiali del *Codex Florentinus*, come prova di uno stato di trasmissione del testo, nella fattispecie rappresentato dall'antigrafo o stadio ad esso antecedente, non possano aiutare a riconoscere una criticità nella trasmissione testuale di uno o più estratti che giustifichi in ultima istanza la discrasia tra le fonti.

A tal proposito, oltre alla già postulata opzione di una corrispondenza dello *spatium* con un fenomeno di alterazione del testo o taglio, opportunamente smentita o poco congrua nel contesto specifico, o con un generico accapo, che solo indirettamente si connette a un salto testuale o taglio rispetto alla fonte originaria, per il fatto stesso di corrispondere a una scansione strutturale, si potrebbe avallare una terza opzione, che spieghi gli *spatia* nella loro origine 'multipla': la possibilità che lo *spatium* sia ivi prodotto dallo scriba ove il testo che segue si trovasse in una nota marginale in uno stadio di bozza, volta a integrare il testo mancante del frammento con un apposito segno di richiamo.

Dal momento che l'opzione di annotazioni marginali, in una fase antecedente al modello del *Codex Florentinus*, è altrove supportata con più solidi argomenti (cfr. D. 22, 3, 30–31*: I f. 318v a35–44), si potrà riflettere in tal caso, ancora una volta, sulla facies della fonte da cui tali segni derivano, e sull'impiego di un segno materiale, di ricorrenza non necessariamente casuale, che possa spiegare l'incipit di una integrazione, lì dove il testo (che precede e/o segue lo *spatium*) ha conosciuto una riduzione rispetto alla versione trasmessa dai Fragmenta Vaticana.

In generale, si ritiene sostenibile l'idea per cui un segno materiale (*spatium* e *colon*) possa corrispondere a segnalazioni di criticità testuale (vedi gli esempi addotti sopra), sia ove si consideri la ricostruzione di una versione incompiuta provvista di annotazioni marginali, che coincidono a frammenti o pericopi testuali di cui si valuta l'inclusione, sia ove gli *spatia* possano aver corrisposto ad accapo. A tal proposito, si richiama alla memoria la teoria, sostenuta in linea di principio nel presente lavoro, di accapo o *spatia* nelle fonti di consultazione, a mo' di scansione strutturale o segnalazione di annotazione/glossa.

In ultima istanza, l'idea di accapo o di una forma di cesura strutturale mi pare quella più plausibile nella circostanza di D. 27, 1, 46 (I f. 384v b36). Lì dove i Fragmenta Vaticana interrompono la sequenza testuale dalla medesima (presunta) opera originaria, mediante l'inserimento di un frammento da altra fonte inerente alla stessa disciplina, il *Codex Florentinus* restituisce uno *spatium*. La corrispondenza col taglio diventa, dunque, di rilevanza relativa, dal momento che il confronto fra il Digesto (così come trasmesso nel *Codex Florentinus*) e i Fragmenta Vaticana testimonia uno stato di corruzione o modifica di natura privativa, non solo in corrispondenza della transizione a *urbici pistores* quanto anche della sequenza testuale successiva. Nondimeno, l'interruzione, che occorre in entrambe le nostre fonti in modalità diverse – la frapposizione di un altro frammento nei Fragmenta Vaticana, lo *spatium* nel *Codex Florentinus* – avalla la possibilità di una cesura netta in corrispondenza della transizione dall'una all'altra sezione del testo originario: fr. 233 e 235 nei Fragmenta Vaticana, porzione testuale prima e dopo lo *spatium* nel *Codex Florentinus*. Si ha insomma ragione di credere che i frammenti (233 e 235) appartengono sì alla medesima opera, ma che sono stati estratti in momenti diversi o rispetto a due pericopi non direttamente consequenziali nella fonte citata, e che la cesura occorre – per una circostanza financo probabilistica – in corrispondenza dell'omissione di una porzione di testo, che potrebbe essersi presentata nella sua veste originaria come ancor più lunga rispetto alla versione a noi restituita col tramite dei Fragmenta Vaticana.

15.1.2 'Mancate' segnalazione di omissioni

È chiaro che il principio di attestazione di omissioni non vuole essere un invito ad adoperare tali *cola* come criterio affidabile e inclusivo di tutte le omissioni messe in atto dai compilatori. Stiamo piuttosto seguendo le tracce di fenomeni che possano motivare la funzione di tali *signa*, la cui trasmissione fu tuttavia soggetta a passaggi multipli e la cui medesima funzione risulta poter essere senza dubbio varia: il caso appena analizzato aiuta nondimeno a riconoscere in queste tracce materiali la possibilità di configurare accapo nel modello, che riproducono a loro volta estratti non direttamente consequenziali nella fonte originaria. In tal senso, il segno materiale diventa traccia di una cesura semantica più forte, e – solo indirettamente ed eventualmente – segnalazione di un taglio, a prescindere che quest'ultimo si esplichi in un taglio interno a una pericope o nel 'salto' da una sezione all'altra della fonte originaria, con conseguente omissione di pericopi mediane (cfr. il sopracitato fenomeno di "interpolazione privativa").

Non stupirà, dunque, rilevare la presenza di omissioni di testo, di contro non segnalate da alcuno *spatium* o segno nel *Codex Florentinus*. Almeno tre sono i casi certi o oggetto di dibattito, entro le unità testuali attribuite alla Manus III, che meritano una breve segnalazione.

1. la prova in PSI XIV 1449 (codice pergamenaceo di origine egiziana, V sec.) di un passo (*verso* l. 27: *et refert* ..., seppure il séguito manchi per lacuna materiale

del papiro)[21], purtroppo monco per lacuna del frammento, non altrimenti attestato nell'estratto corrispettivo di D. 19, 2, 15, 2 (I f. 279r) e la cui omissione non risulta altrimenti segnalata in alcun modo nel *Codex Florentinus*;

TABELLA 4

PSI XIV 1449, verso ll. 23–27	**D. 19, 2, 15, 2 (I f. 279r)**
ge- [rit, an l]ocator condu- [ctori hoc] ṇomine ali- [quid prae]stare debe- [at, videam]ụs; ẹt refert-	Si vis tempestatis calamitosae contigerit, an locator conductori aliquid praestare debeat, videamus. Servius omnem vim (...)

COLONIESSEUELUTISIUINUMCOACUERIT
SIRAUCISAUTHERBISSEGETESCORRUPTAE
SINTSEDETSILABESFACTASITOMNEM
QUEFRUCTUMTULERITDAMNUMCOLO
NINONESSENESUPRADAMNUMSEMI
NISAMISSIMERCEDESAGRIPRAESTARE
COGATUR SEDETSIUREDOFRUCTUM
OLEAECORRUPERITAUTSOLISFERUORE
NONADSUETOIDACCIDERITDAMNUM
DOMINIFUTURUMSIUERONIHILEXTRA
CONSUETUDINEMACCIDERITDAMNUM
COLONIESSEIDEMQUEDICENDUMSIEXER
CITUSPRAETERIENSPERLASCIUIAMALI

FIGURA 39 Firenze, Biblioteca Medicea Laurenziana, ms. Pandette I, f. 279r/b, riproduzione digitale online

2. il medesimo *silandealicui* sopra discusso (D. 7, 1, 15), porzione interna di frammento ricollocato, in corrispondenza di cui, tuttavia, si è già argomentata la mancata consapevolezza di ricopiatura di un testo superfluo nell'antigrafo

21 Sulla tradizione testuale del passo, resta valido WIEACKER, Textstufen, 255–262, 432. Il papiro è in corso di riedizione nell'ambito del progetto ERC REDHIS: per le foto, vedi https://psi-online.it/documents/psi;14;1449 (ultimo accesso: 9/03/2026).

del *Codex Florentinus*; non stupisce dunque l'eventuale mancata segnalazione di un presunto taglio, che non si sarebbe d'altronde tradotto nella perdita definitiva del testo, altrove collocato; tuttavia, si ricorda che il taglio costituisce solo un'opzione, giudicata nel presente lavoro come meno valida o plausibile rispetto alle due alternative sopra esposte, ovvero l'integrazione accidentale a testo di una nota di richiamo o riferimento incrociato ad altro passo – forse già nella fonte originaria, oppure la valutazione da parte dei compilatori della frapposizione di un frammento a se stante in quel *locus*, poi annullata per scelta di ricollocamento;

3. il sopra discusso D. 27, 1, 46 (Paul. l. s. de cogn.) con la concessiva *quamvis neque. ... annonae rescripsit* (nella *Littera Florentina* in I f. 384v, attestato in Fr.Vat. 235).

Questo elemento prova che è insostenibile il principio di una riproduzione fedele di *spatia* in luogo di omissioni testuali per mano dei compilatori, sebbene sia lecito presumere che le stesse omissioni possano aver avuto luogo in momenti diversi della compilazione medesima. Tuttavia, sostenendosi l'idea di una corrispondenza con tracce materiali dell'antigrafo, non necessariamente imputabili all'originale o archetipo, resta congrua una corrispondenza eventualmente casuale con un'omissione, dettata non tanto da una segnalazione di chi redige (o interviene su) il modello del *Codex Florentinus*, come elemento generato consapevolmente in fase redazionale, quanto da una demarcazione o ripartizione strutturale primigenia dell'opera, con segnalazione di cesura: la carenza semantica o logica del testo che è conseguita dall'omissione viene posta in luce, indirettamente, dalla conferma di una cesura semantica in quel *locus*.

CAPITOLO 16

Conseguenze della teoria di riproduzione mediante accapo e segni di lettura

Il principio seguito è quello di una ricostruzione e discussione della fattura e presentazione formale e contenutistica dell'antigrafo. Sebbene si parli di semplici accapo, che occorrono in luogo di cesure semantiche, solo occasionalmente corrispettive (appunto per la loro natura di cesura o pausa logica e topica) di tagli testuali ad opera dei compilatori[1], la conseguenza di tale considerazione può in taluni casi, se anche rari, investire la fattura stessa o interpretazione dei passi del Digesto, o meglio la loro attribuzione autoriale.

Dall'altro lato, l'interpretazione di accapo può risultare difficile da seguire ove investa casi di *spatia* tra componenti di una frase o di un periodo, dove la cesura è difatti debole piuttosto che netta, ma l'accapo va a interrompere il flusso di lettura. Risulta, inoltre, insostenibile nei casi in cui una cesura sia persino inopinabile o incongrua, perché divide una preposizione reggente dal caso retto: *intra restitutionis tempus* in D. 27, 3, 20 (I f. 388r a17), o il complemento di specificazione rispetto al sostantivo che lo regge (D. 9, 2, 27, 11: I f. 150v a40)[2].

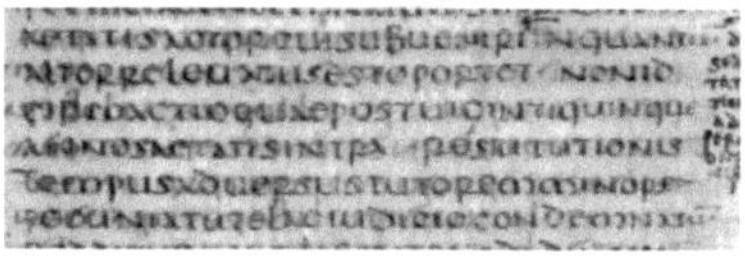

FIGURA 40
Firenze, Biblioteca Medicea Laurenziana, ms. Pandette I, f. 388ra, riproduzione digitale online.

Si parlerà di:

1. cesure nette o forti, tra proposizioni di un periodo;

2. cesure deboli ma sintatticamente giustificabili, ovvero tra principale e subordinata, tra componenti sullo stesso livello (elementi di una lista): D. 34, 9, 10 (Gaiu. 15 Iul. et Pap.) *in medias res*, ovvero tra la principale *recte dictum est* e la ipotetica, in II f. 96r b41 (cfr. anche D. 46, 6, 10, in II f. 369v b12, tra principale e relativa *quam ipsum teneri* ...); D. 46, 3, 105: interruzione prima dell'infinito

---

1 Si vedano i tagli segnalati sopra, come anche il taglio non segnalato, in D. 27, 1, 46 (I f. 384v) e il sopra menzionato D. 19, 2, 15, 2 (I f. 279r).

2 Cfr. *infra*, per ulteriori considerazioni in merito. D. 9, 2, 27, 11, nel manoscritto in I f. 150v a40, rientra nell'unità testuale assegnata da Kaiser alla Manus IV (Ed. mai. IIIª).

debere; D. 34, 2, 21 (II f. 81v b10): cesura tra *commagena* come sostantivo collettivo e l'elenco di cose classificabili entro la suddetta categoria; allo stesso modo si veda lo *spatium* che precede *veluti* in D. 34, 2, 23, §2 (II f. 82r a5), introducendo l'elenco degli *ornamenta muliebria*[3]:

> *muliebria sunt, quae matris familiae causa sunt comparata, quibus vir non facile uti potest sine vituperatione,* **spatium** · *veluti stolae pallia tunicae capitia zonae mitrae, quae magis capitis tegendi quam ornandi causa sunt comparata, plagulae penulae.*

3. Cesure 'non-cesure': non giustificabili sul piano sintattico, tra preposizione e caso retto: *intra restitutionis* in D. 27, 3, 20 (I f. 388r a17); cfr. anche D. 34, 9, 10 (II f. 96r b41); D. 46, 3, 105 (II f. 366v a29); tra il complemento oggetto e il complemento di specificazione ad esso riferito (*inquilorum insulae · personas* in D. 9, 2, 27, 11: I f. 150v a40)[4], atte a interrompere il flusso semantico o componenti sintattiche dipendenti l'una dall'altra: in questi casi sarà ancor più congruo parlare di interpunzione, o punteggiatura frapposta tra componenti interne alla frase, ma non si esclude la segnalazione con tali *cola* di quanto segue, ovvero di una singola componente marcata nella fonte originaria di comparsa della medesima interpunzione o del fenomeno generatore di essa. Si veda l'immagine in basso per la riproduzione di I f. 150v a40 (D. 9, 2, 27, 11) *inquilorum insulae · personas.*

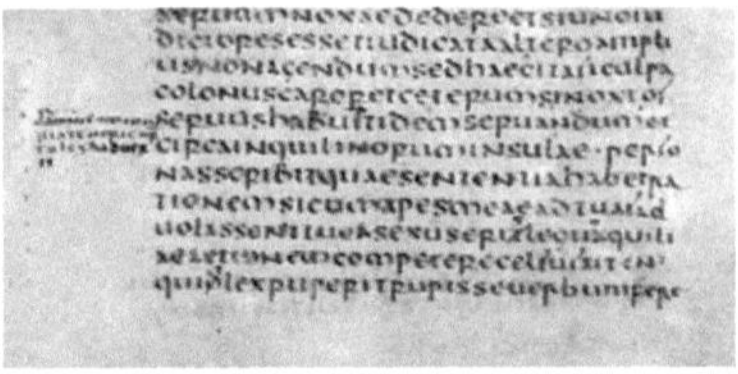

FIGURA 41
Firenze, Biblioteca Medicea Laurenziana, ms. Pandette I, f. 150v a40, riproduzione digitale online.

La categorizzazione coinvolge sia *spatia* sia segni di punteggiatura o interpunzione, ma ha conseguenze diverse sul piano interpretativo. Per gli *spatia* è

3 Per l'uso di *ornamenta muliebria* come collettivo e la definizione del vestiario nei *responsa*, vedi Casinos Mora, Garments in the *Responsa*, in partic. 150–151. L'autore evidenzia le caratteristiche che emergono nella definizione degli abiti, in funzione della loro corretta interpretazione in disposizioni testamentarie. Per la nozione di *ornamenta* e il suo carattere collettivo nei passi del Digesto, vedi anche Dell'Oro, Collettive, 186–189.

4 La singolarità di questa *interpunctio* è stata notata già da Brenkmann, Historia Pandectarum, 133. Si segnala che nello stesso frammento lo *spatium* con *colon* ricorre altre tre volte in circostanze 'regolari', ovvero prima di *quaestiones* introdotte da una proposizione ipotetica.

difficile ricostruire quanto avvenuto ove si immagini un accapo in corrispondenza di una 'cesura non-cesura' (D. 27, 3, 20: I f. 388r a17; D. 34, 9, 10: II f. 96r b41; D. 46, 3, 105: II f. 366v a29). Per quanto concerne l'interpunzione, qualsiasi punto o passaggio testuale può essere oggetto di nota di commento o indicatore di rilievo ma una cesura debole o 'cesura non-cesura' è più facilmente motivabile con una nota di commento o integrativa al testo piuttosto che con un generico indicatore di punto rilevante, né tantomeno con un fenomeno di accapo/funzione di interpunzione o punteggiatura. Da qui sorge l'invito a procedere con cautela nel ritenere i due fenomeni direttamente connessi e nel ricostruire una traccia materiale nell'antigrafo in corrispondenza dei suddetti, come prova dell'operato di uno scriba o lettore (si vedano a tal proposito gli *spatia* in luogo della transizione dalla principale alla subordinata, dove è difficile o illogico supporre un accapo).

Altresì, questa teoria invita a prendere in considerazione segnalazioni e marcature sorte in seno alla produzione o revisione/lettura dell'antigrafo, proprio come prova indiretta di criticità testuali, ovvero di sezioni monche o deboli sul piano interpretativo, contenutistico e/o semantico.

In via congetturale, eppur in linea con i principi ricostruttivi proposti nella prima parte del seguente lavoro, si prova a sostenere oltre, nelle considerazioni relative a D. 27, 3, 20 (I f. 388r a17), la possibilità che questi casi di *interpuncta* siano a loro volta riflesso di una segnalazione nella fonte di consultazione: l'accompagnamento di una glossa o una segnalazione generica di carenza sintattica possono, infatti, far capo a una corruttela 'primigenia' dell'opera, a cui non è possibile porre rimedio. Ciò consente di riflettere, ancora una volta, sulle tracce presenti nel manoscritto, come indizi fondamentali, non solo in relazione al processo di composizione, quanto anche alla trasmissione e alla forma delle opere in uno stadio ancora antecedente.

16.1 'Cesure non-cesure': brevi considerazioni su D. 27, 3, 20, 1 (I f. 388r)

FIGURA 42
Firenze, Biblioteca Medicea Laurenziana, ms. Pandette I, f. 388r a17, riproduzione digitale online.

(Pap. 2 resp.) *Non idcirco actio, quae post viginti quinque annos aetatis* ***intra · restitutionis tempus*** *adversus tutorem minore pecunia tutelae iudicio condemnatum redditur, inutilis erit, quod adulescenti curatores ob eam culpam* *condemnati sunt: itaque si non iudicatum a curatoribus factum est, per doli exceptionem curatores consequi poterunt eam actionem praestari sibi.*

Uno *spatium* con punto si colloca qui *in medias res* entro una pericope testuale, tra *intra* e *restitutionis tempus* (I f. 388r a17; vedi testo *supra*, per il contesto): Solazzi ha proposto *annum* (cfr. *infra*) per esplicitare i termini di richiesta da parte del minore di *actio adversus tutores* (ovvero entro un anno computato dal compimento dei 25 anni)[5]. In particolare, lo studioso proponeva [*restitutionis tempus*] <*annum*> (?)[6] e spiegava che – parafraso – il diritto classico attribuiva la facoltà di esigere la nomina di un curatore speciale per chi volesse muovere un processo al minore, per evitare la lesione risarcibile di costui. Alla luce dell'obbligo del magistrato a rigettare la domanda di *restitutio in integrum*, si sarebbe scelto di intervenire per la risoluzione della fattispecie controversa, e al contempo di "porre riparo alla dabbenaggine dei curatori" – così testualmente Solazzi – "tanto ingenui da eseguire giudicato senza farsi cedere *actio* contro l'antico avversario del minorenne", e prevede dunque che i minorenni siano pronti a cedere le proprie azioni. Ebbene, questa soluzione, a prescindere da chi l'abbia intrapresa, si inquadra nella dinamica normativa che mira alla protezione del minore, e determina l'allentamento dell'aspetto punitivo nella circoscrizione dell'illecito, a favore di una restituzione patrimoniale o pratica risarcitoria per il soggetto ingannato: nella nostra fattispecie, si sopperisce all'addotta negligenza o inaffidabilità dell'operato del tutore e alla mancata reazione tempestiva del curatore con un'estensione dei tempi validi per il cedimento dell'*actio* contro il tutore[7].

Il passo che presenta un parallelo tematico (D. 26, 7, 25), in cui Ulpiano cita Papiniano, non permette di ricostruire la forma originaria dell'opera di Papiniano, laddove una interpolazione sia stata messa in atto, dal momento che Ulpiano parafrasa il testo di Papiniano. Papiniano giunge in soccorso a chiarire i diritti del curatore, proprio in base al medesimo principio, per cui il giudicato si ritenga coinvolgere sia il tutore sia il curatore. Ulpiano cita Papiniano per affermare la validità della *restitutio*, ovverosia la possibilità per il curatore,

---

5 Per i noti passaggi della *Lex Plaetoria* e la generalizzazione della *cura minorum*, sebbene resta ad oggi discussa la stabilità raggiunta da quest'ultima sotto Marco Aurelio (il cui ruolo in materia sarebbe stato di poco antecedente al *floruit* del giurista Papiniano) o in età post-classica, restano valide le considerazioni di Rudorff, Recht der Vormundschaft, 90–107.

6 Solazzi, Minore età, 222. Nell'editio stereotypa *restitutionis tempus* è posto tra parentesi uncinate, sicché è posta parimenti in discussione l'autenticità della indicazione temporale.

7 Tale approccio è sostenuto da Spina, Fides, mediante l'analisi sistematica dell'applicazione della *fides* nell'ambito dell'*officium* tutelare. Per la configurazione dell'illecito nella gestione dei beni tutelari, vedi in particolare 86–90.

mediante *exceptio doli*, di ottenere dal pupillo l'azione contro il tutore, ma questo principio – si chiarisce – vale solo laddove il curatore non abbia già eseguito il giudicato. Concettualmente, dunque, si fa salvo quanto riportato anche in D. 27, 3, 20 (I f. 388r a17), nella citazione diretta da Papiniano, con la sola differenza che in Ulpiano viene meno la specificazione della tipologia di processo contro il minore, relativa a una somma di denaro e a una *hereditas*, che avrebbe posto le condizioni per l'intervento del curatore speciale. La fattispecie di rinuncia del *pupillus* all'eredità paterna, come potenziale contesto rispetto a D. 27, 3, 20, ritorna nel passo di Papiniano registrato poco innanzi, in D. 27, 3, 18: anche qui entra in gioco la responsabilità del tutore (*dolus* o *culpa*), se la rinuncia suddetta, avvenuta su istruzione del tutore, dovesse risultare ingiustificata o non rispondente alla volontà del minore[8].

La motivazione del punto nella *Littera Florentina*, vista l'assenza di un esplicito chiarimento su quale sia il termine di registrazione della *restitutio* – da intendersi come scadenza temporale dopo il compimento dei 25 anni, potrebbe in effetti essere l'omissione di una porzione di testo che lo chiariva, o l'aggiunta del dato temporale, in una forma incompleta o in bozza, in quanto non esplicita. Il riferimento manca, infatti, nel parallelo o testo parafrasato da Ulpiano.

In alternativa, in linea con i principi seguiti nel presente lavoro, è lecito chiedersi se l'interpunzione sia anche qui riconducibile alla fonte di consultazione dei compilatori (se non al processo redazionale, con una segnalazione di sorta), e una corruttela o carenza primigenia fosse qui accompagnata da una demarcazione generica o da una glossa. Quest'ultima costituisce senz'altro una spiegazione plausibile, seppur non altrimenti verificabile, che aiuterebbe anche qui a gettare luce su uno stadio antecedente alla composizione del Digesto.

16.2 Ancora su D. 27, 1, 46: conseguenze sul piano di attribuzione dei frammenti/*inscriptiones*

Ritorniamo a D. 27, 1, 46 (I f. 384v). L'attribuzione di autori differenti da parte dei Fragmenta Vaticana e del Digesto porta a discutere la falsa attribuzione dell'una o dell'altra fonte: rispettivamente Ulpiano, *de officio praetoris tutelaris*, e Paolo, *libri singulares*[9].

---

8 Vedi MacCormack, Liability, 373–374.

9 Per i componimenti 'monovolume' di Paolo, si veda ora Cossa, Caso di Paolo, che affronta problematiche d'insieme inerenti il genere letterario, la materialità del *liber singularis*, la paternità dei componimenti e le citazioni paoline nel contesto del Digesto. Anche i Basilici riportano il nome di Paolo: B. XXXVIII, 1, 46 (ed. Scheltema – Van der Wal).

Mommsen (ed. Fr.Vat., p. 72) commentava il passo e giudicava più credibile un fenomeno di *inscriptiones* errate nei Vaticana, piuttosto che la circostanza per la quale Paolo (Dig.) cita pedissequamente Ulpiano (Fr.Vat.), così da poter ritenere affidabili entrambe le fonti.

Dal momento che si è supposta una corrispondenza tra lo *spatium* nel *Codex Florentinus* e un ipotetico accapo o altro fenomeno che giustifichi il punto di transizione nel modello, sarà lecito chiederci se l'ipotetico accapo non coincida solo con un punto oggetto di interpolazione, per la coincidenza con un taglio testuale, quanto possa aver corrisposto persino alla transizione al frammento di un altro autore. In ragione della ricostruzione fornita a spiegazione di diversi fenomeni nella prima parte del seguente lavoro, si è infatti avallata l'opzione per cui un elemento a margine, o integrazione secondaria, giustifichi quella segnalazione. Si è già visto per D. 22, 3, 30* e 31* (I f. 318v a35–44) come un elemento scritto a margine, poi incluso nel testo, possa trasmettere un testo soggetto a criticità, la cui *inscriptio* è già andata parzialmente perduta, o la cui paternità è falsamente attribuita. Di seguito si espongono le possibili spiegazioni del fenomeno.

- La constatazione di una transizione ad altro frammento e di una eventuale derivazione da elemento scritto a margine risolve solo parzialmente il problema: si dovrà infatti immaginare che Paolo – assumendo che la versione del Digesto sia quella corretta – sia l'autore effettivo del frammento e che Ulpiano sia l'autore della sola porzione che segue lo *spatium*: infatti, si potrebbe congetturare una *inscriptio* mancante nell'antigrafo e un testo percepito, in base alla teoria sopra esposta, come parte del medesimo frammento e ivi accluso. Viceversa, Paolo potrebbe essere l'autore della seconda sezione testuale, ovvero *urbici pistores* etc. (Fr.Vat. 235), e i Fragmenta Vaticana potrebbero dunque avere errato nell'attribuzione del solo frammento 235, introdotto da un generico *item*, nel contesto da ricondurre a Ulpiano, come autore citato subito prima, piuttosto che a un nuovo autore[10].
- Il processo di una presunta attribuzione erronea di una sezione testuale intera o parziale, segnalata dallo *spatium* nel *Codex Florentinus*, e riportata in due frammenti separati nei Fragmenta Vaticana, sarebbe correlato a un problema di trasmissione o interpretazione del testo, che permetterebbe di escludere errori di attribuzione in entrambe le raccolte. Ulpiano (Fr. Vat.) presenta una versione estesa, integrata di informazioni relative alle costituzioni imperiali, come fonte e a giustifica delle leggi, rispetto a Paolo (Dig.). I compilatori avrebbero preferito a Ulpiano la versione succinta di Paolo, scelta decisionale logica ma forse anche costretta, alla luce dell'ordine

10 Stagl, Tempel der Gerechtigkeit, 19–25.

giustinianeo di evitare contenuti identici o ripetitivi (*Const. Tanta* § 1), e quantomeno rispondente a un principio di brevità.

- Non è da escludere, infine, una ambiguità di attribuzione dei passaggi in oggetto prima dell'inclusione del frammento nella *Littera Florentina*, piuttosto che una tradizione testuale materialmente incerta o corrotta, con una sostanziale difficoltà di risoluzione del problema già all'epoca della compilazione.

Proviamo ora a combinare queste considerazioni con quanto affermato nel paragrafo precedente circa l'analisi semantica e contenutistica dei frammenti coinvolti in relazione alla materialità, ovvero alle problematiche di trasmissione nelle due raccolte a noi pervenute.

La conseguenza in un approccio esegetico alla tradizione testuale dei Fragmenta Vaticana si traduce nella seguente risoluzione ideale al problema della paternità nella raccolta di IV secolo: il fr. 234, interpretato come un frammento inserito in seno alla successione semantica dell'opera citata ai frr. 233 e 235 (vedi *supra*), potrebbe derivare da Ulpiano, *de officio praetoris tutelaris*. Per una qualche ragione, financo riconducibile a una ricezione errata nella tradizione testuale o a un errore di trascrizione all'atto di redazione dei Fragmenta Vaticana, tale lemma confluisce ad apertura del frammento precedente e viene richiamato nei due frammenti successivi, finendo col restituire una omogeneità lemmatica per tre frammenti consecutivi, nonostante l'estraneità del frammento ivi frapposto (234 rispetto a 233 e 235)[11].

Solo in questo modo, si darebbe ragione dei lemmi di entrambe le raccolte che ci restituiscono i frammenti (Fragmenta Vaticana e Digesto), e si spiegherebbe da un lato la problematica della paternità dei Fragmenta Vaticana e dall'altro l'indizio materiale (lo *spatium* nella versione del *Codex Florentinus*), in funzione della ricostruzione filologica della fonte di estrazione. In una prospettiva generale, l'esito è la valorizzazione della scansione semantica della fonte (idealmente, *libri singulares* di Paolo), la rilevanza del dato materiale in prospettiva filologica e la possibilità di riflettere parallelamente su problematiche di trasmissione testuale unitamente a una ambiguità primigenia della medesima fonte nella ricezione di età post-classica.

11 Dovremmo, nondimeno, accettare l'idea di un costrutto alternato (Ulpiano-Paolo), già nei Fragmenta Vaticana, imputandolo non necessariamente al processo compositivo quanto anche, come già evidenziato, a un errore di copiatura o stato corrotto di trasmissione delle fonti.

CAPITOLO 17

Altre evidenze per segni di lavoro nell'atto della compilazione?

Se seguiamo la prima delle ipotesi sopra esposte, ovvero l'idea che i nostri *spatia* e segni di interpunzione si possano ricondurre ai compilatori, piuttosto che a una mano dell'esemplare, sarà necessario riflettere sul valore paleografico e di storia della tradizione manoscritta del fenomeno osservato nel *Codex Florentinus*. La ricerca dovrà interessare le fonti di qualsivoglia genere della tradizione manoscritta (siano esse in forma di rotolo o codice, papiracee o pergamenacee), che possano contenere non generici segni di cesura semantica (apposti *in scribendo*) o lettura (atti generalmente a evidenziare punti di interesse, transizioni di rilievo o rimandare a note di commento), quanto segni di lavoro, ovvero segni adoperati in corso di compilazione dell'opera, eventualmente funzionali a segnalare qualsivoglia operazione di spoglio, taglio, puntualizzazione o deviazione. Il problema che può tuttalpiù sorgere in seno alla discussione di casi singoli è se questi segni pongono in rilievo il ripensamento dei compilatori rispetto alla possibilità di apportare modifiche ma non segnalano necessariamente una modifica poi messa in atto. Si veda, a titolo d'esempio, il caso di D. 34, 2, 18, dove lo *spatium* coincide a una sezione del frammento che ritorna identica in un altro frammento entro la stessa rubrica, dove è lecito chiedersi se i compilatori abbiano valutato l'omissione del parallelo (estratto da altro libro del giurista Scevola, ma comunque coincidente e dunque atta a generare una ripetizione).

Si vuole, insomma, porre l'accento sul valore unico dei segni del *Codex Florentinus* laddove rappresentassero segni di lavoro, di uso 'interno', destinati se non altro agli scribi ove questi dovessero seguire i dettami dei compilatori relativamente a omissioni e ricollocamenti: cfr. l'ipotesi di mancata omissione in D. 27, 9, 1 e D. 27, 9, 5, oppure le analogie contenutistiche tra D. 34, 2, 19 e D. 34, 2, 32.

Oltre alla relazione topica, assai ricorrente, e funzionale a discutere valutazioni di analisi e intervento comparativo sugli estratti (se, ad esempio, i segni corrispondono a una fase di lavoro finale dei compilatori, parleremmo di un processo di revisione con ripensamenti relativi alla struttura e alla composizione medesima del Digesto), si potrà osservare in casi singoli, dove non si sia riscontrato un parallelo topico o tematico, parimenti contrassegnato nel *Codex Florentinus*, come spesso intervengono due o più *spatia*, che possono fungere da 'cornice' della sezione testuale, ovvero segnalare inizio e fine della porzione posta in discussione, o oggetto di manipolazione (si veda, a titolo d'esempio, commento a D. 46, 1, 49).

Questa teoria è, altresì, chiaramente confutabile mediante il principio per il quale escludiamo tendenzialmente la riproduzione di un archetipo (esemplare originario dei *Digesta*), che contenga segni di lavoro generati in fase redazionale, non destinati pertanto alla trasmissione.

Tuttavia, si nota che, se anche questi segni sono riconducibili eventualmente ad una segnalazione di principio e fine di un blocco tematico unitario, i lasciti del processo editoriale confluiti nella *Littera Florentina*, come affermato nell'analisi di svariati fenomeni nel presente lavoro, possono rappresentare spoglie di elementi riconducibili a uno stadio ancor precedente, ovvero quello della fonte di consultazione: di nuovo, entra in gioco il principio generale della trasmissione reiterata e conservativa di elementi di segnalazione delle cesure, solo occasionalmente accompagnate da una glossa di funzione didattica, contenente, ad esempio, un riferimento incrociato, una spiegazione o la constatazione di una carenza testuale. In tal caso, la funzione di ripartizione strutturale o di 'cornice' rispetto a una unità testuale resta valida ed è altrove attestata, in raccolte di frammenti escerpiti: si veda l'altrove qui citato Turonensis 980, testimone degli *Excerpta Constantiniana* (X sec.), in cui *dicola* contribuiscono a demarcare i frammenti, suggerendo quantomeno una forma di delimitazione delle pericopi di testo.

17.1 Paralleli materiali per i segni del *Codex Florentinus*

L'ipotesi di una funzione precipua dei segni materiali riportati dal copista n. 3 nel *Codex Florentinus* rende chiaro che avremmo a che fare con un caso singolare, un vero *unicum*: sebbene si parli, infatti, di consueti segni diacritici o di lettura, funzionali a segnalare ad esempio porzioni testuali di rilievo, integrazioni o commenti al testo, o anche solo di semplice punteggiatura atta a segnalare una pausa di lettura (o separazione semantico-sintattica) tra pericopi entro un paragrafo o periodo, piuttosto che di segni di lavoro adoperati nell'atto di compilazione e accostamento dei frammenti del Digesto, abbiamo a che fare con tracce materiali verosimilmente non destinate ad essere trasmesse ai posteri.

La presenza di una gamma poco varia e scarna dal punto di vista grafico ma comunque differenziata di segni di interpunzione (quale il *punctus elevatus* o il *colon* per una pausa mediana più forte e una divisione più o meno marcata entro un periodo che veda attestati varianti plurime di *cola*) è indice chiaro di un impiego non più genericamente funzionale alla lettura del testo, quanto di una componente 'essenziale' – nella sua forma originaria – per la comprensione del messaggio[1].

Tuttavia, se anche è desumibile per molti dei casi analizzati una funzione di scansione strutturale atta a segnalare cesure semantiche o sintattiche, comparabile al carattere di funzione divisoria delle parti testuali e di facilitazione della lettura e comprensione del testo di taluni segni di interpunzione ricorrenti nella tradizione manoscritta, si hanno buone ragioni per credere che anche queste cesure possono essere eventualmente funzionali alla definizione analitica e strutturale dei frammenti nel processo di trasmissione del Digesto (vedi *supra*, per la corrispondenza dominante con l'operato di una sola mano), e che segnalano insomma commenti piuttosto che ponderazioni e ripensamenti circa le pericopi testuali entro gli estratti, ad esempio suscettibili di omissioni o ricollocamenti.

Ciononostante, sarà utile prendere in analisi testi letterari di cui si conserva un testimone vicino alla genesi dell'opera medesima; per i testi giuridici si vorranno chiamare in causa i testimoni dei testi dei giuristi che precedono o seguono il Digesto. A tal fine sono adoperati i testi in parte noti (parzialmente editi o in pubblicazione entro il progetto ERC Redhis), e si include altresì uno studio dei manoscritti già noti.

Si prenderanno qui brevemente in analisi codici esemplari in tal rispetto, che possano presentare un fenomeno affine tanto a segnali di lavoro atti a evidenziare il processo di compilazione quanto un'eventuale analogia formale, in merito alla ricorrenza di *spatia* e segni di interpunzione in manoscritti redatti in *scriptio continua*[2].

In tal senso, sarà rilevante porre in evidenza che la disciplina paleografica annovera gli stessi generici *spatia* tra i 'segni di interpunzione', alla luce della loro funzione in una *scriptura continua*: Müller parla di "Interpunktion durch Zwischenräume"[3] – entro il fenomeno di interpunzione che precede e lascia tracce tangibili nella transizione alla *scriptura non continua*, ovvero con parole intervallate da *spatia* (in atto fino al IX sec.), e che trova testimonianza in modo particolare nei testi di carattere religioso[4].

1. I rotoli di Ercolano, in particolare quelli attribuiti alla produzione filosofica di Filodemo di Gadara, rappresentano notoriamente un *unicum* per la vicinanza cronologica e contestuale alla composizione del maestro Epicuro,

1 Parkes, Pause and Effect, 65–72; lo stesso Parkes evidenzia la necessità di analizzare ciascun segno o simbolo nel suo contesto, prima di confrontarvi una scala di valori assoluti.

2 La ricerca dei manoscritti di confronto è basata sui *Codices Latini Antiquiores* e sulla piattaforma di *Early Latin Manuscripts*, che include un parziale aggiornamento: https://elmss.nuigalway.ie/ (ultimo accesso: 9/03/2026).

3 Licht, Halbunziale, 25.

4 Cherubini-Pratesi, Paleografia latina, 151–156.

ma lasciano scarso adito alla *comparatio* per la gamma variegata (rispetto alla *Littera Florentina*) di *signa* diacritici (siano esse *diplai* o *paragraphoi* atte a demarcare sezioni testuali), e l'ovvia discrasia temporale. Purtuttavia, si noti in molti dei papiri ercolanesi l'uso frequente del punto in alto (definito *ano stigme* o *comma* dagli studiosi) nello *spatium vacuum*, come ulteriore marcatura di pausa[5].

2. la *Collatio Mosaicarum et Romanarum legum*[6]. Sebbene i manoscritti siano più tardi di 300/400 anni rispetto alla genesi dell'opera (VIII secolo, rispetto a un'opera compilata ipoteticamente alla fine del IV secolo), la tradizione può essere rilevante, dal momento che si parla di un'opera incompleta, pertanto non destinata alla pubblicazione nella forma pervenuta, e anch'essa basata sul principio della selezione topica di estratti di opere già note. Si dovrà, tuttavia, fare i conti con una differenza sostanziale, che concerne la presenza di *spatia* come prassi di scrittura, appunto non *continua* come nel *Codex Florentinus*. I punti vi ricorrono, inoltre, come segni di punteggiatura forte[7].

Ci si riferisce, in particolare, per la tradizione testuale al codex B (*Berolensis*), ritenuto quello di riferimento (edizione di Hyamson[8]): gli *spatia* sono qui adoperati regolarmente (*scriptio non continua*) e i punti sono presenti costantemente in luogo di punteggiatura forte.

3. Il noto Codice Veronense di Gaio (*Codex Veronensis*) è una fonte rilevante sia per quanto concerne il testo gaiense (celebre come unico testo classico, prodotto nella seconda metà del II secolo, ad essere tràdito in forma diretta), quanto per la *scriptura posterior* nel codice palinsesto, che tramanda le Epistole di Girolamo e altri testi cristiani, datata all'VIII secolo (o persino prima).

Nell'opera di Gaio – per consultazione del codice mediante l'apografo di Studemund – si riscontra la pratica di punti mediani che interrompono la *scriptura continua*, e possono essere ricondotti non solo in via intuitiva a una cesura semantica o ripartizione dell'opera. Infatti, tramite il confronto con la testimonianza di P.Oxy. XVII 2103[9], frammento papiraceo databile al III secolo recante una porzione di Gaius 4.57, 68–72, si nota che un punto mediano

5 Si vedano, a titolo introduttivo, sui segni diacritici e gli elementi paratestuali nei papiri ercolanesi: Cavallo, Libri, scritture, 23–25; Capasso, Papirologia ercolanese, 215–217; Auricchio – Indelli – Leone – Del Mastro, La Villa dei papiri, 122–130. Sebbene incentrati su due casi specifici, sono utili a una esamina dei segni: Di Matteo, Segni di interpunzione; Romano, I segni.

6 Si rimanda a Frakes, Compiling the Collatio, e Manthe, Mosaicarum et Romanarum legum collatio.

7 Schulz, Collatio Legum Mosaicarum et Romanorum; Frakes, Compiling the Collatio, in partic. sul metodo di collazione 99–123.

8 Hyamson, Mosaicarum et Romanarum legum collatio.

9 Una riedizione è in corso nell'ambito del progetto ERC REDHIS.

ricorre tanto nel papiro (col. 19, r. 36) quanto nel *Codex Veronensis* (f. 73r, apografo di Studemund), nel punto di transizione da 71 a 72[10].

La combinazione di segni o punti mediani rivela, tuttavia, un uso asistematico, ovvero non applicato in modo uniforme a tutte le cesure semantiche[11], ma può riflettere nondimeno la ripartizione originaria dell'opera in *caputa*.

Per la *scriptura posterior*, l'analogia formale, ovvero la ricorrenza di *spatia* e segni entro la *scriptio continua* del manoscritto, concorre a porre in rilievo un uso differente, definito, atto a segnalare precipuamente transizioni o cesure semantiche (*colon* o punto), abbreviazioni (*dicola* o due punti)[12].

4. i testimoni di Hegesippus, *De bello Iudaico*, tra cui CLA VIII,1139 (illustrazione in Licht, Halbunziale, Taf. V, V secolo; l'opera dello Pseudo-Egesippo è datata sul finire del IV sec. ma costituisce un rifacimento del *de bello Iudaico* di Giuseppe Flavio) in cui gli *spatia* con punti separano regolarmente pericopi o unità testuali entro i paragrafi – stante la distinzione rispetto a *spatia* di estensione minore, con trattino sulla lettera finale di parola e puntino mediano per abbreviazione, come di sovente applicato alle *notae iuris*.

5. il manoscritto Turonensis 980, considerato manoscritto di lusso degli *Excerpta Constantiniana* (X sec.), in *scriptura non continua*, anch'esso in forma di *excerpta*, in cui i *dicola* ricorrono a demarcare i frammenti (Németh, Excerpta, 214–215).

Come prima osservazione, la ricerca sembra scontrarsi con la caratteristica formale di non raccolta (a parte la *Collatio*) – anche se si è tentato di annoverare casi di epitomatura che comportano ugualmente una selezione di estratti e/o eventuale riadattamento dell'opera –, con la forma di *scriptura continua*, con un sistema differente di applicazione di interpunzione e segni diacritici, o con

10 Lo stesso non può dirsi per la cesura semantica segnalata da un punto mediano nel P.Oxy. al r. 46 (*tributoria vocatur.* · *est*), dal momento che l'apografo risulta illeggibile in corrispondenza del dato passaggio.

11 Si noti l'assenza di punti mediani per una eventuale ripartizione interna nei passi attestati in PSI XI 1182 (codice pergamenaceo da Antinoupolis, VI secolo), altro testimone delle Istituzioni di Gaio (punti mediani ricorrono qui nelle sole glosse marginali, di matrice postclassica, prima dei passi citati da altri giuristi, con mera funzione di demarcazione). Nel Codice Veronese, se si fa affidamento all'apografo di Studemund, si nota l'assenza di una interpunzione con funzione di cesura semantica nei passi trasmessi dal papiro (Gaius, Institutiones, III, 153–154; 167–174; IV 16–18): ff. 17v, 118r, 18v, 36r, 107r + v, 96v. Una nuova edizione del papiro è in pubblicazione, a cura di M. Fressura e M. Wibier, come esito del progetto ERC REDHIS: una versione preliminare è consultabile in Papyri.info (TM 59556).

12 Per la riproduzione del palinsesto, Briguglio, Gai Codex rescriptus: si vedano, a titolo d'esempio, i due punti in f.40r.

la discrasia cronologica, ovvero il tempo che intercorre tra la genesi delle opere trasmesse e la produzione dei testimoni pervenuteci.

Nondimeno, va posto l'accento sulla consuetudine di demarcare sezioni testuali mediante *spatia* e punti mediani nei testi religiosi[13]. Ciò permette di inquadrare il fenomeno entro un processo consolidato (in termini di uso, in tal senso a prescindere dal contesto scrittorio e geografico) di scansione strutturale in unità testuali, ma resta irrisolto il quesito circa una funzione differenziata di segni di interpunzione nella loro duplice forma: punto mediano e due punti.

Riguardo a codici pergamenacei e papiracei pressappoco contemporanei al *Codex Florentinus*, e testimoni di testi giurisprudenziali, l'interpunzione ricorre con uso più o meno consuetudinario, in particolare per quanto riguarda il punto mediano e i *dicola*. Si veda, a tal proposito, P.Oxy. XV 1813 (testimone del Cod.Th.), datato agli inizi del VI secolo, dove i punti mediani accompagnano abbreviazioni e numerali, mentre i due punti separano destinatario e data del rescritto dal resto del testo.

Possiamo basare la ricerca, inoltre, su segni materiali che pongono in luce la modalità di trasmissione dei frammenti del Digesto sia entro testimoni del medesimo Digesto contemporanei al *Codex Florentinus*, datati pertanto al VI sec., la cui collocazione nella trasmissione testuale rispetto al *Codex Florentinus* è incerta, sia con testimoni successivi, in seno alla parte dei codici nota come Vulgata.

Per il gruppo dei testimoni di VI sec. meritano attenzione:

1. P. Pommersf. L 1–6 (D. 45, 1, 35–43 e 71–73) e P.Heid. Inv. Lat.4 (D. 5, 2, 16–19), entrambi frammenti di codici papiracei: il primo è materiale di rilegatura di un manoscritto di X sec., riconosciuto da Hermann come manoscritto appartenente a una tradizione testuale contemporanea di P.Heid. Inv. Lat.4 (Ravenna, P.Heid. inv. 1272)[14] e del *Codex Florentinus*[15]. La produzione

---

13 A tal proposito, si possono chiamare in causa manoscritti copti di provenienza egiziana, quali MONB.XL (CLM 613), purtuttavia datato al X–XI sec., contenente un florilegio di canoni. Per il manoscritto https://atlas.paths-erc.eu/manuscripts/613 (ultimo accesso: 9/03/2026).

14 Ed.pr. in ZSS 23 (1902), 458–459. Si vedano anche le considerazioni di carattere paleografico sui due frammenti papiracei qui citati, corrispettivi di Heidelberg, CLA VIII, 1221 e Pommersfeld, CLA IX, 1351, contemporanei al *Codex Florentinus*, in Licht, Halbunziale, 83. Si confrontino, tra gli altri testimoni papiracei di parvenza ufficiale e di provenienza egiziana, P.Berol. Inv. 14081 e P.Ryl. III 479 + 480.

15 Die Pommersfelder Digestenfragmente und die Überlieferungsgeschichte der Digesten (Anhang), in Sirks – Sijpesteijn – Worp, PPG, 137–142. La riedizione di entrambi i testimoni è in corso entro le pubblicazioni del progetto ERC REDHIS.

di entrambi è ricondotta alla parte orientale dell'Impero[16]. P.Heid. Inv. Lat.4 è rilevante come testimone contemporaneo al *Codex Florentinus*, nella natura di codice papiraceo provvisto di elementi marginali. I frammenti di P.Heid. Inv. Lat.4 (VI sec.), consultabili in CLA VIII 1221[17], restituiscono altresì, accanto a poche tracce della colonna principale di scrittura, ampi margini provvisti di *scholia*[18], di natura diversa rispetto a quelle note di matrice editoriale (integrative) o di glossa in un prodotto primigenio (riferimento incrociato) supposte per uno stadio precedente al *Codex Florentinus*. Non è altrimenti possibile, nell'edizione ad ora disponibile di P. Pommersf. L 1–6, riscontrare alcuno *spatium* significativo nella prassi di stesura in *scriptura continua*.

FIGURA 43
P.Heid. Inv. Lat.4. Foto: Elke Fuchs © Institut für Papyrologie, Universität Heidelberg

16 Ammirati, Libro latino antico, 85. Sirks (in partic. 139–140) pone in risalto, nello studio citato *supra*, la coesistenza e circolazione di più copie del Digesto nell'Occidente del X secolo, momento di "genesi" della cosiddetta tradizione Bononiensis.

17 Per P.Heid. Inv. Lat.4, alla piattaforma realizzata entro il progetto "Earlier Latin Manuscripts Project", basata sull'edizione di Lowe, vedi https://elmss.nuigalway.ie/catalogue/1700 (TM 61413) (ultimo accesso: 9/03/2026). Per i dati relativi a PPL 1–6, dalla stessa piattaforma, cfr. https://elmss.nuigalway.ie/catalogue/1852 (TM 61412) (ultimo accesso: 9/03/2026).

18 Per il contenuto cfr. Mcnamee, Annotations, 497–499 no. 2966.

Per i testimoni del *Digestum vetus* dall'XI secolo in avanti si veda, a titolo d'esempio:

2. Il manoscritto di Padova, Biblioteca Universitaria, 941 (VII sec.)[19]: questo vale da confronto valido perché reca molteplici accapo, interni al frammento, che sono appunto percepibili come cesure, e *signa* di annotazione, funzionali a glosse e note marginali. L'utilità del confronto si traduce nel riconoscimento del fenomeno, tutto sommato fondamentale, per la ricostruzione del modello del *Codex Florentinus*, o di una fase ad esso antecedente, di accapo derivanti da una pausa semantica, nonostante ciò non possa nella Vulgata, ormai ad almeno un secolo di distanza dalla produzione dell'antigrafo, conservare alcunché relazione col processo editoriale originario.

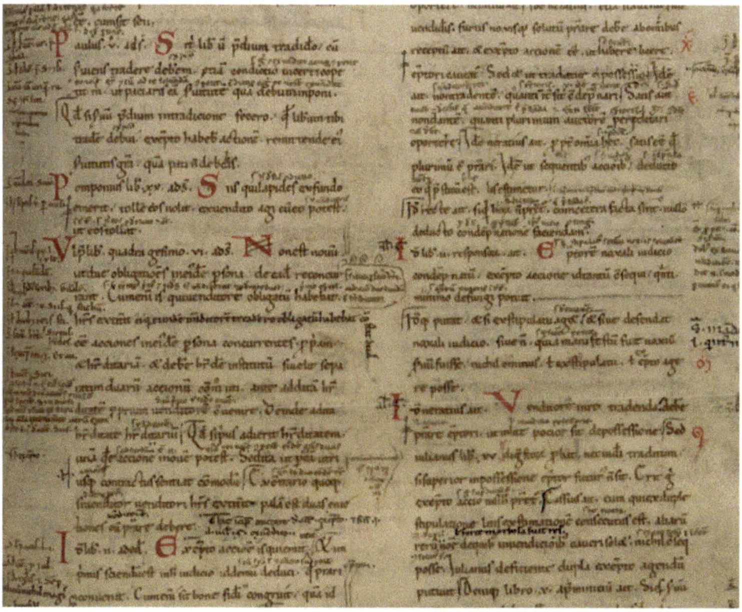

FIGURA 44 © Padova, Biblioteca Universitaria, Ms. 941 (VII sec.), C. 157rSu concessione del Ministero della Cultura – Biblioteca Universitaria di Padova

19 Una riproduzione cartacea facsimilare è in LAMBRINI – MILANI, Manoscritto Padova; una riproduzione digitale è disponibile al link: https://phaidra.cab.unipd.it/detail/o:429482?mycoll=o:429576 (ultimo accesso: 9/03/2026).

3. Il manoscritto Parisinus Lat. 4450[20] (XI–XII sec.) è un esempio utile per la funzione strutturale o di cesura nell'applicazione dei *cola*: i punti mediani concorrono, infatti, a segnalare sia le abbreviazioni sia generiche pause semantiche, interne alle pericopi testuali (oltre che funzionali a demarcare il passaggio da un frammento a quello successivo e dalla *inscriptio* al testo del frammento in un sistema di scrittura continuativa, ovvero senza accapo): il punto mediano si distingue in tal senso dal generico *spatium* divisorio di parole nel sistema scrittorio non più contraddistinto dalla *scriptura continua*, ed è accompagnato da uno *spatium* più marcato o esteso, che occorre a evidenziare nel contesto scrittorio una cesura più forte (cfr., ad esempio, a chiusura del codice, f. 260v, corrispettivo di D. 24, 3, 1 e 2).

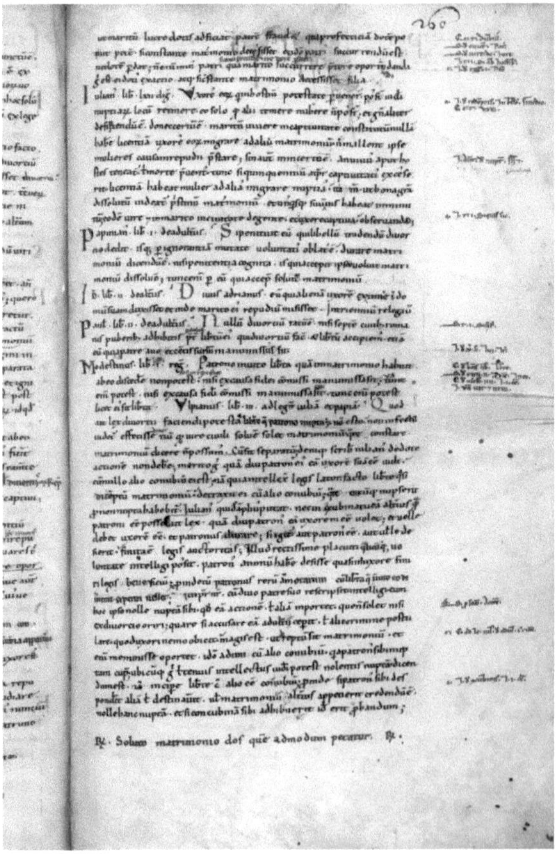

FIGURA 45
BnF Latin 4450, f. 260v

20 Il manoscritto è stato consultato al link della BnF: https://gallica.bnf.fr/ark:/12148/btv1b90660818 (ultimo accesso: 9/03/2026).

In conclusione, nonostante le diversità di testimoni adoperati per un confronto, si potrà constatare una generica tendenza all'uso di demarcatori (*spatia* e/o punti) di pausa o cesure semantiche rilevanti, già nei manoscritti in *scriptura continua*. Tra i testimoni adoperati, il *Codex Veronensis*, testimone dell'opera di Gaio, giunge a comprova di una funzione eventualmente comparabile con il *Codex Florentinus*: da un lato, la segnalazione di una ripartizione di natura semantica o strutturale, dall'altro la mancata coerenza o sistematicità di applicazione di tali demarcatori, a comprova di un processo di trasmissione non necessariamente intenzionale o 'funzionale', ovvero con lo scopo definito e consapevole di rendere riconoscibile ogni transizione di rilievo.

CAPITOLO 18

Valore dell'interpunzione e ripartizione logico-semantica delle fonti di consultazione

Si intende ora fornire un'idea delle percentuali di fenomeni che possono essere assunti o motivati in relazione al valore degli *spatia* e dei segni di interpunzione.

Tra i fenomeni, quello più rilevante – qui sostenuto e addotto a motivazione di svariati casi – è l'avvenuta o valutata omissione di pericopi testuali in relazione al suddetto fenomeno delle tracce materiali. Chiaramente non si vuole adottare tale criterio per supportare o contraddire assunti della letteratura interpolazionistica[1], né tantomeno evidenziare la scelta dei compilatori di omettere porzioni testuali (senza intervenire altrimenti sulla matrice contenutistica) ove possano essere state percepite come superflue, ripetitive, suscettibili di interpretazioni contrastanti (*Const. Tanta* § 1 e 10), quanto la natura antologica di questi lasciti rispetto al processo di trasmissione, ovvero lo scopo critico-didattico che sia in ultima istanza da ricercare nella versione della fonte da cui questi segni derivano.

Se si intende sostenere il principio di questi segni in una forma di bozza, o stadio redazionale della composizione del Digesto, si aggiunge l'idea, seppur più difficilmente sostenibile, della deviazione di sezioni del frammento rispetto alla loro collocazione nell'opera dei giuristi classici, in virtù di una struttura concettuale nuova, o della valutazione di un ricollocamento. Questa osservazione può di certo incidere pesantemente sulla concezione palingenetica, non alla maniera della tradizione interpolazionistica – ovverosia ponendo in discussione il contenuto medesimo, quanto piuttosto la compagine stilistica e i fili tematici seguiti dai giuristi classici nella formulazione dell'opera. Sarà lecito qui evidenziare che un'analisi complementare del contenuto e della tradizione manoscritta, ovverosia dei segnali interni al *Codex Florentinus*, sollecita una nuova interpretazione esegetica ma deve, sul piano materiale, in prima analisi prescindere dalla parimenti opportuna critica testuale in chiave diacronica, necessaria a valorizzare la storia di un dato istituto giuridico e delle sue condizioni, nonché l'evoluzione e la storia del testo.

1 Sul metodo interpolazionistico, VARVARO, modello metodologico.

Si vuole, in sostanza, porre in risalto come la linea tematica o il proposito di un discorso/narrazione retorica di un'opera possa di sovente giustificare le differenze tra i frammenti o passi registrati nel Digesto, e il passo originario nell'opera del giurista. Prescindendo dalle teorie circa il modus di lavoro dei compilatori, ovvero il metodo pratico e il momento entro il processo di redazione in cui i compilatori abbiano assegnato gli excerpta alle rubriche e ne abbiano deciso la sistemazione definitiva entro il titolo prescelto, mi pare inopinabile il principio per cui la personale interpretazione del compilatore, ovvero il suo modo di interpretare il frammento in virtù del nuovo contesto che lo stesso acquisisce nel Digesto, potrà determinare una struttura nuova, ovvero una disposizione funzionale dei passi, confermando l'utilità di un approccio sistematico nella compilazione del Digesto:[2] questo principio può in tal senso essere parzialmente supportato dallo studio dei segni materiali del *Codex Florentinus*, se li si accetta almeno in parte come segnalazioni di punti in cui omissioni e deviazioni, o valutazioni di intervento, siano avvenuti, o anche solo di quei *loci* in cui un intervento minimale, volto ad esempio ad adattare il principio e la fine di una pericope, privata del suo contesto originario, sia dettato dal bisogno di preservare la coerenza dell'unità testuale a seguito dell'avvenuta assegnazione tematica e/o dell'omissione di sezioni testuali annesse.

Opinabile, pertanto, a livello delle sezioni interne ai frammenti è il fenomeno delle deviazioni osservato già a livello dei frammenti entro i titoli. Il contributo materiale del *Codex Florentinus* è stato a tal proposito già altrove adoperato come prova calzante: si veda il commento di Kaiser a D. 7, 5 *De usu fructu et earum rerum quae usu consumitur vel minuuntur*, di cui discusso sopra, e il parere di Stagl a proposito (Tempel der Gerechtigkeit, 259):

> In diesem Titel findet sich weit entfert von der Sabinusmasse (Leges 1–6) als Lex 11. ein Auszug aus dem 18. Buch von Ulpians Sabinuskommentar: Si lanae alicui legatus sit usus fructus vel odorum vel aromatum, nullus videtur usus fructus in istis iure constitutus, sed ad senatus consultum erit descendendum, quod de cautione eorum loquitur. Im Titel D. 7, 1 "De usu fructu et quemadmodum quis utatur frutatur" wiederum findet sich in der Lex 15, 5 aus Ulpians 18. Buch "Ad Sabinum" die Buchstabenreihe *silandealicui* [Ed. mai. I, 221 zu Z. 18]. Kaiser emendiert zu si lanae alicui und stellt die Vermutung auf, dass dieser D. 7, 5, 11 seines spezifischen Inhaltes wegen – Wolle, Räucherwerk, Gewürz – in den Titel

2 Stagl, Tempel der Gerechtigkeit; cfr. Mantovani, Masse bluhmiane.

> über Usufrukt an verbrauchbaren Sachen gestellt wurde, in welchem auch der Senatsbeschluss erörtert wird, der diese eher gewagte Konstruktion für zulässig erklärt (Leges 1 und 2 des Titel D. 7, 5).

Si deve, purtuttavia, rinnovare l'invito a speculare non solo su interpolazioni o deviazioni testuali in base alla nuova compagine testuale della raccolta, quanto a riflettere, secondo il metodo di analisi applicato nella prima parte del seguente lavoro, sulle fattezze delle fonti di consultazione, e la probabile attestazione di svariate annotazioni marginali, eventualmente anche 'solo' funzionali a integrare il testo o segnalare un riferimento incrociato. A tal proposito, le considerazioni sul *silandealicui* appena menzionato (D. 7, 1, 15), ovvero le nuove opzioni avallate a spiegazione dell'interpolazione o inclusione a testo di un elemento superfluo, contribuiscono ad annoverare una casistica più complessa, da riferire ad una annotazione marginale o a un ripensamento circa la collocazione di un passo in una determinata sede: per *si lanae alicui*, si ricorda che si è rimandato non a caso in ultima istanza alla possibilità che tale posizionamento del passo può essere derivato non tanto dall'intenzione provvisoria dei compilatori di operare un taglio interno al frammento (Kaiser) quanto dalla volontà di crearne uno nuovo, estratto dallo stesso libro di Ulpiano (18 *ad Sabinum*) citato in D. 7, 1, 15, poi ricollocato[3].

A tal proposito, è particolarmente eloquente la metafora, addotta nel proemio agli *Excerpta Constantiniana* (X sec.), dell'impollinazione operata dalle api, per descrivere l'atto di selezione, lo spostamento rispetto al contesto originario e la riassegnazione tematica dei frammenti (corrispettiva del processo di "appropriazione", l'οἴκησις) – dove quest'ultima è posta in analogia col trapianto di piantine su un suolo più fertile: infatti, la riassegnazione permette di porre in nuova luce il testo, grazie alla rilettura e alla reinterpretazione contestuale degli estratti[4].

---

3 Una alternativa ulteriore, ritenuta parimenti valida, è l'origine da una glossa con riferimento incrociato nella fonte di consultazione: vedi *supra* (Parte I, 1).

4 Per la traduzione e il commento al proemio della raccolta, NÉMETH, Excerpta, 64–71. Per le ragioni della scelta di Costantino VIII di una forma in *excerpta*, rispetto alla forma antologica o epitomata, vedi id., 54–60.

CAPITOLO 19

Riflessioni sul lavoro dei giuristi classici

Non si vuole col presente lavoro porre in discussione lo stile e il metodo di lavoro dei giuristi classici, ma porre in luce come alcune considerazioni che concernono il metodo di compilazione e la trasmissione nel tempo di segni e ripartizioni derivate dalle fonti di consultazione investono inevitabilmente la forma originaria delle opere dei giuristi classici, o meglio la forma delle fonti di consultazione al momento della compilazione: in relazione al processo compilativo, si è già visto che tali fonti sono state il più delle volte verosimilmente esemplificate o tagliate, piuttosto che largamente interpolate, dai compilatori. Si è talora ravvisata una relazione tra la porzione di testo omessa nel passo selezionato dai compilatori e i casi di citazioni indirette (citazioni di giuristi entro i frammenti selezionati per la compilazione), ciò sulla base di un'analisi logica e di contenuto, senonché di esempi avallati dal confronto con la tradizione manoscritta (in primis papirologica) precedente al Digesto (cfr. D. 19, 2, 15: Ulp. 32 *ad ed.*, nella *Littera Florentina* in I f. 279r, di cui *supra*).

Un'eventuale consistenza del dato numerico – quante volte l'omissione di una *inscriptio*, o richiamo ad autore trasmesso indirettamente, motiva, ad esempio, una manipolazione dei frammenti estratti da Ulpiano – contribuisce quantomeno a svelare una relativa complessità del quadro di citazioni indirette interne ad Ulpiano (e ovviamente, non solo)[1].

Se anche questo aspetto relativo a una consultazione diretta o meno dei giuristi citati non è tematizzata nella presente sede[2], a interessare è la molteplicità di passaggi di trasmissione delle fonti e il processo tendenzialmente semplificato nell'atto della compilazione rispetto alle medesime, i quali rendono opinabili considerazioni risolutive circa il *modus operandi* dei compilatori. Al tempo stesso, il confronto con la tradizione manoscritta precedente – se anche solo sporadicamente reso possibile dai testimoni frammentari in parte

1 Cfr. PERNICE, Ulpian als Schriftseller, 28–34.

2 Ci si riferisce alla domanda su quanto importante Ulpiano, o le sue fonti, abbia ritenuto una citazione capillare, o esatta, delle fonti, dunque il grado di consapevolezza circa la necessità – fittizia o messa in atto – di prendere visione dell'originale delle opere citate. Se si resta, infatti, su Ulpiano in quanto autore più largamente adoperato, Pernice (*supra*) ritiene non a caso che il giurista non abbia potuto consultare direttamente gran parte dei lavori citati (Pomponio costituisce la fonte più antica da cui Ulpiano attinge citazioni), pur lasciando spudoratamente parlare i giuristi della tarda repubblica in prima persona.

qui annoverati – rende chiaro che *spatia* e *cola* possono sì costituire segnali di una eventuale manipolazione oppure della ripartizione semantica delle fonti di consultazione, ma non possono esserne ritenuti indicatori costanti e diretti.

19.1 Riflessioni circa il contrasto con la concezione post-classica e/o giustinianea

Larga parte della critica interpolazionistica si è basata sul principio di una concezione rinnovata in età post-classica, rispetto al parere dei giuristi classici, a motivazione di aggiunte e clausole che occorrono a integrare, o addirittura correggere, i passi citati.

Quanto risulterà evidente dal presente studio è che, a prescindere dalle analisi contestuali che spingono ad accettare o meno l'idea di interpolazione o modifica 'positiva' (intesa come aggiunta/integrazione consapevole al testo) o 'privativa', derivata da taglio (cfr. *supra*), le assunzioni e teorie relative a questa dinamica vogliono essere adoperate con un altro scopo in seno all'analisi dei segni, ovvero quello di vagliare se lo *spatium* possa davvero connettersi talora al processo di compilazione, o persino a un uso interno: ciò, ove contribuisse a segnalare porzioni di testo che possono suscitare interpretazioni discordi, per il fatto che presentano un concetto superato in età post-classica o sono percepite come superflue, ripetitive, contraddittorie (cfr. commento a D. 37, 20, 4; D. 33, 8, 8). È chiaro altresì che passi fuorvianti, in tema di prassi legislativa, non debbano essere necessariamente omessi, se costituiscono materia 'didattica' nel corpo del Digesto, e presentano ad esempio pareri alternativi dei giuristi. Il fine era piuttosto quello di evitare ripetizioni, seguendo tradizionalmente le direttive di Giustiniano, e contribuire dunque a semplificare il testo (*Const. Tanta* § 1 e 10)[3].

Si è più volte sostenuta, con un certo vigore, l'idea che tali corrispondenze – tra *spatium* (con segni o meno) e passo soggetto a modifiche nel processo di compilazione – possono essere casuali, ma anche dettate dalla natura di ripartizione o struttura topico-semantica dell'opera nella sua forma originaria: la traccia materiale interverrebbe così a marcare la transizione a una pericope contenutisticamente distinta, lì dove ad esempio un passo è stato semplificato o ridotto.

---

3 Sull'interesse per la critica testuale rilanciato dalla figura di Salvatore Riccobono, allievo di Otto Gradenwitz, Varvaro, Modello metodologico; vedi ora anche i contributi in Varvaro, Riccobono.

19.2 Principi di applicazione delle tracce materiali e note sul rapporto indiretto di tale ricerca con la cosiddetta critica interpolazionistica

Si vuole porre brevemente in evidenza che la presente ricerca esula da considerazioni relative alla critica interpolazionistica: il fenomeno dell'interpolazionismo ha notoriamente contribuito al rafforzamento di una distinzione bipolare tra diritto classico e giustinianeo, e ha al contempo prodotto studi di grande valenza filologica. Tuttavia, l'approccio materiale del presente lavoro vuole inserirsi piuttosto in un filone interpretativo in incremento negli ultimi decenni[4], che tende a 'storicizzare' le fonti e ricostruire stadi di trasmissione intermedi, piuttosto che ricostruire la fonte originaria del giurista classico[5].

Difatti, l'osservazione medesima per cui gli *spatia* non sono presenti in tutti quei restanti *loci* (rispetto ai frammenti coinvolti) che sono stati oggetto di critica o attribuiti alla disciplina giustinianea, induce non tanto a stigmatizzare quanto esposto dalla letteratura interpolazionistica, quanto a scindere l'analisi delle tracce materiali del *Codex Florentinus* dai propositi della stessa critica ivi adoperata, o meglio a riflettere su tale fenomenologia come indizio delle fasi di trasmissione delle fonti.

- Il valore primario, di cesura semantica, di *spatia* e *cola* è riconducibile a una ripartizione originaria delle opere di consultazione, forse trasmessa nel tempo, in una modalità altamente conservativa, attraverso il processo di estrazione, fino al prodotto compiuto e alle sue copie.
- Le tracce materiali sono talora da imputare a un processo in cui si vaglia l'omissione o deviazione di sezioni testuali, in una fase finale di compilazione ('editoriale') ma anche per modifiche che possano aver avuto luogo in una fase precedente (che abbiamo definito 'redazionale').
- L'idea di interpretazione di taluni *spatia* in una chiave di cornice, rispetto a una sezione testuale di cui si sia valutato l'omissione o spostamento, può sollecitare nondimeno una comprensione del testo nuova, a livello strutturale o semantico, che pone in luce altre sezioni testuali nel contesto, eventualmente oggetto di critica, come valide e necessarie semanticamente (si veda il commento a D. 46, 1, 49), non solo dalla prospettiva dei compilatori. Sarà necessario riflettere, in tal senso, sulla struttura nelle fonti di consultazione, senonché su forme di modifiche o corruttela già a livello delle fonti adoperate.

4 Di rilievo, tra tutti, gli studi di Wieacker, Textstufen.

5 Si vedano le considerazioni a proposito e i riferimenti al dibattito scientifico in Mantovani, Critica del testo, in partic. 151–161.

- Si potrà indirettamente arguire che l'ipotesi di corrispondenza con tagli o omissioni può talora giungere a smentire idee di passi guasti per discrasie o salti tematici nel merito della critica testuale, dal momento che il taglio concorre a giustificare l'apparente incongruenza.
- Si aggiunge l'ipotesi di integrazioni testuali 'in positivo', piuttosto che omissioni, non a voler definire manipolazioni di matrice compilatoria, quanto di interpolazioni originate da note marginali o glosse nelle fonti di consultazione, che hanno generato elementi peculiari o errori reiterati nel *Codex Florentinus*, o meglio nella primissima tradizione testuale del Digesto.

Conclusioni

La teoria conclusiva concerne la natura del modello del *Codex Florentinus* – ancor più che del *Codex Florentinus* stesso, e di una fase ad esso antecedente, per cui il primo è identificabile con un manoscritto filologicamente vario o a tratti 'incompiuto', in virtù di un fine redazionale, mentre, per una fase antecedente al modello, si deve pensare a un fine antologico/didattico, assimilabile alla forma delle fonti di consultazione: entrambi i passaggi hanno cagionato 'errori' riportati nel *Codex Florentinus*, che ci interessano come indizi materiali ivi attestati, riconducibili non solo al processo editoriale, dai quali è possibile desumere una vicinanza cronologica assoluta all'archetipo del Digesto, ma anche alla natura delle fonti consultate.

La presenza di errori ci riconduce alla constatazione generale della difficoltà che si cela dietro l'attività di redazione e copia di un'opera (si pensa qui alla copia degli estratti nel processo di composizione del Digesto, ma anche a quella delle opere nella forma usata dai compilatori), ben nota al contemporaneo Cassiodoro. Costui metteva in guardia i copisti dal passare in rassegna molte *lectiones*, senza sapere riconoscere tra queste quelle scorrette (*Inst.* I, XIV 5, p. 41)[1].

In quanto all'ipotesi di elementi riconducibili a una fase preliminare del Digesto, piuttosto che a una versione definitiva o quantomeno libera di qualsivoglia elemento non destinato alla circolazione 'ufficiale', come sopra evidenziato, si era già espresso Kaiser, in particolare in commento al fenomeno dei "Nachträge": "In unserem Fall wurde diese "Arbeitsrubrik" versehentlich in mindestens einen Entwurf der Digesten mitkopiert und gelangte so in die Vorlage der Florentina" (Digestenentstehung und -überlieferung, 337).

Più che la singolarità di elementi riconducibili a una bozza, si è voluto altresì nel presente lavoro porre in risalto una prospettiva ricostruttiva nuova, supportata in particolar modo dall'evidenza filologica e dai testimoni di letteratura giurisprudenziale: in particolare, si è discussa la presenza di un certo numero di elementi marginali, con funzione di integrazione o riferimento incrociato in uno stadio di trasmissione indefinito, senonché la loro interrelazione col

1 Si cita secondo l'edizione di Mynors, Institutiones. Il testo latino recita: *nam quid prodest multa transcurrere lectiones, et ea quae sunt probabiliter corrigenda nescire?.*

© 2027 THE AUTHOR(S) | HTTPS://DOI.ORG/10.30965/9783657705221-023

testo inteso come versione 'definitiva' del Digesto[2]. Abbiamo adottato il termine generico di elementi marginali, dal momento che la natura stessa di questi elementi, nell'ambito della ricostruzione speculativa di uno stadio di trasmissione non pervenuto, è problematica: si parla di annotazioni marginali con funzione di glossa o nota di commento, ma anche – come già anticipato nell'Introduzione al presente lavoro – della seguente casistica:

- elementi collocati a margine in via provvisoria nel processo redazionale, che costituiscono un'integrazione, destinata idealmente a confluire nel testo principale, a meno che un ripensamento non ne decida l'espunzione e/o il ricollocamento in un altro punto della raccolta;
- aggiunte originate da glosse in uno stadio antecedente, financo corrispondente alla fonte di consultazione: si veda la possibilità di un riferimento incrociato rispetto a un frammento o a una pericope testuale dalla stessa opera (tra le opzioni di risoluzione del *silandealicui*) o a una forma abbreviata per le *inscriptiones*, risolto erroneamente o lasciato incompleto a seguito della scelta di annullamento dell'inserzione (D. 22, 3, 30–31*).

Il manoscritto si conferma come unicum per la possibilità di desumerne passaggi del processo redazionale, per la vicinanza all'archetipo, ove contenesse elementi ascrivibili a una 'bozza' (nell'accezione moderna), e elementi riconducibili a un prodotto di valore didattico o antologico, se si considera l'ipotesi di integrazione a testo/interpolazione di note marginali con funzione di commento o glossa in uno stadio riconducibile ipoteticamente alle fonti adoperate per la compilazione.

L'esito ha consentito di porre l'attenzione sul suddetto antigrafo e adottare un'altra prospettiva sulla questione rispetto alla teoria, altroché valida, dell'"Endentwurf", elaborata e supportata mediante una attenta analisi da Kaiser. La teoria qui esposta non esclude infatti la ricostruzione di una 'bozza finale', dal momento che un prodotto che contenesse citazioni interne o elementi paratestuali è altroché plausibile in un passaggio che recava tracce di una bozza finale, con ripensamenti circa determinate sezioni testuali o frammenti, di cui non si conserva altrimenti traccia nella tradizione manoscritta.

Materiale papiraceo (e pergamenaceo), con riferimento particolare a fonti recentemente edite o in corso di edizione, ha sollecitato riflessioni, nondimeno, circa la facies di uno stadio antecedente e la sua presentazione materiale. L'idea di un prodotto editoriale che reca tracce di una forma di bozza o di una modifica precedente alla compilazione è avallata in particolare dalla

2 Diverso è il caso di *scholia*, o annotazioni di commento in varia forma, che ricorrono nei testimoni del Digesto. Per le fonti giurisprudenziali, si veda la raccolta di fonti nell'Indice dedicato in McNamee, Annotations, 493ss.; per il Digesto, in particolare, 496–500.

teoria ricostruttiva relativamente all'interpolazione di *silandealicui* in D. 7, 1, 15 (I f. 121vb)[3]. Rispetto alla traccia di un taglio o ripensamento, il cui esito è il ricollocamento del passo in oggetto, sembra preferibile la ricostruzione di una fonte di consultazione provvista di glosse con riferimento incrociato ad altro passo dell'opera, di cui pervengono tracce mediante il processo di copia: se si abbraccia questa ipotesi (tra le tre possibili opzioni: vedi Parte I, 1), possiamo accludere questo fenomeno a quello attestato per D. 22, 3, 30–31* (I f. 318v a35–44), nel novero delle tracce delle opere di consultazione (vedi Parte I, 2). Una revisione o riconsiderazione di svariati fenomeni consente, dunque, di rafforzare la teoria sapientemente elaborata da Kaiser e aggiungervi altresì considerazioni di lay-out o facies materiale dell'esemplare e delle fonti di consultazione, atte a valorizzare ulteriormente l'apporto di altri testimoni e specifici aspetti filologici, ad oggi indefiniti, di trasmissione del Digesto e di altre fonti giurisprudenziali. Si noterà come ciascun fenomeno, o relativo stadio di trasmissione del passo del Digesto nel *Codex Florentinus*, non si spiega con uno soltanto tra i principi qui individuati, quanto sollecita la considerazione di almeno due o tre principi generali, riflesso della complessità di trasmissione del testo.

Si vorrà riassumere i principi cui ci si riferisce costantemente nel presente lavoro, in ordine diacronico, mediante le parole-chiave di:
- forma delle fonti di consultazione (ripartizione strutturale, corruttela 'primigenia', criticità testuale);
- prodotto editoriale/resti di una versione preliminare, incompiuta.

Inoltre, in relazione alle tracce di una versione 'preliminare', si è voluto qui sollecitare riflessioni circa il concetto medesimo di bozza, se si considera la prospettiva degli antichi e il rapporto ivi instaurato tra bozza finale e versione di un testo 'edito', o di un'opera compiuta, pensata per la circolazione pubblica. Il problema non è, infatti, solo di ordine diacronico – ove si voglia concludere che un prodotto cronologicamente precedente rispetto alla versione definitiva del Digesto abbia lasciato tracce nella tradizione manoscritta – quanto di ordine fenomenologico, ovvero legato alla definizione stessa del concetto di bozza e versione definitiva o compiuta nella percezione degli antichi. La disciplina papirologica ha recentemente sviluppato una maggiore sensibilità nei confronti della cosiddetta *Critique génétique* (termine coniato nel 1979 da filologi moderni in Francia): in particolare, si è posto in risalto la testimonianza di rotoli papiracei di stampo autoriale, una forma percepita contestualmente

3 Per riflessioni circa la capienza dei margini e le ripercussioni sul loro uso pratico nei codici papiracei, in particolare a partire dal V secolo: McNamee, Innovation. Per una selezione di note marginali e segni di richiamo d'uso nella tradizione papiracea, McNamee, Sigla.

come prodotto compiuto a dispetto di schede su tavolette o fogli singoli, adoperati dagli autori in fase di stesura dell'opera (παράδοσις, *paradosis*); in questi rotoli l'autore stesso agiva costantemente sul prodotto. Non si parla pertanto di una edizione 'definitiva' (ἔκδοσις, *ekdosis*) quanto di esemplari soggetti a un'attività critica ed erudita o alla revisione autoriale continuata, che giustifica la presenza di varianti in una primissima fase di circolazione del testo e l'apparente fluidità del medesimo, senza dover necessariamente addurre la circolazione di 'copie pirata' o la forma di testo preliminare a ragione di un testo fluido: celebri e indicativi, in ambito letterario, sono i casi di Filodemo di Gadara, la produzione letteraria di Dioscoro di Afrodito e l'Anonimo di Londra[4]. Lo stesso processo di composizione è riflesso nelle varianti autografe di un medesimo documento, ove queste rappresentino 'copie d'autore'[5], e sollecita una distinzione, ampiamente discussa in filologia, tra autografo e originale, dove l'autografo vede l'autore agire in qualità di copista, pertanto nella condizione di poter compiere errori, mentre l'originale dovrebbe rispecchiare in ultima istanza la volontà dell'autore[6].

Ebbene, nonostante la problematicità di applicazione di questa terminologia al processo compositivo del Digesto, è fondamentale riflettere sul conseguente interesse che ne deriva, per gli stadi di trasmissione e le loro tracce. Il presente lavoro non ha preteso di rivedere aspetti redazionali della compilazione del Digesto, dal momento che tale approccio 'genetico' e di ricostruzione diacronica è stato già affrontato negli studi, quanto piuttosto di adoperare fenomeni specifici attestati nel manoscritto, propri di un prodotto vicino all'archetipo – abbracciando tuttalpiù un approccio 'morfologico', per porre in luce la facies del modello e di altre fonti, con riferimento tanto all'antigrafo quanto alle tracce inequivocabili di una versione risalente alle fonti adoperate.

Di conseguenza, la terminologia di cui sopra, in riferimento al concetto di originale e all'intento di ricostruire la volontà autoriale, può essere applicata solo in misura relativa all'oggetto del presente studio, dal momento che il nostro

4 Per esempi ulteriori e letteratura sul tema: Cribiore, Genetic Criticism. Per una raccolta e considerazioni di rilievo circa annotazioni marginali degli scribi in rotoli papiracei identificabili come bozze di opere letterarie o manoscritti autografi, cfr. Mcnamee, Annotations, 26s. In particolare, si rimanda ivi a un panegirico esametrico e ad un anonimo inno ad Atena (MP[3] 349, 1965.41).

5 Esemplare è il caso dei P. Ammon II 28–31, che offrono rispettivamente due versioni preliminari e due varianti 'definitive' di uno stesso documento, contenente una lettera con atto di garanzia; le due varianti sono state entrambe stese da Ammon il 9 dicembre del 348 ad Alessandria.

6 Dorandi, Officina dei classici, in partic. 47–64, e i riferimenti bibliografici ivi contenuti.

interesse ricade sul modello del *Codex Florentinus*, senza investire necessariamente la forma 'definitiva' dell'archetipo o originale del Digesto. Nondimeno, riconosciamo tracce di un processo compositivo che consentono di discutere circostanze di ripensamento dei compilatori, senonché le peculiarità e criticità dei testi da questi adoperati.

Inoltre, la postulazione di componenti marginali o varianti editoriali comporta alcune riflessioni sulla fase finale di compilazione, relativa al prodotto editoriale in senso stretto, dal momento che spinge a interrogarci circa la possibilità di interventi o l'inserimento a posteriori e/o in appendice di estratti non altrimenti impiegati nella fase di assegnazione o riordino degli stessi[7]. In ultima analisi, non si avverte la necessità di ascrivere tali tracce ad un momento specifico nel processo diacronico delle fasi di composizione del Digesto, ma si vorrà quantomeno porne in evidenza l'appartenenza a un momento ultimo di stesura o revisione, che possa giustificare ripensamenti, dimenticanze o la diversità di varianti testuali – financo editoriali – a noi giunte. A prescindere dall'ipotesi accolta, sarà lecito alludere a fogli isolati (o *schedae*), con frammenti non ancora impiegati per incertezza di collocazione a monte, o a dimenticanze e ripensamenti circa frammenti assegnati ma non già collocati nella successione strutturalmente suggerita dall'ordine di spoglio delle masse.

In conclusione, si è mirato pertanto non solo alla ricostruzione della facies di un antigrafo 'insolito', quale quello del *Codex Florentinus* doveva essere, se si considera il fenomeno di varianti editoriali o elementi imputabili a una versione incompiuta, ma anche e soprattutto alle tracce della versione delle opere consultate, o di uno stadio di trasmissione antecedente rispetto al processo medesimo di compilazione, a conferma di una prassi di copia tendenzialmente conservativa o fedelmente attinente al modello, e della rilevanza di tali elementi per una storia di trasmissione e critica testuale delle opere giurisprudenziali in una forma antecedente rispetto alla compilazione del Digesto.

---

7 Ci interessa meno in questo contesto il dibattito circa la modalità concreta di lavoro dei compilatori, ovverosia, più nello specifico, se questa avesse preveduto una assegnazione diretta degli estratti alle rubriche di pertinenza durante il processo di estrazione, o che tale assegnazione sia avvenuta dopo l'estrazione: basti qui Honoré, Editing, ma anche Honoré, How Tribonian, e Honoré, Tribonian (1978 e 2012); altre riflessioni di rilievo, nella revisione e conferma della teoria di Bluhme, si ritrovano in Mantovani, Masse bluhmiane, il quale ribadisce la natura dei lavori elencati sotto la categoria di "Appendice", in una forma distinta e separata rispetto alle tre masse bluhmiane convenzionalmente accettate e ancorché valide. Le fasi di lavoro tradizionalmente riconosciute sono efficacemente riassunte da Honoré, How Tribonian, in partic. p. 4: "between December 530 and December 533 … About half of this period would be devoted to reading and making excerpts, the other half to editing and assembling the texts, securing the emperor's approval, drafting Justinian's Institutes and having enough copies of the Digest made before it was promulgated."

Bibliografia

AAVV.: Le pandette di Giustiniano: storia e fortuna di un codice illustre. Due giornate di studio (Firenze 23–24 giugno 1983) (Studi 76 / Accademia Toscana di Scienze e Lettere La Colombaria), Firenze 1986.

Agati, Maria Luisa: Il libro manoscritto: introduzione alla codicologia, Roma 2003.

Ammirati, Serena: Per una storia del libro latino antico. Osservazioni paleografiche, bibliologiche e codicologiche sui manoscritti latini di argomento legale dalle origini alla tarda antichità, in: Journal of Juristic Papyrology 40 (2010), 55–110.

Auricchio, Francesca Longo – Indelli, Giovanni – Leone, Giuliana – Del Mastro, Gianluca: La Villa dei papiri: una residenza antica e la sua biblioteca, Roma 2020.

Babcock, Robert Gary: The Oxford handbook of Latin palaeography (con la collaborazione di Frank T. Coulson), New York 2020.

Babusiaux, Ulrike: Wege zur Rechtsgeschichte: Römisches Erbrecht, Köln 2015.

Babusiaux, Ulrike – Baldus, Christian – Ernst, Wolfgang – Meissel, Franz-Stefan – Platschek, Johannes – Rüfner, Thomas: Handbuch des Römischen Privatrechts, Band I–III, Tübingen 2023.

Baldi, Davide: Il Codex florentinus del Digesto e il 'Fondo Pandette' della Biblioteca Laurenziana (con un'appendice di documenti inediti), in: Segno e testo 8 (2010), 99–186.

Barbero, Fernando Reinoso: Entropía en las obras jurisprudenciales de Digesto, in: Iura: rivista internazionale di diritto romano e antico 58 (2010), 101–154.

Barschdorf, Jens: Freigelassene in der Spätantike, München 2012.

Belloni, Annalisa: Un'ipotesi per le Pandette fiorentine, in: V. Colli – E. Conte (a cura di), Iuris Historia. Liber amicorum G. Dolezalek (Berkeley 2008), 1–16.

Berger, Adolf: Encyclopedic Dictionary of Roman Law (Transactions, American Philosophical Society Vol. 43, Part 2), Clark New Jersey 1980 (rist. 1953).

Bluhme, Friedrich: Die Ordnung der Fragmente in den Pandectentiteln, in: Zeitschrift für geschichtliche Rechtswissenschaft, 4. Band (1820), 257–472.

van Bochove, Tom: 'There is safety in numbers' – when written in full. The Florentine Index auctorum and its subscriptio revisited, in: Subseciva Groningiana 10 (2019), 97–110.

Boge, Herbert: Griechische Tachygraphie und Tironische Noten, Hildesheim – New York 1974.

Brasiello, Ugo: La repressione penale in diritto romano, Napoli 1937.

Brenkmann, Henrik: Historia Pandectarum seu Fatum Exemplaris Florentini. Accedit gemina dissertatio de Amalphi, Frankfurt am Main 1722.

Briguglio, Filippo (a cura di): Gai Codex rescriptus in Bibliotheca capitulari ecclesiae cathedralis Veronensis, Firenze 2012.

Buckland, William Warwick: The roman Law of Slavery, the Condition of the Slave in Private Law from Augustus to Justinian, Cambridge 1908.

Capasso, Mario: Manuale di papirologia ercolanese, Galatina 1991.

Casinos Mora, Francisco Javier: On the economic and social category of garments in the *Responsa* of the Roman jurists, in: J. Ortiz García – C. Alfaro Giner – L. Turell – M. J. Martínez: Textile, basketry and dyes in the ancient Mediterranean World. Proceedings of the Vth International Symposium on Textiles and Dyes in the Ancient Mediterranean world (Monserrat, 19–22 March, 2014) (= Purpurae Vestes 5), València 2016, 145–153.

de Castro-Camero, Rosario: Soluciones "In-Iure" a una controversia patrimonial: transacción, juramento y confesión, Sevilla 2006.

Cavallo, Guglielmo: La circolazione libraria nell'età di Giustiniano, in: G. G. Archi (a cura di): L'imperatore Giustiniano. Storia e mito, Milano 1978, 201–236.

Cavallo, Guglielmo: Libri, scritture, scribi a Ercolano: introduzione allo studio dei materiali greci (= Cronache Ercolanesi; Supplemento 1), Napoli 1983.

Cavallo, Guglielmo: Codice e storia dei testi greci antichi. Qualche riflessione sulla fase primitiva del fenomeno, in: A. Blanchard: Les débuts du codex. Actes de la journée d'étude (Paris, 3–4 juillet 1985) (Bibliologia: Elementa Ad Librorum Studia Pertinentia, 9), Turnhout 1989, 169–180.

Châtelain, Émile: Introduction à la lecture des notes tironiennes, Paris 1900 (1ª ed.).

Châtelain, Émile: "La tachygraphie latine des manuscrits de Vérone", in: Revue des bibliothèques 12 (1902), 1–40.

Châtelain, Émile – Spagnolo, Antonio: "La tachygraphie latine des manuscrits de Vérone II", in: Revue des bibliothèques 15 (1905), 339–358 und Tafel 1–4.

Cherubini, Paolo – Pratesi, Alessandro: Paleografia latina. L'avventura grafica del mondo occidentale (Littera antiqua), Città del Vaticano 2010.

Ciambelli, Simone: Il patronato dei 'collegia' professionali e l'ascesa sociale dei collegiati ad Ostia (II–III secolo d.C.), in: M. Bentz – M. Heinzelmann (a cura di): Archaeology and economy in the Ancient World 54 (Proceedings of the 19th International Congress of Classical Archaeology, Cologne/Bonn 2018, Band 54), Heidelberg 2023, 183–185.

Ciaralli, Antonio: La trasmissione del Digesto tra tardo antico e medioevo, in: N. Giovè Marchioli – P. Lambrini – M. Milani (a cura di): Il Digesto, il Codice di Giustiniano e la loro tradizione manoscritta. I mss. 688 e 941 della Biblioteca Universitaria di Padova, Roma 2024, 77–102.

Colella, Lucia C.: I testamenti dei cittadini romani d'Egitto tra storia sociale e prassi giuridica. Dal I secolo d.C. a Severo Alessandro (Philippika – Altertumswissenschaftliche Abhandlungen / Contributions to the Study of Ancient World Cultures 178), Leipzig 2024.

Corbino, Alessandrino – Santalucia, Bernardo (a cura di): Justiniani Augusti Pandectarum, Codex florentinus. Riproduzione in facsimile, Firenze 1988.

Cossa, Giovanni: Per uno studio dei 'libri singulares': Il caso di Paolo (Quaderni di "Studi senesi"; 146), Milano 2018.

Cribiore, Raffaella: Genetic Criticism and the Papyri: Some Suggestions, in: N. Reggiani (a cura di): Greek Medical Papyri: Text, Context, Hypertext, Berlin – Boston, 2019, 173–192.

De Filippi, Marisa: Fragmenta Vaticana: storia di un testo normativo, Bari 1998.

Delattre, Daniel: Les titres des oeuvres philosophiques de l'épicurien Philodème de Gadara et des ouvrages qu'il cite, in: J. C. Fredouille (a cura di): Titres et articulations du texte dans les oeuvres antiques (Actes du colloque international de Chantilly, 13–15 décembre 1994), Paris 1997, 105, 126.

Dell'Oro, Aldo: Le cose collettive nel diritto romano, Milano 1963.

De Robertis, Francesco M.: Il fenomeno associativo nel mondo romano: dai collegi della repubblica alle corporazioni del basso impero (= Studia Historica, 126), Roma 1981.

Di Matteo, Tiziana: Segni di interpunzione nel PHerc.1669: tipologia grafica e funzione, in: Cronache Ercolanesi 35 (2005), 119–124.

Dorandi, Tiziano: Nell'officina dei classici. Come lavoravano gli autori antichi, Roma 2016.

Dursi, Domenico (a cura di): Aelius Marcianus, Institutionum libri I–V (= Scriptores Iuris Romani 4), Roma 2019.

Eck, Werner – Heinrichs, Johannes: Sklaven und Freigelassene in der Gesellschaft der römischen Kaiserzeit: Textauswahl und Übersetzung, Darmstadt 1993.

Fressura, Marco – Mantovani, Dario: P.Vindob. L 59 + 92. Frammenti delle Institutiones di Elio Marciano, in: Athenaeum 106.2 (2018), 619–690.

Gabrielsen, Vincent – Paganini, Mario C. D. (a cura di): Private associations in the ancient Greek world: regulations and the creation of group identity, Cambridge 2023.

Galgano, Francesca: Corporazioni a Bisanzio: scelte di politica economica e profili giusprivatistici, in: Teoria e storia del diritto privato 13 (2020), online. https://www.iris.unina.it/handle/11588/828323.

Giovè Marchioli, Nicoletta – Lambrini, Paola – Milani, Mattia (a cura di): Il Digesto, il Codice di Giustiniano e la loro tradizione manoscritta. I mss. 688 e 941 della Biblioteca Universitaria di Padova, Roma 2024.

Gretchen, Reydams-Schils (a cura di): Thinking through excerpts: Studies on Stobaeus, Turnhout 2011.

Felgenträger, Wilhelm: Zur Entstehungsgeschichte der Fragmenta Vaticana, in: A. Ehrhardt: Romanistische Studien, Freiburg im Brisgau 1935, 27–42.

Frakes, Robert M.: Compiling the Collatio Legum Mosaicarum et Romanarum in Late Antiquity, Oxford 2011.

von Glück, Christian Friedrich: Ausführliche Erläuterung der Pandecten nach Hellfeld: Ausführliche Erläuterung der Pandecten nach Hellfeld, Theil 21, Abt. 2 (1820).

Hellmann, Martin: "'Tironische Noten sortiren …' Zur Lexikographie der lateinischen Stenographie" in: H. E. Wiegand (a cura di): Wörterbücher in der Diskussion IV. Vorträge aus dem Heidelberger Lexikographischen Kolloquium (Lexicographica. Series Maior 100, 2000), 155–173.

Hernández, Francisco Bartol: Errores en el "Codex Florentinus", in: Revista de estudios histórico-jurídicos 36 (2014), online. http://dx.doi.org/10.4067/S0716-54552014000100002.

Höbenreich, Evelyn: Annona: Juristische Aspekte der stadtrömischen Lebensmittelversorgung im Prinzipat, Graz 1997.

Horster, Marietta – Reitz, Christiane: Handbooks, Epitomes and Florilegia, in: S. McGill – E. J. Watts: A Companion to Late Antique Literature (Wiley, 2018), 431–450.

Honoré, Anthony M. "Tony": Editing the Digest, in: Zeitschrift der Savigny-Stiftung für Rechtsgeschichte: Romanistische Abteilung 90 (1973), 262–304.

Honoré, Anthony M. "Tony": Tribonian, Richmond 1978.

Honoré, Anthony M. "Tony": How Tribonian Organized the Compilation of Justinian's Digest, in: Zeitschrift der Savigny-Stiftung für Rechtsgeschichte: Romanistische Abteilung 121 (2004), 1–43.

Honoré, Anthony M. "Tony": "Tribonian" s.v., in: S. Hornblower – A. Spawforth (a cura di): The Oxford Classical Dictionary (4ª ed.), Oxford 2012, 1504.

Hulot, Henri: [Digesta] Les cinquante livres du Digeste ou des pandectes de l'empereur Justinien / traduits en français, Aalen 1979.

Huschke, Philipp Eduard: Zur Pandektenkritik: ein Versuch sie auf festere wissenschaftliche Grundsätze zurückzuführen, Leipzig 1875.

Hyamson, Moses: Mosaicarum et Romanarum legum collatio: with introduction, facsimile and transcription of the Berlin codex, translation, notes ad appendices / rivisto da H. Hyamsom (rist. 1913), Hamburg-Borgfelde 2010.

Jakab, Eva: Testamente, Soldaten und der Idios logos, in: Th. Kruse (a cura di): Dienst nach Vorschrift: Vergleichende Studien zum "Gnomon des Idios-Logos", Wien 2020 (online).

Johnson, William A.: Punctuation, Iota Adscript, and Nu-movable in Ancient Literary Bookrolls (Trismegistos Online Publications 10), Leuven 2025 (online).

de Jong, Hylkje: Using the Basilica, in: Zeitschrift der Savigny-Stiftung für Rechtsgeschichte: Romanistische Abteilung 133 (2016), 286–321.

Kaiser, Wolfgang: "Digestenentstehung und Digestenüberlieferung: Zu neueren Forschungen über die Bluhme'schen Massen und der Neuausgahe des Codex Florentinus", in: Zeitschrift der Savigny-Stiftung für Rechtsgeschichte: Romanistische Abteilung 108 no. 1 (1991), 330–350.

Kaiser, Wolfgang: Zum Aufbewahrungsort des Codex Florentinus in Süditalien, in: F. Theisen – W. Eckart Voß (a cura di): Summa-Glosse-Kommentar, Juristisches und Rhetorisches in Kanonistik und Legistik, Osnabrück 2000, 95–124.

Kaiser, Wolfgang: Schreiber und Korrektoren des Codex Florentinus, in: Zeitschrift der Savigny-Stiftung für Rechtsgeschichte. Romanistische Abteilung 118 no. 1 (2001), 133–219.

Kaiser, Wolfgang: Zur Herkunft des Codex Florentinus Zugleich zur Florentiner Digestenhandschrift als Erkenntnisquelle für die Redaktion der Digesten, in: Adrian Schmidt-Recla (a cura di): Sachsen im Spiegel des Rechts: ius commune propiumque, Köln 2001, 39–57.

Kaiser, Wolfgang: Justinian and the Corpus iuris civilis, in: D. Johnston (a cura di): The Cambridge Companion to Roman Law, Cambridge 2015, 119–148.

Kaltsas, Demokritos: Kritische und exegetische Beiträge zu den Papyri des tachygraphischen Lehrbuchs, in: Zeitschrift für Papyrologie und Epigraphik 161 (2007), 215–251.

Lamberti, Francesca: Fideicommissa libertas ancillae data, in F. Reduzzi Merola – A. Storchi Marino (a cura di), in: Femmes-esclaves. Modèles d'interprétation anthropologique, économiquc, juridique (Atti del XXI Colloquio Internazionale GIREA), Napoli 1999, 369–390.

Lambrini, Paola – Milani, Mattia: Digestum vetus: il manoscritto Padova, Biblioteca Universitaria, 941, Padova 2020.

Lambrini, Paola: Sulla tradizione manoscritta del Digestum vetus a partire da alcune peculiarità del ms. Torino, Biblioteca Universitaria, F. II.14, in: Iura 68 (2020), 451–467.

Lambrini, Paola: Per un rinnovato studio della tradizione manoscritta del 'Digesto': il caso di 'aer' nell'elencazione delle 'res communes omnium', in: Koinonia 44 (2020), 817–827.

Lenel, Otto: Palingenesia iuris civilis I–II (rist. Leipzig 1889, con suppl. di Sierl), Graz 1990.

Leeuwen, Simon van (a cura di) – Godefroy, Denis (comm.) – Paulus, Iulius (comm.) – Cujas, Jacques (comm.) – Anselmo, António: Justinian. Corpus juris civilis, pandectis Ad Florentinum archetypum expressis, institutionibus, codice et novellis: Addito textu Graeco, ut et in Digestis et Codice, Legibus et Constitutionibus Graecis, cum optimis quibusque Editionibus collatis. ... praeter Justiniani edicta, Leonis & aliorum imperatorum novellas, Ac Canones Apostolorum, Graecè & Latinè, Feudorum Libros, Leges XII. Tabul. & alios ad jus pertinentes Tractatus ..., Amsterdam 1663.

Licht, Tino, Halbunziale: Schriftkultur im Zeitalter der ersten lateinischen Minuskel (III.–IX. Jahrhundert), Stuttgart 2018.

MacCormack, Geoffrey: The Liability of the Tutor in Classical Roman Law, in: Irish Jurist new series, Vol. 5, No. 2 (1970), 369–390.

Manthe, Ulrich: Die Mosaicarum et Romanarum legum collatio und der Ambrosiaster: jüdisches Recht im spätantiken Rom, München 2021.

Mantovani, Dario: Digesto e masse bluhmiane (Pubblicazioni dell'Istituto di diritto Romano dell'Università degli Studi di Milano, Nr. 21), Milano 1987.

Mantovani, Dario: La critica del testo del Digesto fra passato e futuro, in: M. Miglietta, G. Santucci (a cura di): Problemi e prospettive della critica testuale (Atti del 'Seminario internazionale di diritto romano' e della 'Presentazione' del terzo volume dei 'Iustiniani Digesta seu Pandectae'. Digesti o Pandette dell'Imperatore Giustiniano. Testo e traduzione a cura di S. Schipani, Trento, 14–15 dicembre 2007), Trento 2011, 151–171.

Mantovani, Dario: Les juristes écrivains de la Rome antique: Les œuvres des juristes comme littérature, Paris 2018.

Menci, Giovanna: Commentario tachigrafico, in: A. H. S. El-Mosallamy (a cura di): Proceedings of the XIXth International Congress of Papyrology, Cairo 1992, 451–645.

Mentz, Arthur: Ein Schülerheft mit altgriechischer Kurzschrift: neun Wachstafeln des Instituts für Altertumswissenschaft Robertinum zu Halle (Saale), Bayreuth 1940.

McNamee, Kathleen: Sigla and Select Marginalia in Greek Literary Papyri (Papyrologica Bruxellensia, 26) (Fondation Égyptologique Reine Élisabeth 8), Bruxelles 1992.

McNamee, Kathleen: An Innovation in Annotated Codices on Papyrus, in: B. Kramer (a cura di), Akten des 21. Internationalen Papyrologenkongresses (ArchPF. Beiheft vol. 3.) II, Stuttgart – Leipzig, 1997, 669–678.

McNamee, Kathleen: Annotations in Greek and Latin texts from Egypt (American Studies in Papyrology, v. 45), New Haven 2007.

Milani, Mattia: L'*editio maior* mommseniana del Digesto e i manoscritti della *Vulgata*, in: Teoria e storia del diritto privato 12 (2019), 1–80.

Milani, Mattia: Ancora sulla tradizione del Digesto e sui primi testimoni della Vulgata: alcune riflessioni a partire dal ms. 941 della Biblioteca Universitaria di Padova, in: N. Giovè Marchioli – P. Lambrini – M. Milani (a cura di): Il Digesto, il Codice di Giustiniano e la loro tradizione manoscritta. I mss. 688 e 941 della Biblioteca Universitaria di Padova, Roma 2024, 27–44.

Mommsen, Theodor (a cura di): Digesta Iustiniani Augusti, 2 Bd., Berlin 1868–1870.

Mynors, Roger A. B. (a cura di), Cassiodori Senatoris institutiones, Oxford 1937 (rist. 1961).

Nocchi Macedo, Gabriel: La terminologie antique et moderne des signes, in: N. Carlig – G. Lescuyer – A. Motte – N. Sojic (a cura di): Signes dans les textes: continuités et ruptures des pratiques scribales en Égypte pharaonique, gréco-romaine et byzantine: actes du colloque international de Liège (2–4 juin 2016) (Papyrologica Leodiensia; 9), Liège 2020, 135–143.

Natili, Daniele: Iustiniani Digesta. Methode und Quellen der Kompilation, in: R. M. Piccione – M. Perkams (a cura di): Selecta colligere, I. Akten des Kolloquiums

"Sammeln, Neuordnen, Neues Schaffen. Methode der Überlieferung von Texten in Spätantike und in Byzanz" (Jena, 21.–23. November 2002), Alessandria 2003, 117–141.
Németh, András: The 'Excerpta Constantiniana' and the Byzantine appropriation of the past, Cambridge 2018.
Nichols, Stephen G.: Why material philology?, in: Philologie als Textwissenschaft. Alte und neue Horizonte (1997), 10–30.
Parkes, Malcolm B.: Pause and Effect: Punctuation in the West, New York 2016 (rist. 1992).
Pernice, Alfred: Ulpian als Schriftseller, Berlin 1881.
Pernigotti, Claudio: Antologie gnomologiche su papiro: materiali per una nuova analisi del problema, in: B. Palme (a cura di): Akten des 23. Internationalen Papyrologen-Kongresses (Wien. 22–28 Juli 2001), Wien 2006, 535–540.
Pernigotti, Claudio: Tradizione gnomologica e <Menandri Sententiae>, in: Funghi, Maria Serena (a cura di): Aspetti di letteratura gnomica nel mondo antico, I (Studi/Accademia Toscana di Scienze e Lettere La Colombaria; 218), Firenze 2003, 187–201.
Pernigotti, Claudio: La <Comparatio Menandri et Philistionis>: tradizione del testo, in: Funghi, Maria Serena (a cura di): Aspetti di letteratura gnomica nel mondo antico, II (Studi/Accademia Toscana di Scienze e Lettere La Colombaria; 225), Firenze 2004, 25–48.
Parca, Maryline: The Wet nurses of Ptolemaic and Roman egypt: in: Illinois Classical Studies 42.1 (2017), 203–226.
Pescani, Pietro: Origine delle lezioni della litera Bononiensis superiori a quelle della litera Florentina, in: Bullettino dell'Istituto di Diritto Romano 85 (1982), 205–282.
Pezzato, Elena: L'ipoteca dotale giustinianea: spunti per una comparazione diacronica, in: Cultura giuridica e diritto vivente V. 10 (2022), online. https://journals.uniurb.it/index.php/cgdv/article/view/3404.
Pordomingo, Francisca: Antologías de época helenística en papiro (Papyrologica Florentina; 43), Firenze 2013.
Roberts, Colin H. – Skeat, Theodore C.: The Birth of the Codex, London 1985.
Romano, Arianna: I segni nel papiro ercolanese 1497 (Philodemi De musica, libro IV) (= Cronache Ercolanesi; Supplemento 4), Napoli 2007.
Ricart Marti, Encarnació: La tradición manuscrita del Digesto en el occidente medieval, a través del estudio de las variantes textuales, in: Anuario de Historia del Derecho Español 57 (1987), 5–206.
Ricciardetto, Antonio – Gourevitch, Danielle: The cost of a baby: how much did it cost to hire a wet-nurse in Roman Egypt?, in: R. Flemming – L. Totelin (a cura di): Medicine and Markets in the Graeco-Roman World and Beyond: Essays on Ancient Medicine in Honour of Vivian Nutton, Swansea (2020), 41–69.
Riccobono, Salvatore: Gli Scolii Sinaitici, in: Bullettino dell'Istituto di Diritto Romano 9 (1896), 217–300.

Rotondi, Gianfranco: L'indice fiorentino delle Pandette e l'ipotesi del Bluhme, in: V. Arangio-Ruiz (a cura di): Scritti giuridici, I, Studi sulla storia delle fonti e sul diritto pubblico romano, Pavia 1922, 298–324 (= Studi in onore di Silvio Perozzi nel XL anno del suo insegnamento, Palermo, 1925, 91–117).

Röhle, Robert: Relegare dotem, in: Zeitschrift der Savigny-Stiftung für Rechtsgeschichte: Romanistische Abteilung 94 no. 1 (1977), 306–318.

Rudorff, Adolf Friedrich: Das Recht der Vormundschaft aus den gemeinen in Deutschland geltenden Rechten entwickelt, München 1832.

Savigny, Friedrich Carl von: Geschichte des römischen Rechts im Mittelalter, Bamberg 1834 (2ª ed.).

Schmitz, Guilelmus: Commentarii notarum tironianarum cum prolegomenis adnotationibus criticis et exegeticis notarumque indice alphabetico, Leipzig 1893.

Schöll, Rudolf – Kroll, Wilhelm: Corpus iuris civilis, Cambridge 2014 (1ª ed. Berlin 1895).

Schulz, Fritz: Einführung in das Studium der Digesten, Tübingen 1916.

Schulz, Fritz: Geschichte der römischen Rechtswissenschaft, Weimar 1961.

Schulz, Fritz: The manuscripts of the Collatio Legum Mosaicarum et Romanorum, in: Bullettino dell'Istituto di Diritto Romano 55 (1981), 50–89.

Silla, Francesco Maria: 'Affetti' e diritto. La libertà della nutrice, in: Eugesta 9 (2019), 51–78.

Sirks, A. J. Boudewijn – P. J. Sijpesteijn, Pieter Johannes – Worp, Klaas Anthony (a cura di): Ein frühbyzantinisches Szenario für die Amtswechslung in der Sitonie: die griechischen Papyri aus Pommersfelden (PPG), mit einem Anhang über die Pommersfeldener Digestenfragmente und die Überlieferungsgeschichte der Digesten (Münch.Beitr. 86), München 1996.

Sirks, A. J. Boudewijn: On the Emperor's Service: The corpus pistorum of Ostia and Portus Uterque from the juridical perspective, in: J. T. Bekker: The Mills-Bakeries of Ostia: Description and Interpretation, Amsterdam 1999, 102–109.

Skeat, Theodore Cressy: The Length of the Standard Papyrus Roll and the Cost-Advantage of the Codex, in: Zeitschrift für Papyrologie und Epigraphik 45 (1982), 169–175.

Solazzi, Siro: La minore età nel diritto romano, Parma 1912.

Spagnesi, Enrico (a cura di): Le Pandette di Giustiniano: storia e fortuna della "Littera Florentina": mostra di codici e documenti, 24 giugno–31 agosto 1983, Firenze 1983.

Spina, Alessia: I volti della 'fides' e la 'tutela impuberum': dal 'tutor suspectus' al 'falsus tutor', Canterano 2018.

Stagl, Jakob Fortunat: Favor dotis: Über die Sonderstellung der Mitgift im System des klassischen römischen Rechts: Die Privilegierung der Mitgift im System des römischen Rechts (Forschungen zum Römischen Recht; 53), Wien; Köln; Weimar 2009.

Stagl, Jakob Fortunat: El pueblo del derecho es también el pubelo de las leyes? Nachwort zu: Dario Mantovani, Legum multitudo: Sobre la presencia de las leyes públicas en el derecho privado de la antigua Roma, Valencia 2021, 123–158.

Stagl, Jakob Fortunat: Der Tempel der Gerechtigkeit: Zur Morphologie und Hermeneutik der Pandekten (Warschauer Schriften zum römischen Recht und zur europäischen Rechtstradition; 1), Paderborn 2023.

Steinová, Evina: "Notam Superponere Studui": The Use of Annotation Symbols in the Early Middle Ages (Bibliologia: Elementa Ad Librorum Studia Pertinentia, 52), Turnhout 2019.

Stolte, Bernard H.: The Partes of the Digest in the Codex Florentinus, in: Subseciva Groningana 1 (1984), 69–91.

Stolte, Bernard H.: Some Thoughts on the Early History of the Digest Text. Appendix: Ms. Naples IV.A.8 foll. 36–39 rescr., in: Subseciva Groningana 6 (1999), 103–119.

Stolte, Bernard H.: La prima circolazione del Digesto. Le testimonianze greche e il loro significato per la critica del testo latino, in: N. Giovè Marchioli – P. Lambrini – M. Milani (a cura di): Il Digesto, il Codice di Giustiniano e la loro tradizione manoscritta. I mss. 688 e 941 della Biblioteca Universitaria di Padova, Roma 2024, 57–67.

Thüngen, Lothar: Neuedition von PL II/38 aus einem griechischen Index zu Papinians libri definitionum, in: Revue Internationale des Droits de l'Antiquité 63 (2016), 9–41.

Tran, Nicolas: Ordo corporatorum: The Rules of Roman Associations and the *collegia* at Ostia in the Second and Third Centuries AD, in: V. Gabrielsen – M. C. D. Paganini (a cura di): Private associations in the ancient Greek world: regulations and the creation of group identity, Cambridge 2023, 196–213.

Trōianos, Spyridōn N.: Le fonti del diritto bizantino (traduzione italiana a cura di P. Buongiorno), Torino 2015.

Varvaro, Mario: Circolazione e sviluppo di un modello metodologico. La critica testuale delle fonti giuridiche romane fra Otto Gradenwitz e Salvatore Riccobono, in: M. Avenarius et al. (a cura di): Gradenwitz, Riccobono und die Entwicklung der Interpolationenkritik. Methodentransfer unter europäischen Juristen im späten 19. Jahrhundert. / Gradenwitz, Riccobono e gli sviluppi della critica interpolazionistica. Circolazione di modelli e metodi fra giuristi europei nel tardo Ottocento, Tübingen 2018, 55–110.

Varvaro, Mario: (a cura di): L'eredità di Salvatore Riccobono. Atti dell'Incontro internazionale di studi (Palermo, 29–30 marzo 2019), Palermo 2020.

Wallinga, Tammo: The Continuing Story of the Date and Origin of the Codex Florentinus, in: Subseciva Groningana 5 (1992), 7–19.

Wibier, Matthijs: The topography of a law book: common structures and modes of reading, in: L. Jansen (a cura di): The Roman Paratext. Frame, Texts, Readers, Cambridge 2014, 56–72.

Wieacker, Franz: Textstufen klassischer Juristen, Göttingen 1960.

Wilson, Nigel Guy: A Greek Paleographer Looks at the Florentine Pandects, in: Subseciva Groningana 5 (1992), 1–6.

Zachariae von Lingenthal, Karl Eduard (a cura di), Imp. Iustiniani pp. a. novellae quae vocantur sive constitutiones quae extra codicem supersunt ordine chronologico digestae: graecis ad fidem codicis veneti castigatis, Leipzig 1881.

Indice delle fonti

 | HTTPS://DOI.ORG/10.30965/9783657705221-025

Fonti letterarie

Fonti papirologiche, codici